都市生存手冊

都市型サバイバル読本

SURVIVAL SKILLS BOOK

Fielder 編集部——著　趙鴻龍——譯

CONTENTS ／ 目次

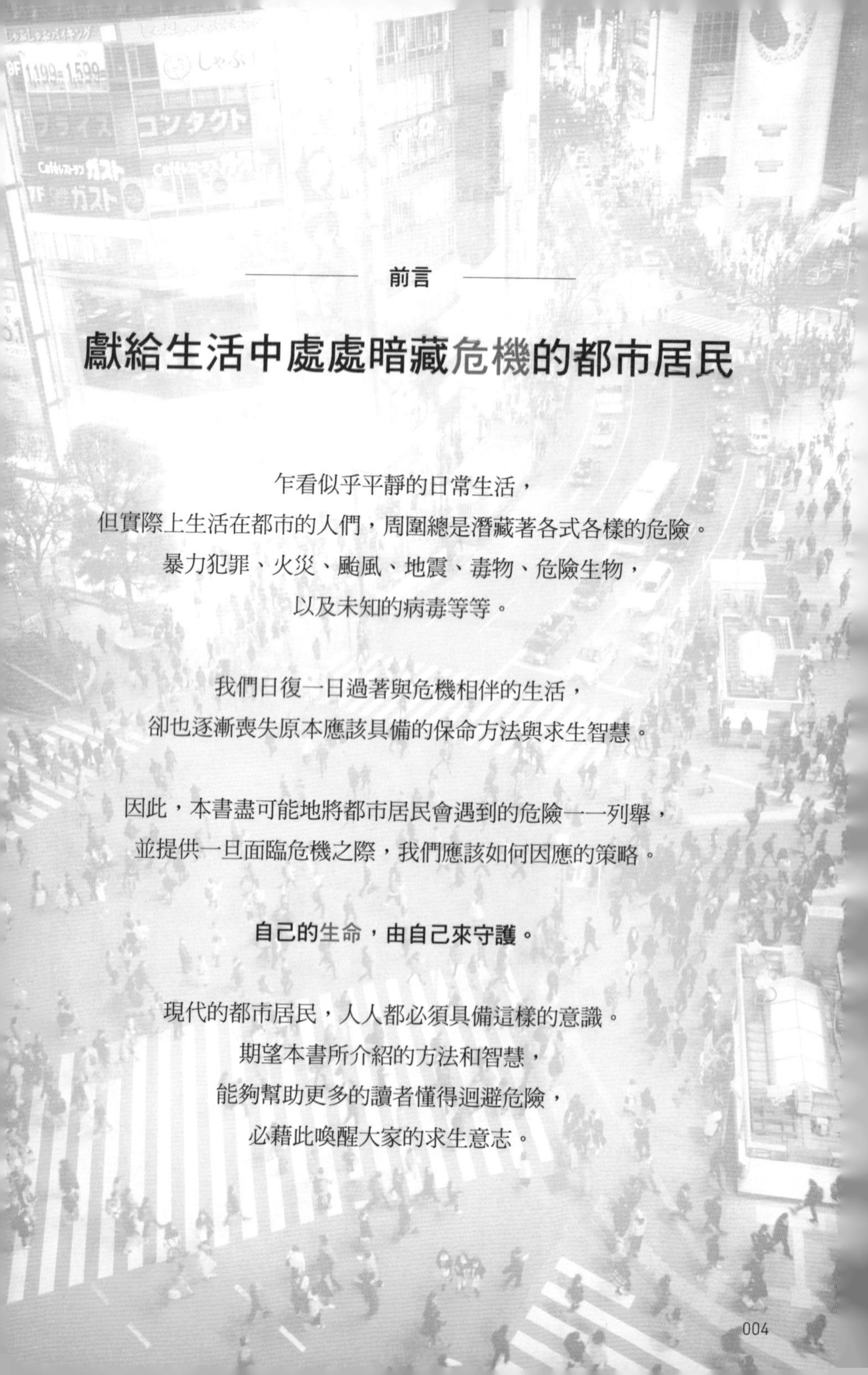

前言

獻給生活中處處暗藏危機的都市居民

乍看似乎平靜的日常生活，
但實際上生活在都市的人們，周圍總是潛藏著各式各樣的危險。
暴力犯罪、火災、颱風、地震、毒物、危險生物，
以及未知的病毒等等。

我們日復一日過著與危機相伴的生活，
卻也逐漸喪失原本應該具備的保命方法與求生智慧。

因此，本書盡可能地將都市居民會遇到的危險一一列舉，
並提供一旦面臨危機之際，我們應該如何因應的策略。

自己的生命，由自己來守護。

現代的都市居民，人人都必須具備這樣的意識。
期望本書所介紹的方法和智慧，
能夠幫助更多的讀者懂得迴避危險，
並藉此喚醒大家的求生意志。

第 1 章

防範危險的步驟與心理建設

本章整理可應對多種危險的
事前準備和基本智慧。

插畫：岡本倫幸

1 感受氣息，相信五感

Navigator

五島義識

任職「田村裝備開發」，為超過1萬名警察和自衛官培訓「國防、治安維持」的相關技能。活用前自衛官的經驗，研究並啟蒙非常時期及承平時期的危機管理術。

第一章首先對危險的基本觀點和任何人都能實踐的排除危險的準備等事項逐一驗證。「田村裝備開發」是一個研究、開發、指導「戰術戰技」的組織，其中負責訓練指導的前自衛官五島義識先生如此說道：

「危機管理中並沒有相同的情況，因此，我們要做的不是記住一個正確答案，而是隨時做好靈活應對的準備，以及在任何情況下都懂得保護自己的基本方法。」

五島先生強調的是隨時保持「警惕」的心理狀態。對於道路和行人的視覺情報，以及輕微的異常聲音和臭味的不協調感不能視而不見，運用五感在精神和物理上做好應對巨大危險的準備非常重要。為此，心中最好隨時保持「意識顏色密碼」的想法，如下圖所示。

「簡而言之，就是用顏色來意識並切換自己的心理狀態。白色是在安全的家裡洗澡或睡覺這類處於安定、安心的狀態。黃色是開車時注意周圍環境的狀態。橙色代表在駕駛過程中發現路上有行人之類的情況，心中的警戒等級上升。紅色表示實際採取回避危機行動的狀態。黑色表示無法應對危機而完全失敗的狀態。透過有意識地自主切換這些顏色，應對危機的瞬間爆發力也會隨之出現變化。請大家現在不妨試著意識此時此刻的自己又是處於何種狀態吧。」

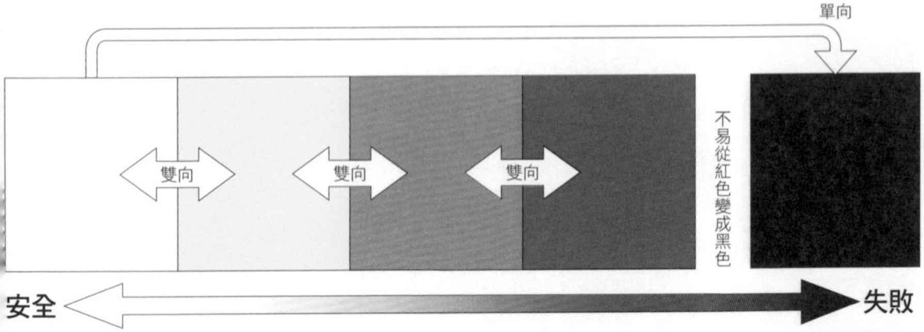
單向
雙向
雙向
雙向
不易從紅色變成黑色
安全
失敗

可時常以顏色來提醒自己的危險警戒心。白色是完全沒有警戒，安心的狀態；顏色隨著警戒的程度，往右逐漸變深。通過顏色來意識到對危險的警戒，據說在緊急情況下的應對方式就會跟著產生變化。

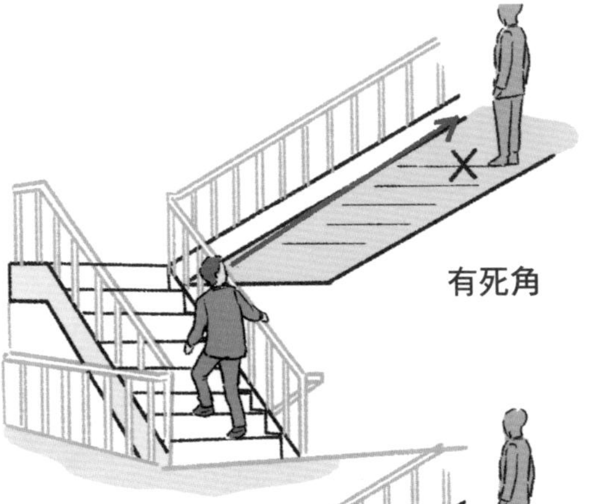

保持移動到外側路線的意識

想要提升應對危險的能力，事前的情報收集相當重要。例如無論走到哪裡，只要在轉角處盡量選擇走外側路線，就能提高早一步發現他人的存在和可疑物品的機率。一定要記住，在確保視野的基礎上，走外側路線較為有利。

對可疑物品抱持懷疑

比方電車的行李架上放著報紙是一件很常見的事。不過，沒人坐的座位上放著紙箱，這種情況就有些不太尋常。若能在日常生活中磨鍊出觀察力，不放過任何一絲絲的不協調感，即使面臨緊急狀態，也能迅速地採取適當的行動。

隨時注意前後左右上下

走在路上時，最好養成本能性地確認前後、左右、上下的位置有什麼東西、有哪些狀況的習慣。這樣的習慣可以幫助我們提高及時發現異常情況的機會。

2 外出時的危機防範和緊急應對

這裡試著設想看看外出時遇到危險人物或集團襲擊的恐怖攻擊等情況。要是突然遭到槍枝或炸彈的無差別攻擊，也只能說是自己不走運；但就如上節所述，只要做好心理準備，哪怕只有一點點也好，瞬間的行動也會有所改變。

「現在這個時代，自己身處的建築物什麼時候會被恐怖分子占領，這種事並非全然不可能發生。我們雖然不可能無時無刻都為應付這樣的情況而戰戰兢兢，但在前往可能發生恐怖攻擊的地方時，依然可以提高警覺。外國人聚集的場所、活動場所、各國大使館等，接近這類即使發生任何事也不足為奇的場所時，只要稍微保持警惕，瞬間的行動就會產生變化。」

要是不幸發生某些情況，我們應該按照怎樣的順序來選擇行動呢？五島先生是這樣說的。

「RUN、HIDE、FIGHT，最好按照這個順序記住這些關鍵字。對方看起來很弱，在這種情況下戰鬥也能打贏對方，如果有女性和小孩被這類人襲擊，就必須挺身出手相救，一旦遇到緊急情況，就會萌生出這類主動反擊來改變局面的想法。可是，敵人可能會拿出新的可怕武器，敵人的同伴也可能會加入戰局。為了保住自己的性

防範和應對外出時遇到的麻煩

1. RUN
↓
2. HIDE
↓
3. FIGHT

每個人都擁有的正義感，在關鍵時刻往往會壞了好事。遇到危險人物、災害事故或騷亂的時候，首先應該考慮RUN（逃跑），努力保住性命，其次才考慮HIDE（躲藏），如果連躲藏也辦不到，最後才選擇FIGHT（戰鬥）。但要記住，FIGHT終究是為了「RUN（逃跑）」而採取的行為。

- 外國人聚集的場所
- 關係正在惡化的國家的設施
- 透過攻擊帶來極高宣傳效果的設施
- 聚集大量人潮的活動會場
- 建築物內有可能成為目標的重要人物

具有上述性質的地點，就是恐怖攻擊發生機率較高的地方。前往這類場所的時候，請務必做好某種程度的警戒。

爆裂物的種類	最近避難距離	理想避難距離
管狀炸彈	20m	400m
自殺炸彈背心	40m	500m
包包	50m	600m
車輛	100m	600m
卡車	200m	1000m

不同爆裂物的大小，需要多遠的避難距離，其標準如表格所示。即使爆裂物只有包包那麼大，也要保持600公尺的距離才能避免遭受爆炸波及。在外面發現可疑的物品時，最好提高警戒。

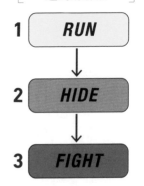

命，首先應該考慮的是RUN，也就是逃跑。要是逃不掉的話，接下來才考慮HIDE，也就是躲藏。如果連躲藏也辦不到的話，最後才考慮FIGHT，也就是戰鬥。這裡需要注意的是，選擇HIDE的時候，不是為了尋找戰鬥的機會，而是為了逃跑才躲藏。即使在FIGHT的情況下，也要意識到基本上這是為了逃跑而戰鬥。」

另外還要瞭解一件事，在事件（以奪取財物為目的的搶劫事件等）發生的瞬間或之後，狀況會變得一團混亂，同時也會出現許多逃跑的機會。時間越長，逃跑的可能性就越低，選擇RUN的機會也會逐漸消失。

「所以，有人穿著不適合這個場合的服裝，或者行動有點可疑，抑或聞到一股奇怪的氣味，這些不協調感都不能輕忽。倘若感到情況不太對勁，就要稍微提高警覺，這樣一來，一旦面臨需要逃跑的狀況，想必就能先一步做出行動。隨時根據周圍情況收集情報，在面臨緊急狀況的時候，就能提前採取行動。」

在餐廳等處用餐而不幸遇到強盜襲擊時，出入口附近比較有利於逃跑。但這裡不容易一眼遍視整個空間，也很難管理接近過來的敵人。若將通往後門或側門的路線都納入考量的話，有時裡面的座位也對逃跑較為有利。

把錢財遞給強盜的時候，不要從正面遞給對方，而是扔向對方的側面或後方，這樣就能在一瞬間轉移對方的視線，如此一來便可以趁隙脫逃。

「如果是隔著櫃檯或貨架面對敵人……」

如果與敵人之間隔著可以充當「盾牌」的東西，也能有效地利用。

瞄準空隙，連同拿刀的手臂一起壓制在櫃檯上，以掌握主導權。

只要把敵人的手臂拉向自己這邊，就能運用槓桿原理來控制敵人的行動。

3 密閉空間中的危機防範和緊急應對

接著試著設想一下敵人突然襲擊飯店或自己的房間時的情況。五島先生指出關鍵在於首先要在日常行為方式上養成習慣。

「保留充裕的時間，這是在應對危險時必須時刻注意的重點。只要有充裕的時間，就能分析狀況，從而對下一步行動做出適當的判斷。」

加上只要收集周遭環境的資訊，即使被可疑人物跟蹤，也能及時察覺出來，早一步在屋內發生事件之前避開危險。

「快到飯店或住家時最好稍微環顧一下四周，靠近房門或大門時要更加警戒，只要這麼做，就有可能避開屋內的危險事件。」

若感到有什麼地方不對勁，就不進入家裡或飯店的房間，而是走向人多的地方，或者走到別的樓層，這樣就能避免在屋內遇到危險。總之，在進入飯店房間或電梯這類密閉空間之前，最好保持一定程度的警戒，以維護自身的安全。

進入房間後是否仍保持警戒，對於遇到緊急情況時的應對方式有很大的影響。我們必須盡可能防範心懷不軌之人入侵房間，趁著我們熟睡時襲擊。為了應付這類緊急情況，在床邊或被子附近準備一些小武器是很有效的做法。

「在飯店住宿的時候，舉凡身上的腰帶和鞋子、房間內的電熱水壺等，像這類可以在緊急情況扔出去或防禦的物品比比皆是。把這些東西放在睡覺時伸手可及的地方，這樣的準備任誰都能做到。」

如果希望加強警戒，也有早一步察覺可疑人士入侵的辦法。例如把椅子靠在門的內側，或者如果有長一點的繩子，也可以把床和門綁在一起，如此一來不僅能防止可疑分子闖入，也可以儘早察覺。

「重新檢視隨身攜帶的物品，應該有很多可以拿來應付危險的物品。設想一下要如何在關鍵時刻運用這些物品，這麼做絕對沒有壞處。」

如果在進入房間之前發現可疑人物……

如果可疑人物尾隨在後，或者在自己的房間附近徘徊，不進入自己的房間繼續朝別的方向走去，這也是一種應付危險的方式。在這種情況下，最好走到人多的地方。

在床邊準備應付緊急情況的工具

不管是在自己的家裡還是在外住宿，在床榻附近常備一些應急工具（日用品）就能安心不少。

察覺可疑人物闖入的小機關

只要利用繩子，就能製作像示意圖這種快速察覺入侵者的簡單機關。

飯店房間內多半都會備有電熱水壺，這也是緊急時刻保護自己的工具。

鞋子是非常有效的武器。尤其皮鞋更是方便投擲或揮打的好用防身武器。

皮帶可以拿來當成鞭子，是很有效的武器。此外，它也可以用於捆綁或固定等用途。

4 如何維持呼吸

遇到火災或毒氣恐怖攻擊時，為了保全性命，首要之務就是逃跑，而且最重要的是確保呼吸暢通。

「當聞到強烈的奇怪氣味，眼睛突然感到疼痛或不舒服的時候，除了思考究竟發生了什麼事之餘，同時止住呼吸並盡可能地逃到安全的地方，這麼做才是正確的行動。逃往上風處或高處，與危險物品保持物理距離；如果是前往室內避難的話，就要用眼罩等物品隔絕眼睛或口鼻。逃跑時，瞇起一眼，另一眼緊閉，這也是一種自保防身的小妙招。即使有一眼被不明氣體刺激得無法睜開，只要另一眼仍閉著，就能稍微延長視力還能正常發揮的時間。」

若想逃離一氧化碳或毒氣的侵襲，千萬別忘了用手或溼毛巾摀住口鼻。如果遇到的是必須呆在房內等待災難過去的狀況，那麼最好從房門內側透過某些方法進行防護，盡可能防止有害氣體的侵入。

如果時間充裕的話，也可以製作像左頁介紹的簡易防護口罩。把寶特瓶作為防護工具，製作成貼在臉上的口罩，其實比想像中還要簡單。只要在寶特瓶的底部挖洞，在裝著溼毛巾的狀態下將寶特瓶含在嘴裡，通過寶特瓶進行呼吸，就能減少有毒氣體吸入體內的數量。

「有時就算只套上塑膠袋也很有效。當然，使用塑膠袋時必須注意避免窒息；如果是四十五公升的塑膠袋，應該能維持幾分鐘的呼吸。在這種緊急情況下，要是呼吸受到影響，那就什麼也做不了了，所以希望大家都能重新認識到這一點。」

如果手邊有塑膠袋的話，就可以像這樣罩住頭部，保護自己不受有毒氣體的傷害。以這樣的狀態迅速尋找逃跑的路線，逃往安全的地方避難。

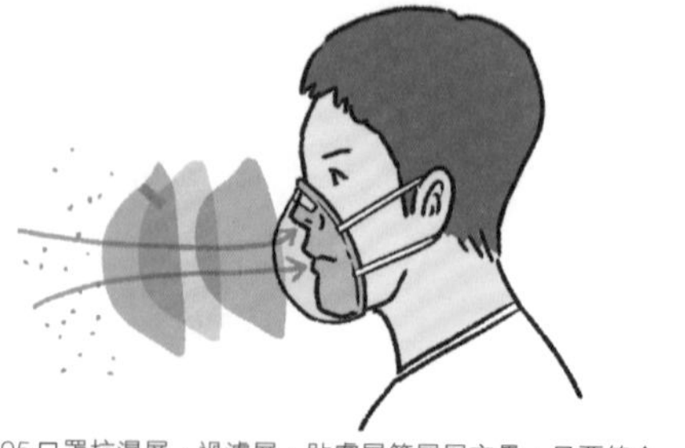

N95口罩抗濕層、過濾層、貼膚層等層層交疊，只要符合規格，就能捕集附著在5微米飛沫上的病原體。只不過，由於防護能力太強，有時也會讓人感到呼吸困難。

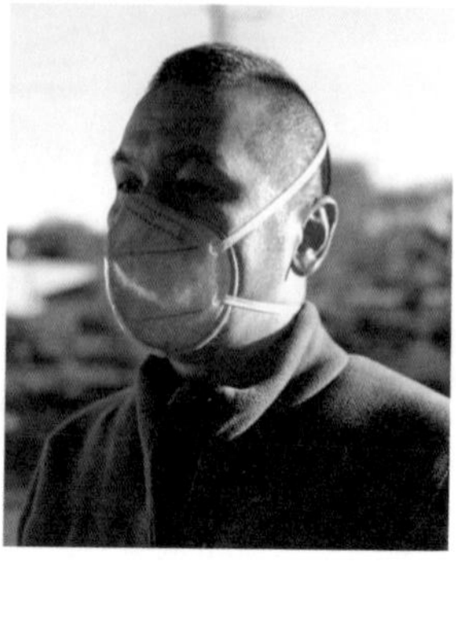

N95口罩是公認抵禦病毒的強力工具，其目的在於降低呼吸道感染的危險，因此對有毒氣體或粉塵等也具備一定程度的效果。

利用寶特瓶製作簡易防護面罩

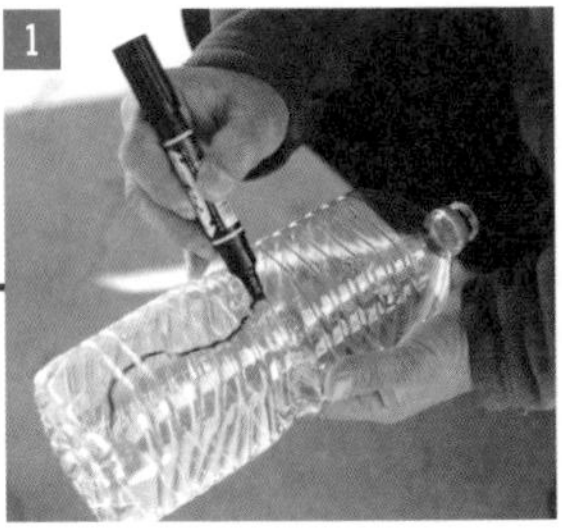

按照臉型，在寶特瓶上畫出切割線。

微調線條以符合自己的臉型。

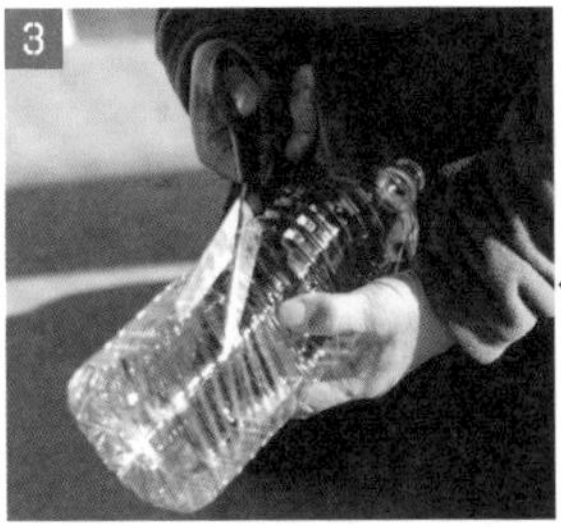

利用剪刀等工具沿著線切開。

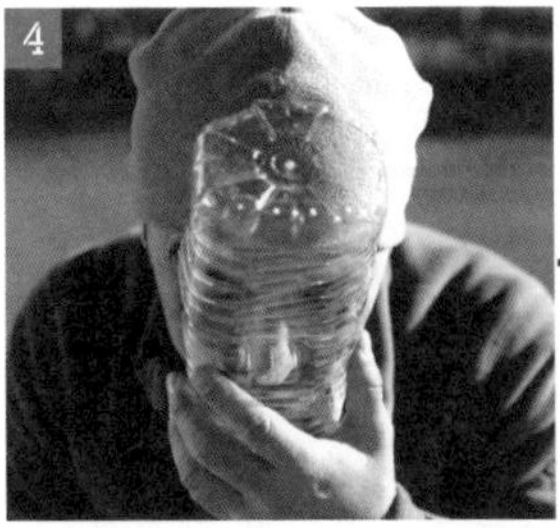

像照片一樣試著貼在臉上，盡量調整到沒有縫隙。

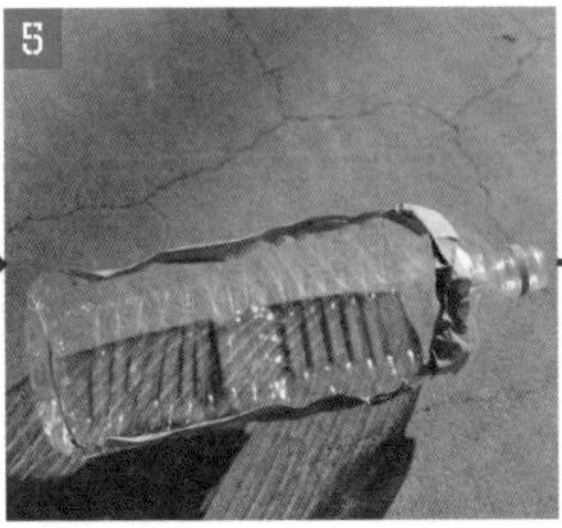

接觸臉上的部分用膠帶之類的東西來提高緊密度。

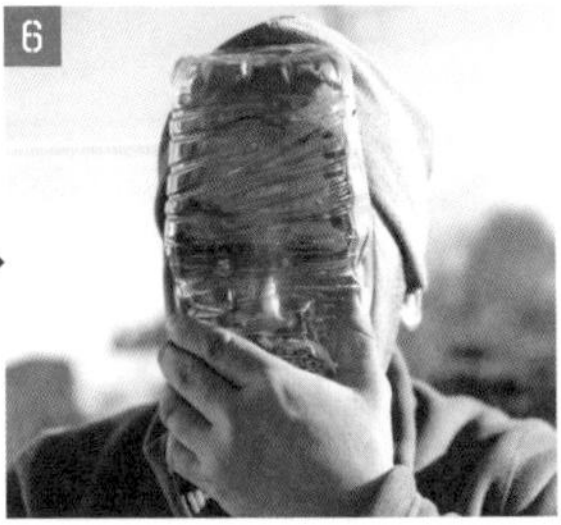

讓瓶身與臉部貼合，瓶口填塞毛巾等物品作為過濾器。

完成！

只要將寶特瓶固定在臉上，就可以在空出雙手的狀態下採取避難行動。

如果時間不夠！

時間不夠的時候，只要挖開寶特瓶的底部，把毛巾塞進去，就能變成簡易的防毒口罩。當然，這麼做並不能完全塞住縫隙，所以別太過依賴它。

5 黑暗中如何確保安全

確保視野也是迴避危險時的大前提。在伸手不見五指的狀態下，危險當然會上升好幾倍。

「小型燈在各種情況下都有極高的利用價值。因此，平時在玄關的顯眼處或枕邊等處準備好幾支燈，即可在一定程度上因應危險。」

遇到天災的時候，首先最重要的是確保避難路線。這時，燈就是保住性命的重要工具。

「光線充足、構造簡單的照明工具燈最為理想。」

五島先生還指出，燈也是和可疑人物對峙時用來眩暈對方的工具。

「在黑暗中使用燈光照射對方的眼睛時，不能太遠或太近，最好在能夠完全照射對方眼睛的距離下使用燈光。光線集中，中心光能牢牢捕捉目標的燈光最為理想。」

如果成功眩暈對方的話，千萬別忘記趁那個瞬間轉頭逃跑。

若想眩暈敵人，就要讓燈光完全照射到對方的眼睛。看準時機出其不意地照射眼睛，如此才能產生不錯的效果。

最好選擇構造簡單、光線不會擴散的燈。放在家中哪些地方是非常重要的關鍵。

用燈光眩暈對方的關鍵在於能否取得適當的距離。
太遠的話光線會擴散導致效果不佳，太近的話無法照射到雙眼。

6 找出可利用的「盾牌」，拉開距離

先不論對方是否故意為之，汽車、摩托車、自行車有時會成為巨大的威脅。在都市生活中，我們應該隨時注意如何保護自己不受這些車輛的傷害。想要保護自己免受突然出現的失控車輛傷害是一件非常困難的事，但起碼可以稍微提高警戒。例如，準備穿越交通量大的馬路時，是否用護欄或電線桿保護自己，危險的程度會有很大的不同。另外，利用水泥牆和門扉等物保護自己，同時確認周圍的情況，這在有死角的轉角處或建築物的出入口等處，做好隨時可能有車子衝出來的警戒也很有效。因此，為了保護自己不會遭到車輛撞傷，最好走在路上的時候順便檢查一下哪些東西可以當成盾牌。

道路上本來就會設置用來保護行人的護欄等設施，我們應該重新認識這個大原則。很多人都養成對這類盾牌無視的習慣。我們每天都與以時速數十公里飛馳的鋼鐵車輛擦身而過，希望大家別忘記這些近在咫尺的危險。

有時甚至連紅綠燈都能作為保護自己的盾牌。不過，紅綠燈有可能因為車輛失控而被撞斷，所以最好時刻注意與「盾牌」和車輛之間的物理距離。

有效利用為了保護行人而存在的護欄。別特地在護欄的縫隙尋找穿越馬路的時機，而是要充分利用護欄為車輛意外的失控做好準備。

只要養成在出入口附近的內側稍作停留的習慣，即使沒有料到車輛突然冒出的情況，或許也能避免遭到猛衝過來的輛撞上。

迷你專欄

1

被車陣阻隔，該如何突圍？

假設左下角是我們的車輛。被敵人堵住去路無法逃脫！這時該怎麼辦！

不管三七二十一！瞄準車尾將車頭緊貼上去，試圖強行突破。

兩車發生碰撞，接著用力踩下油門，死命地將對方的車輛推開。

擠開重量較輕的車尾，成功突破車陣路障，趁機迅速逃離！

這裡假設的情況是，敵人用車輛組成路障，讓我們的車輛無路可逃。在電視劇中，用力踩下油門向前猛衝，把敵人的車輛撞飛，這樣的場面或許才是王道。然而，這種突破方法反而極有可能被反彈回來，加上如果因為手腳慌亂而導致車速過快的話，可能會出現安全氣囊意外啟動的情況。這裡必須知道的重點在於，我們應該朝敵人車輛的哪個位置突進才能突破路障。車輛前方有引擎等裝置，重量不算輕，即使撞擊車輛的中間，自己的車輛也會受到極大的衝擊。這時我們應該瞄準的是敵人車輛的後方。瞄準這個部分，不是油門全開，而是像用車頭貼上去的方式。貼上敵人的車輛後，便猛烈地踩踏油門，將敵人的車輛用力推開。如此一來，不僅能減少受到的衝擊，也有很大的機率突破路障，開闢脫逃之道。

—— 第2章 ——

暴力犯罪的初期應對

我們隨時都有可能被捲入暴力犯罪的危險之中。
本章將針對與意圖不軌之人對峙時的應對方法，加以驗證。

插畫：はらだかおり（P21-27）、鈴木健太郎（P29-30）

1

面對暴力的危機管理

Navigator
危機管理的專家
田村忠嗣

田村裝備開發株式會社的代表董事社長。前警官，歷任警察本部警備部的機動戰術部隊、警備課的重大突發事件對策班。曾取得警察學校逮捕術大會徒手組的優勝、機動隊逮捕術大會徒手組的優勝，並榮獲機動隊射擊競技會高級組的亞軍。實務上曾擔任日本皇后的警衛警備、核電廠警備、愛國者飛彈警備，破獲日本境內的外國人黑手黨組織。

最強的防身術是「不與人結怨」

隨著社群網路的發展，全球所有的暴力事件都得以廣為流傳，事實上，與法治觀念尚未普及的時代相比，現在的個人暴力事件已經減少許多。然而，正因為日本是世界上屈指可數的安全大國，因此危機管理意識更顯淡薄，錯誤的應對有可能招致最糟糕的後果。當然，雖說現在的生活環境相對安全，但沒人知道不久的將來會變成什麼樣子。在這個即使是微不足道的暴力行為也會被公諸於世的資訊社會，很難估計會對個人道德觀帶來多大的影響。極端地說，近來日本在國際社會上採取強硬的外交政策（部分大國除外），可以預期將會出現不少成為「恐怖攻擊對象」的危險。讓我們藉由這個機會學習正確的知識和技術，以應對在現代社會中隨時可能發生的暴力事件吧。

田村訓練中心（ＴＴＣ）是本書監修者田村忠嗣先生針對警官和自衛官設立的訓練設施。運用這裡學到的技能，對於各種危機管理應對和防身很有幫助。

「接受ＴＴＣ訓練的人，都有各自的目的。舉例來說，假如是住在高層公寓的人，可能會遇到發生直下型地震而無法下樓的情況，這時就能用窗簾綁在一起的方式取代繩子。若窗簾不夠，就用電線代替，這就是通過訓練培養這類創意和技能的地方。」

近來有不少女性或兒童遭到襲擊的案件，所以自然也會傳授彌補力量差距的應對方法嗎？

「很多人都有這樣的誤解，在危機管理這一點上，比起戰鬥方法，逃跑方法反而更加重要。只要學會逃脫術，就算被奇怪的人揪住前襟，也能輕鬆地掙脫。」

曾在機動戰術部隊接受訓練的田村先生，不僅強調不戰而逃，也認為最強的防身術其實是「不與人結怨」。

「招致怨恨就會被他人攻擊。最近在推特上也能見到不少侮辱其他宗教的言行，但從防身的觀點來看，這是絕對不能做的行為。正是因為發表相關言論才會引來攻擊，這不僅是個人言論的問題，也會連帶使全體日本人蒙上品格低落的印象，提高國內被攻擊的風險。生活在社會之中的每一個人應該要記住言論自由也有一定的限制，並不是什麼事都能做。」

何況，就算學會防身術，也不能想著要派上用場。

「第一原則始終是逃跑。因為變強而抱持無謂的自信，反而選擇戰鬥，這是很危險的一件事。如果有人拿著一把刀子搶奪我身上的財物，我會選擇把錢財交給對方，避免戰鬥。把犯人的特徵告訴警察，讓警察去追捕犯人，這才是最好的做法。假如選擇和對方戰鬥，結果不小心傷害或殺死對方，就算成功保護自己，也可能因為防衛過當而反遭逮捕。」

田村先生說，這種感覺會隨著反覆訓練而逐漸理解戰鬥的本質，最終切身體會到逃跑才是上上之策。

德蕾莎修女是最強大的人

「以防身標準而言，說德蕾莎修女是最強的人也不為過。她受到世上許多人愛戴，試圖加害她的人本來就不多；假如有人傷害她，這個人就會被周圍所有人圍攻，這正是終極的防身術。即便是普通人，避免在朋友當中樹敵便是保護自己的第一步。電影裡的特種部隊往往會有一名盛氣凌人的囂張角色，但現實生活中認真訓練的人個性都很敦厚，完全找不到那種具攻擊性的人。因任務需要潛入危險現場時，通常採自己負責這邊，夥伴負責那邊的做法，互相保護彼此背後。可是被別人討厭的人，可能沒人願意照看背後了；也就是說，擁有值得信賴的人品，才能好好保護自己。」

換言之，「不與人結怨」正是最強的防身術。例如，網路上的公告欄或討論區是否會帶來危險呢？如果因為在網路上不知道長相和名字而任意發表意見的話，可能會將自己置於相當危險的境地。首先，試著從身邊的場景重新檢視危機管理的應有狀態，或許也是一個不錯的做法。

[KNOWLEDGE]

逃跑的方法也有訣竅？

比如突然被人用武器指著的時候，首先要弄清楚對方的目的是為了金錢或傷害你。田村先生說：「如果對方的目標是金錢的話，乖乖把錢交出來方為上策。如果貿然和對方戰鬥，在對方持有武器的情況下，有可能會遭到殺害。」但是，如果只是單純地交出錢包，有時對方也可能會為了湮滅證據而將你殺死，這時可以把紙鈔大範圍地撒出去，再趁對方撿紙鈔的時候乘機脫逃，這是一種切中人類本質慾望的戰術。

此外，不管對方拿的是槍或刀，因為害怕就想中途開溜，這麼做也很危險。如果實在無法脫逃，倒不如向對方示弱，用不停低頭道歉的方式，找機會接近對方，想辦法奪取對方的武器。

答應對方的要求把錢交出來，撒出鈔票趁對方撿錢的時候逃跑。

被勒索時一旦把錢包直接交給對方，之後有可能會遭到襲擊。

學習最先進的危機管理技能

TTC［田村訓練中心］

田村先生在部隊執勤的期間，發現適合實際現場的裝備並不多，於是自行研發各種裝置，這就是TTC創立的開端。如今，這裡已具備宿舍、室內外大型訓練場、教室、道場等齊全設施，不僅日本國內，就連法國部隊也會到這座訓練設施接受訓練。

2 自我防衛的手法

危機管理的實踐

田村先生經營的TTC設想各式各樣的場景，並追求「合理的行動」。如果每個人都能確實實踐的話，那麼即使行走在街上偶然遭遇各種爆炸事故，應該不會為了上傳社交網站而主動接近錄影。爆炸的原因形形色色，可以預見日本今後很有可能發生恐怖攻擊。以前述為例，恐怖分子就很有可能刻意設置另一枚炸彈，等人潮被爆炸吸引而聚集在一起後伺機引爆。如同上一篇所述，遇到危險的時候，逃離現場是危機管理的基本對策。每當有颱風侵襲，仍然免不了有遊客前往海邊觀賞海浪而遇難，可是，這類不幸事故理應是可以事前防範的。

話雖如此，但確實也有無論如何都無可避免危險的時候。舉凡無緣無故突然被醉漢糾纏，這在日常生活中是很有可能發生的事情，其中最糟糕的莫過於可能被捲入綁架監禁事件。當然，在這類意外的現場，為了逃離危險而自我防衛（防身）是必要手段。擁有機動隊逮捕術大會徒手優勝經歷的田村先生，在本節將會針對現代社會中可能遭遇的暴力犯罪，列舉幾種正確的「逃脫」法。

自我防衛 A

前襟被抓住

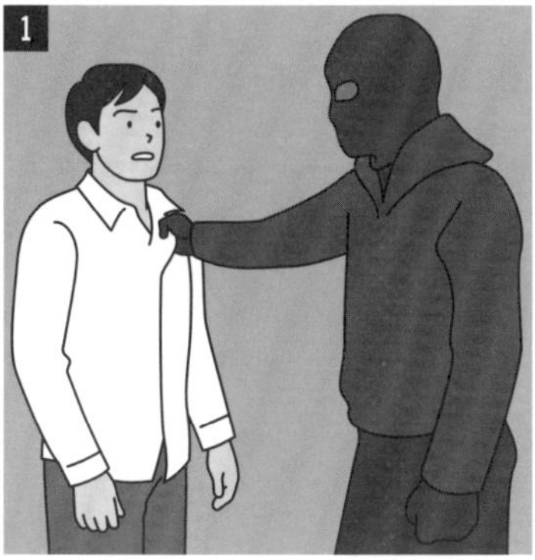

對方用右手抓住我們的前襟。

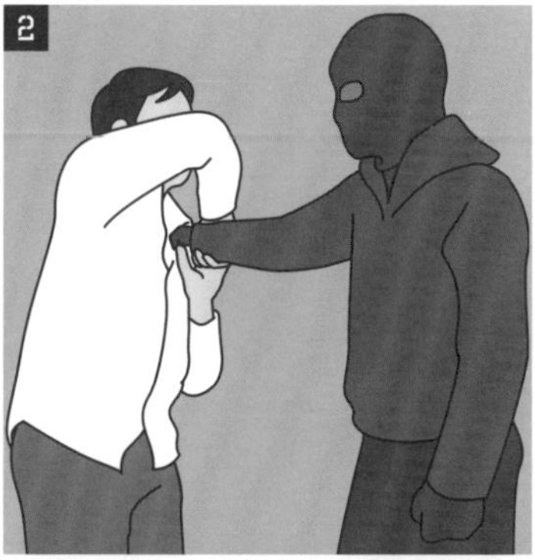

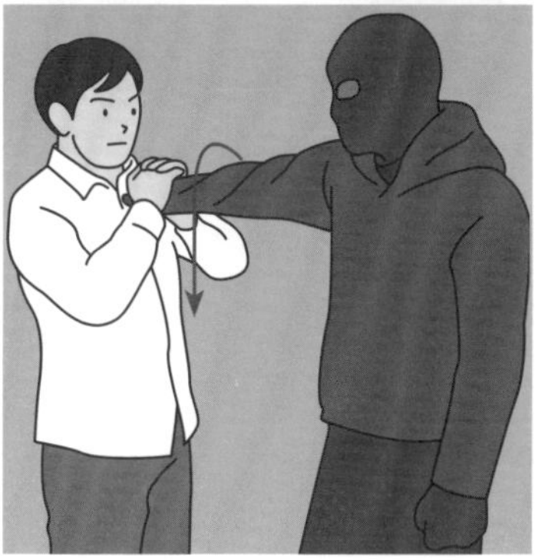

雙手握住對方伸出來的手，向內側扭轉手臂。

如果過度扭轉對方的手臂，就會令對方的肘關節有掙脫空間而失去效果。關鍵在於將對方的大拇指轉到正下方。

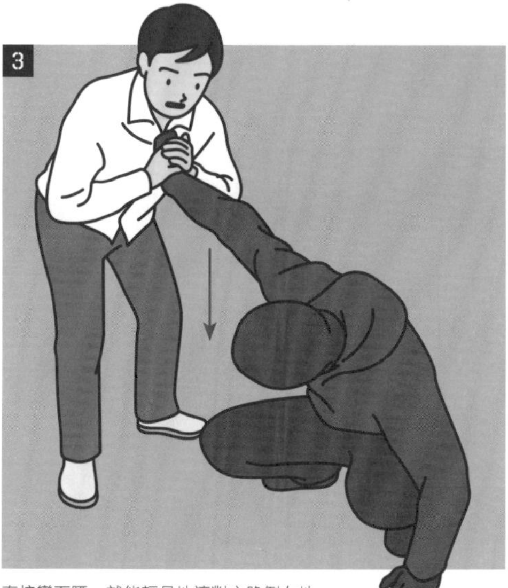

直接彎下腰，就能輕易地讓對方跪倒在地。

自我防衛

B

手被抓住

在偏低的位置被抓住時

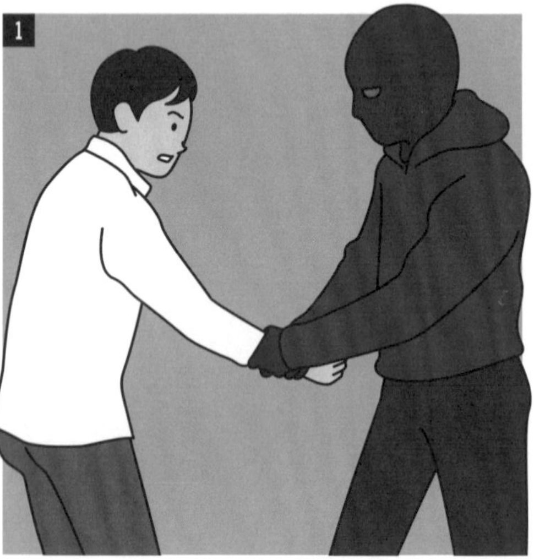

對方用雙手抓住我們的右手腕。即使試圖逃走，對方也會緊握不放。

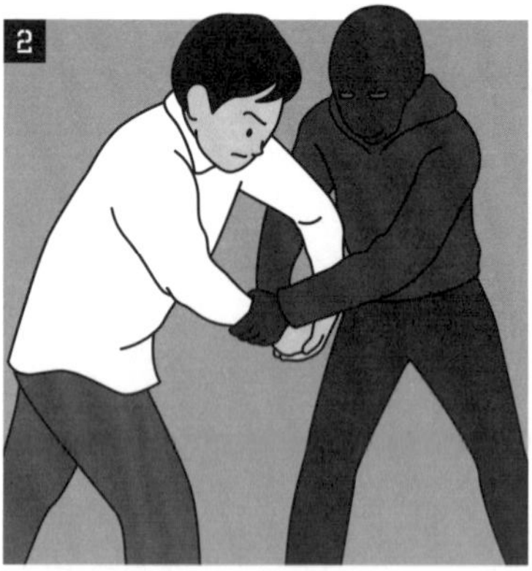

右手握拳，左手從上方握住被抓住的右手。

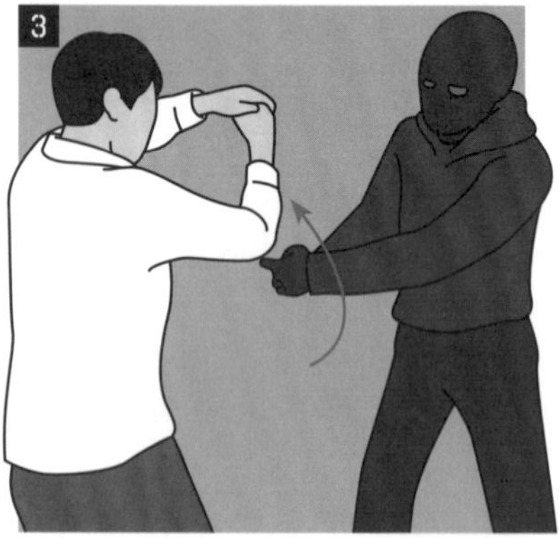

左手拉著右手，順勢抬起右手肘，就能輕鬆掙脫。

被單手抓住時

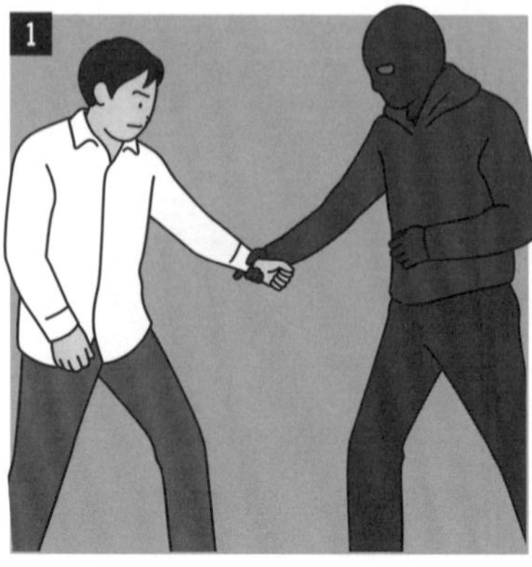

這裡假設被對方用一隻手抓住左手腕的情況。

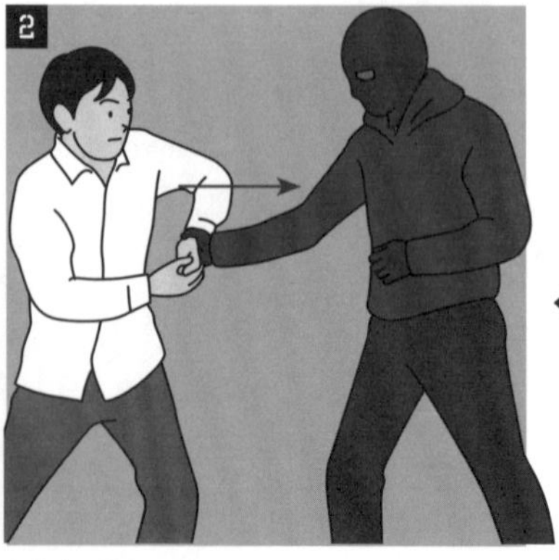

與其逃離對方，不如像使用左手肘攻擊的方式靠近，衝進對方的懷中。

在偏高的位置被抓住時

對方用雙手抓住我們的右手腕。假設這次是在偏高的位置。

這次改用左手從下方抓住自己的右手拳頭，用力往下拉。

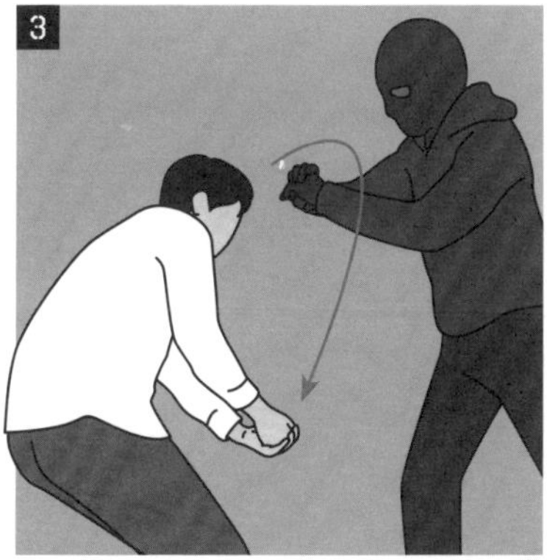

左手拉右手，右手肘順勢向下扯，就能輕鬆掙脫。原則是朝容易掙脫的方向施力。

在一手被抓住的情況下，我們往往會試圖往反方向逃離對方，但這樣一來反而會使不上力，更別說掙脫了。

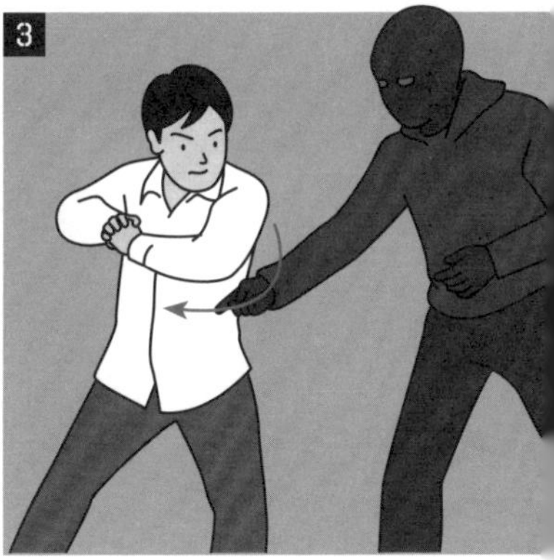

向後用力一拉，就能輕易地從對方的手上掙脫。

自我防衛

C

脖子被掐住

脫離法.01

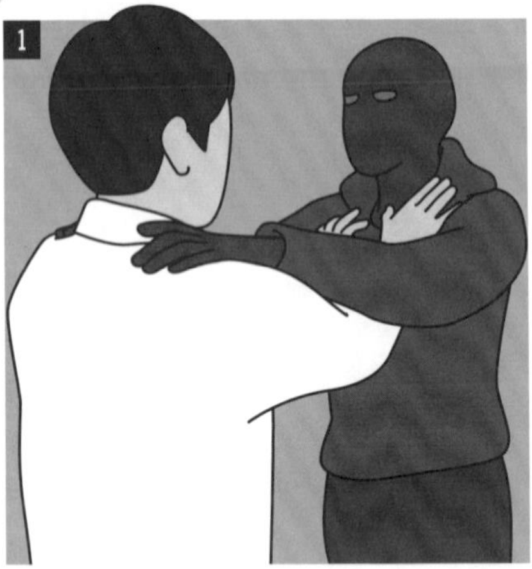

脖子一旦被對方掐住，往往會因為痛苦而試圖用力把對方的手拉開；但如果對方的力氣比較大，脖子依然會繼續被緊勒住不放。

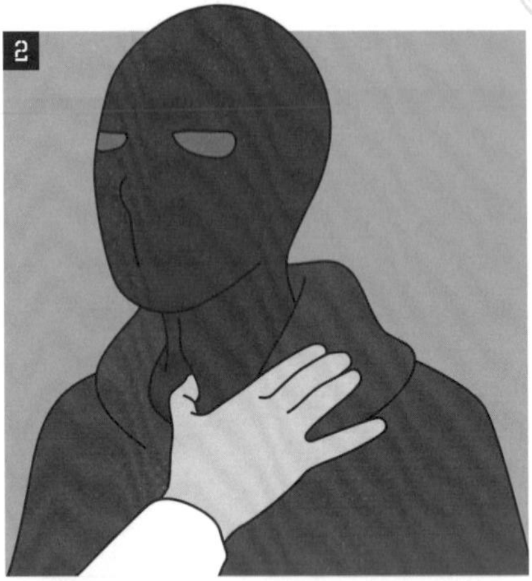

在這種情況下，由於雙手沒有被控制，因此我們可以用大姆指用力按壓對方的脖子。並非按壓中心線，而是瞄準稍微偏一點的位置。

脫離法.02

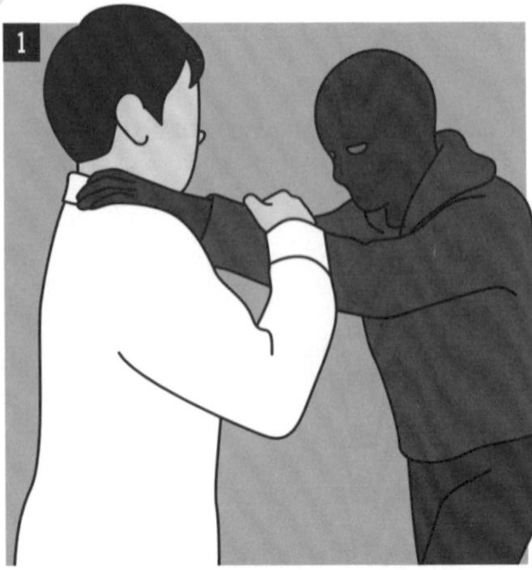

仍是被對方用雙手掐住脖子的情況。因為自己被逼到絕境，往往無法抵抗。

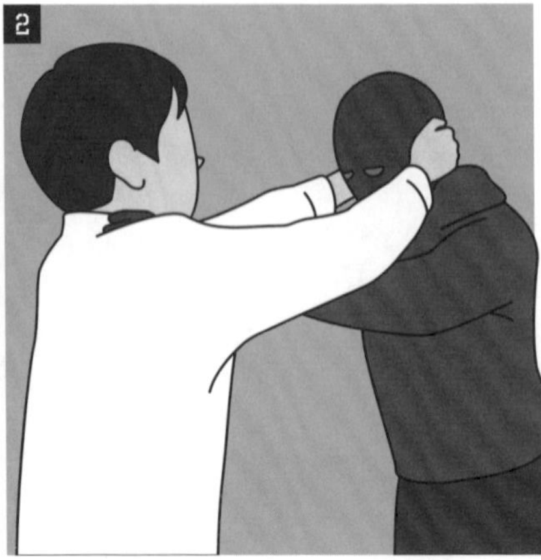

雙手可以自由活動，所以伸手用力捏住對方的雙耳。

脫離法.03

［身高處於劣勢的情況］

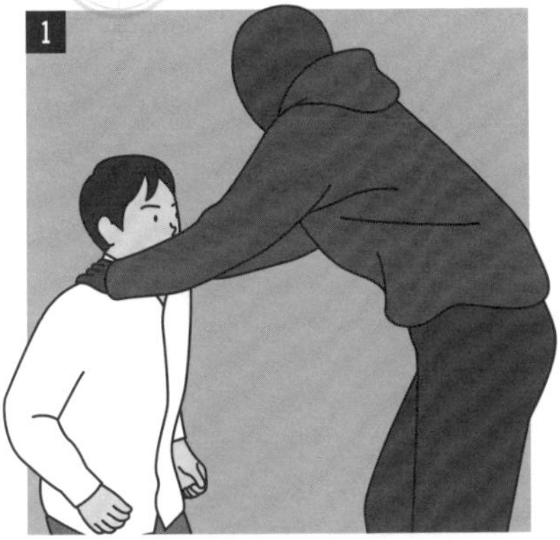

對方比較高，無法攻擊脖子或耳朵時的脫離法。

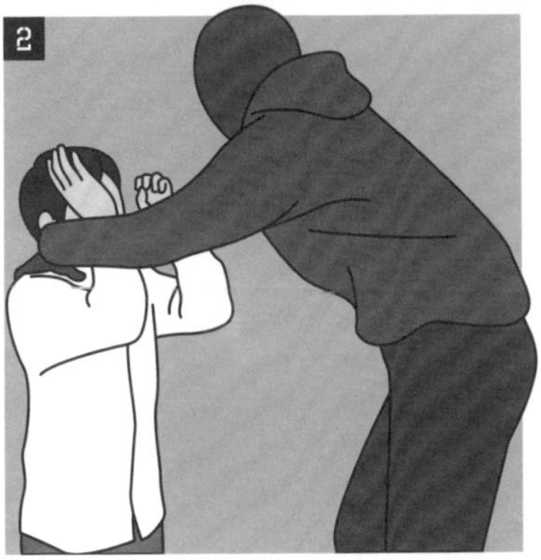

即使試圖甩開對方的手，仍會因為被逼到絕境而逃脫失敗。

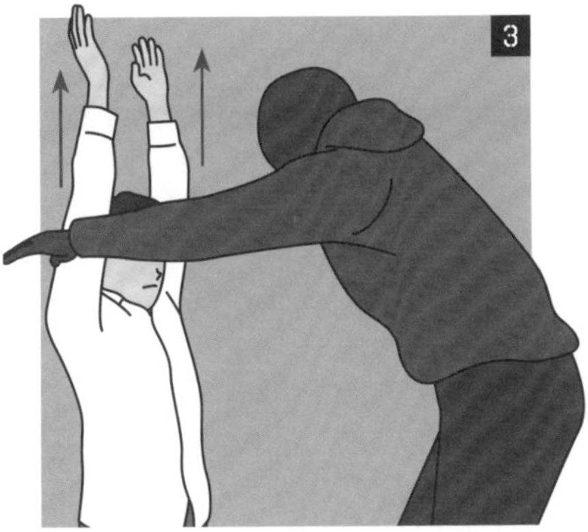

遇到這種情況時，雙手鑽進對方的手臂之間向上舉起，利用肩膀根部的力量，用力甩開對方的手。

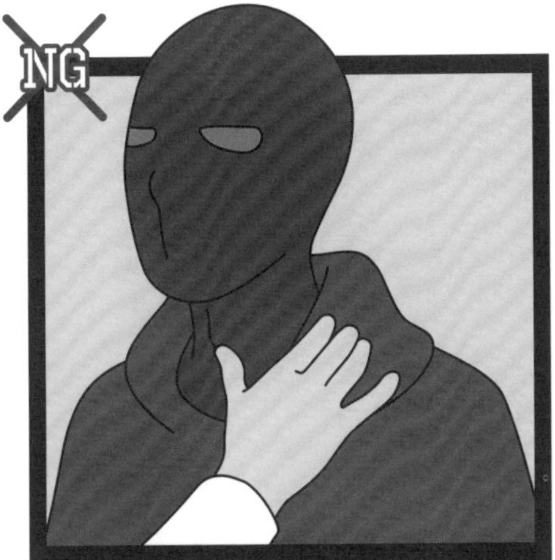

瞄準中心線的效果比想像中還要差，這時手指偏移一點向下按壓就能產生效果。

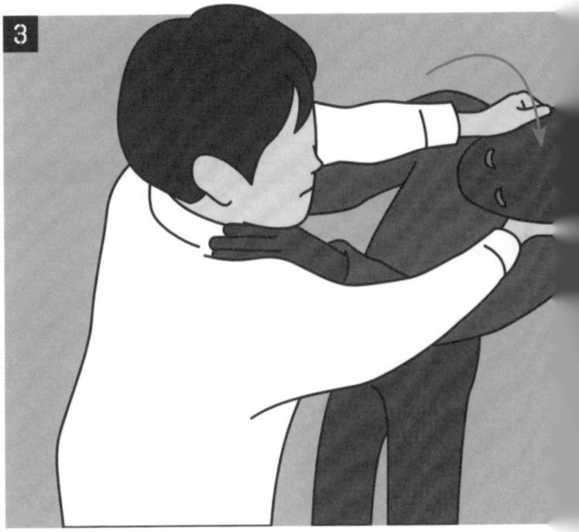

像打方向盤一樣，把對方的頭往一邊轉倒。注意別捏得太緊，否則會將對方的耳朵扯斷。

自我防衛

D

被刀子架住

刀子架在脖子上的情況

如果刀子架在脖子上的話，就把持刀的手往自己這邊拉過來，同時躲開，然後順勢扭轉關節，將對方按倒在地。

1

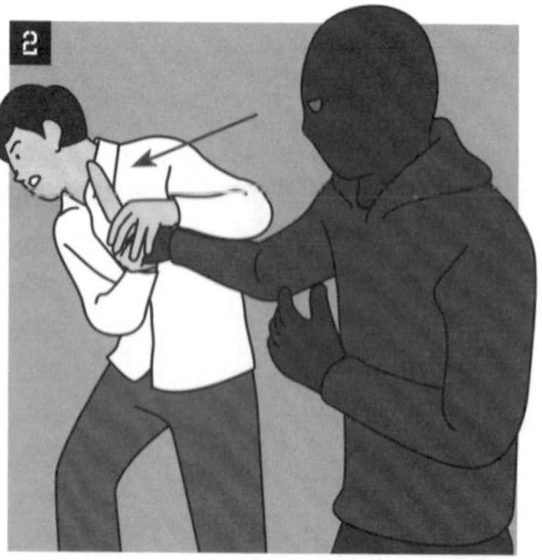
2

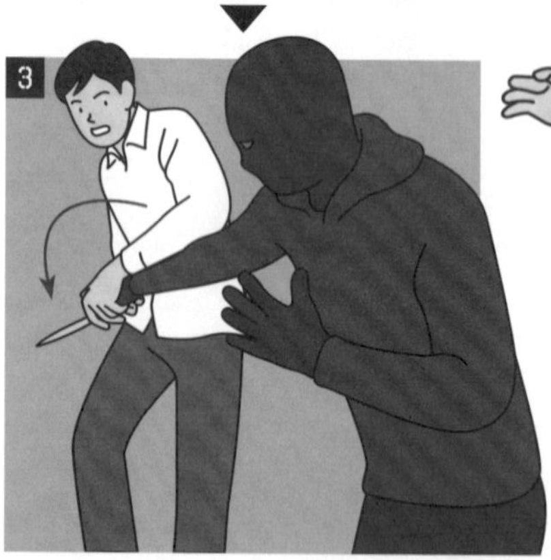
3

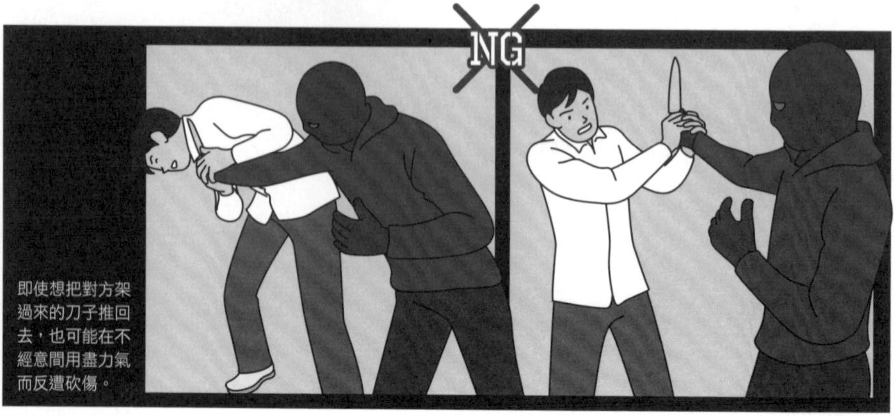
NG
即使想把對方架過來的刀子推回去，也可能在不經意間用盡力氣而反遭砍傷。

刀子抵在背後的情況

如果被對方從後面用刀子抵住後背，可以用手臂從下方繞過對方的手臂，將其壓制在地。

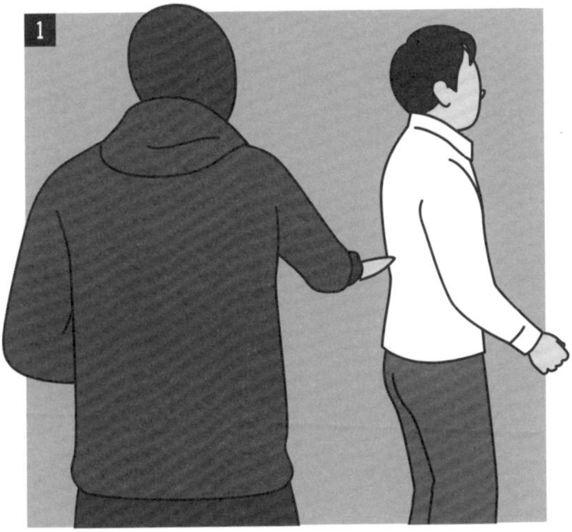

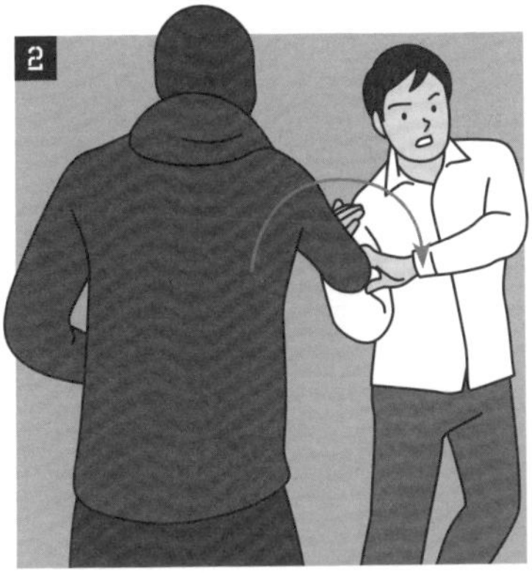

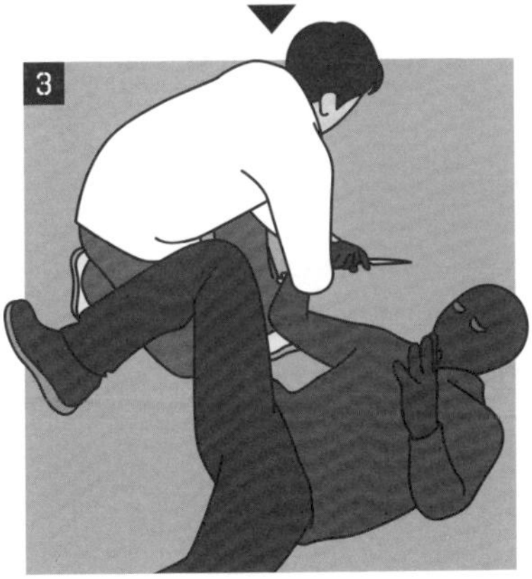

[KNOWLEDGE] 就算被砍中也不至於致命？

前臂外側和小腿等有骨頭保護的部位，就算被砍中也不會危及生命，所以不必擔心。只要死守被砍傷就會大量出血的身體內側和要害，衝進對方的懷中再採取對策即可。

有骨頭保護，傷害不大

保護要害，衝進懷中

3 成為人質時如何逃脫

危機管理的實踐

根據警視廳的統計，日本在二〇一九年的跟蹤受害案件為兩萬零九百一十二件，連續六年超過兩萬人。以一年三百六十五天來計算，每天約有五十七人深受跟蹤狂騷擾。事實上，在二〇一一年（一萬四千六百一十八件）到二〇一二年（一萬九千九百二十件）之間，受害件數出現爆發性的成長，一年內共增加約五千起案件。正好在這個時候，各電子設備廠商紛紛進軍智慧型手機行業，從這個角度來思考，不得不說這些案件與社群網路的交流方式息息相關。正如文章開頭提到的，儘管社群網路帶來與各式各樣的人廣泛聯繫的便利性；可是另一方面，這樣的便利性卻也同時帶來虛擬欺騙和中傷霸凌蔓延開來，在人與人之間引發危機。

當然，危機管理的大前提在於防患於未然，但希望能在這裡介紹一下萬一不幸被捲入綁架監禁事件時最初步的脫離法。

田村先生說：「只要具備適當的知識，即使身體被繩子層層纏繞，也不是沒有辦法逃跑。」這是在遭到束縛時用來逃跑的小技巧。

掙脫束縛的方法

A

全身被繩子捆綁

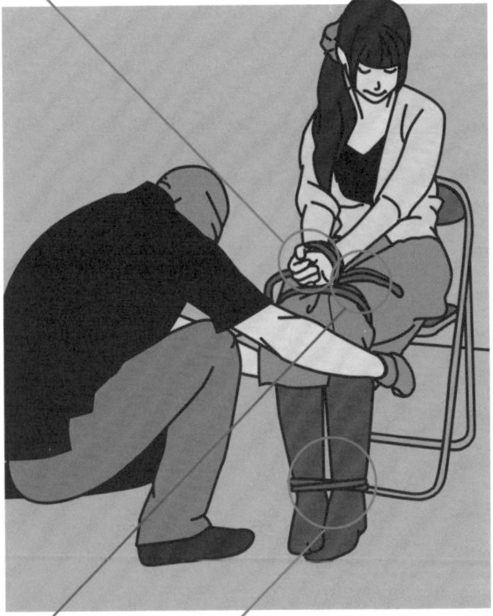

全身被常見的束縛工具繩子所捆綁。這下子該如何掙脫呢？

手腕 把手撐開

犯人應該是為了讓手腳無法自由行動，所以打算先用繩子綁住手腕。如果繩子纏得太緊的話，要掙脫就不太容易了，所以這時最好大拇指和小指用力把手撐開。這麼一來，在力量放鬆的時候就會產生一絲絲空隙。然而，如果明顯用力的話反而會遭到懷疑，所以最好故意一邊喊著「快住手」、「救命」，一邊扭動身體假裝抗拒，重點在於要轉移犯人的注意力。除此之外，透過拉伸袖子等方式，讓衣服夾在繩子和皮膚之間，這也是有效掙脫的手段。只要拉開袖子，繩子就會變鬆。

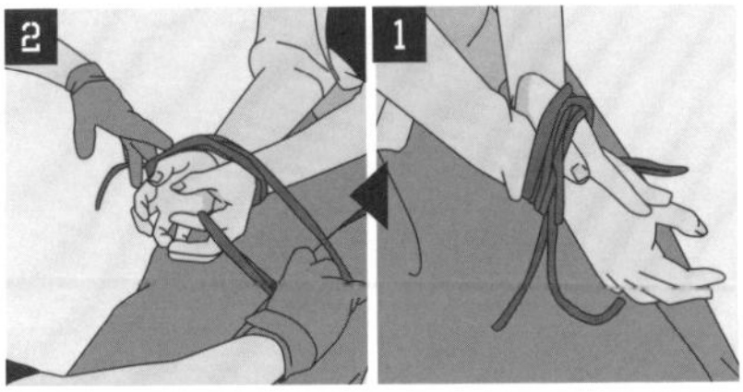

只要把手撐開，就能留出一點點空隙。要是再隔著一層袖子，其厚度也會增加空隙，如此就能把繩子放鬆。

大腿 把繩子握在拳頭裡

用繩子將大腿綁在一起是一項浩大的工程，因此這時會出現犯人低頭作業的場景。我們可以趁這個機會，像下圖一樣把繩子的一部分握在拳頭裡。握在拳頭裡的長度能留下空隙，等到犯人離開後即能輕鬆地解開繩子。

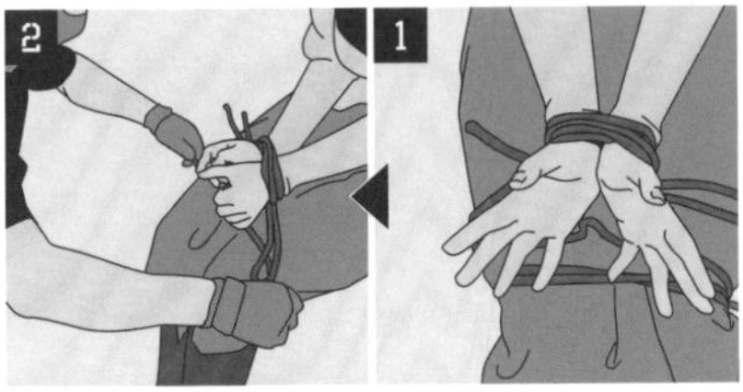

插圖中是將一小段繩子握在左手當中。只要放開握在手中的繩子，就會有足夠的空間解開繩子。

腳踝 把腳尖疊在一起

犯人會用繩子綁住腳踝，以防止我們脫逃。如果是在雙腳併攏的狀態下被繩子緊緊纏繞的話，逃脫就會變得非常困難。這個時候最好將雙腳的腳尖重疊在一起。正面看起來像是被緊緊地綁住一樣，但死角的腳跟部分略微打開，使得繩子變得比較鬆。

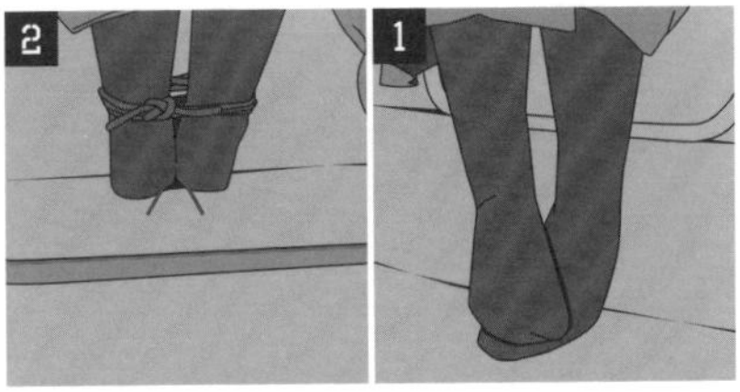

腳尖重疊在一起，從前面看來就像兩腿併攏，但其實腳跟仍留有空隙。只要營造出這個空隙，就能解開繩子。

B

手腕被膠帶捆住

要是在無意間做出抵抗行為，或是在捆綁後為了掙脫而將手腕扭來扭去，膠帶反而會扭成一團而變得更加牢固。

如果敵人是以膠帶捆綁手腕的話，那就老老實實地讓對方綁好。膠帶在整齊纏繞的狀態下最為脆弱，也比較容易撕開。脫離法是將被綁住的手向上舉起，以身體為中心，往左右兩邊用力向下甩開撕裂。此外，被膠帶纏住的時候，將手心鼓起膨脹，這樣向下甩的力道會比較容易作用在膠帶上。

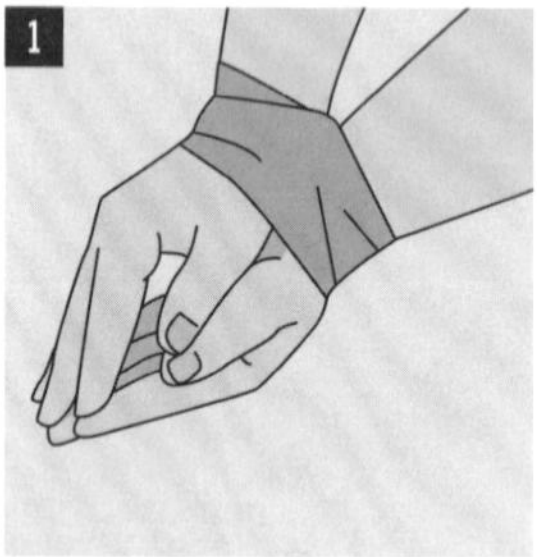

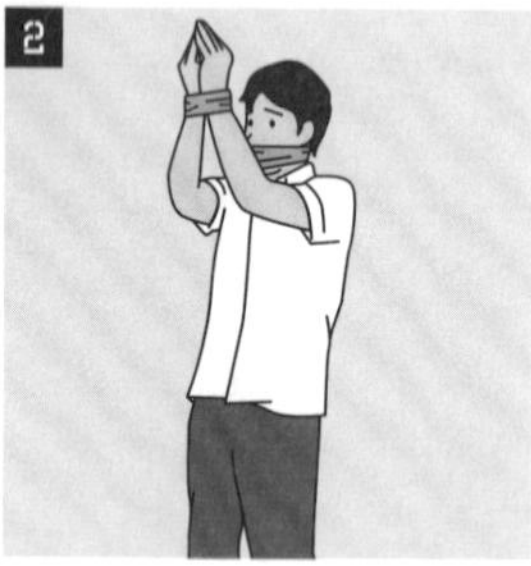

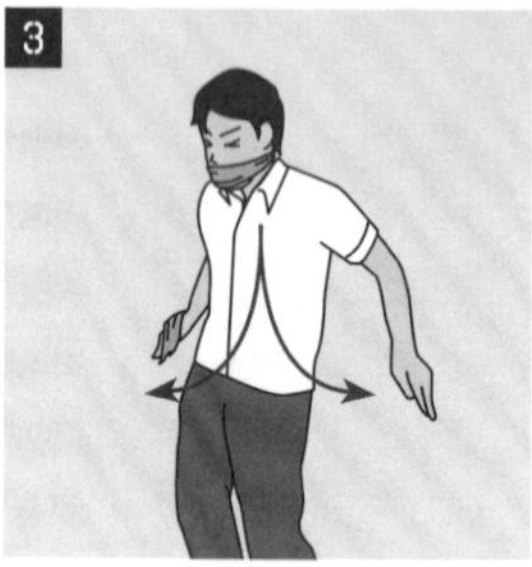

[KNOWLEDGE] 按照手冊行動反成為槍口目標？

舉例來說，在槍枝社會中，一聽見槍聲響起就立即趴下，可說是求生的鐵則。那麼假設在日本的大街上響起槍聲，這時也可以採取同樣的應對方式嗎？
田村先生說：「確實在槍枝社會裡，大家都被教導要立刻趴下，如果只有自己站著的話，就會變成活靶子。但是在日本，因為不習慣聽見槍聲，大部分的人都會茫然地呆站在原地，就算察覺到那是槍聲，也會顯得手足無措吧。在這種情況下，只有一個人趴著反而引人注目，容易成為目標。」總而言之，危機管理並非原封不動地照手冊的指示去做，而是以人類心理、國家文化、現場環境等所有要素為基礎，採取最佳對策的能力。

槍枝社會習慣立刻趴下

在槍枝社會只要聽見槍聲響起，所有人就會立刻趴下，這時如果只有一個人呆站在原地，當然會變得非常顯眼，成為犯人眼中的獵物。

在日本不是呆立就是逃跑

在不習慣槍枝的日本，人們若聽見槍聲響起，不是呆站在原地，就是出於防衛本能逃之夭夭；這時假如只有一個人趴在原地的話，很容易引起犯人注意而成為目標。

掙脫束縛的方法

C

手腕被束帶捆住

全球的執法機關都會把束帶當成手銬使用，束帶很容易牢牢固定，一旦綁緊就無法鬆開，而且幾乎不可能靠腕力將其撕裂。話雖如此，據說即使遭到這種工具捆綁，只要能好好地利用身上的工具，還是有可能掙脫。在這裡，通過TTC教練的實際示範，針對掙脫束帶的一系列動作進行解說。

束帶與繩子或膠帶不同，沒有辦法解開，可以說是職業的手法……。

在這種情況下，第一步是解開鞋帶。

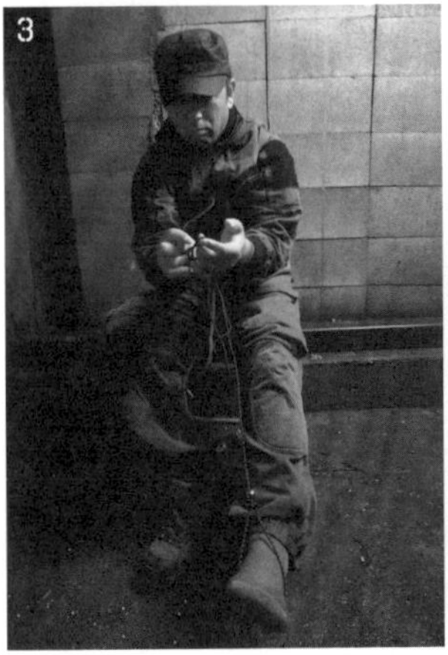

繞過束帶，將鞋帶的兩端綁成圓環，接著分別掛在左右腳上。

雙腳不停踩動，利用摩擦生熱的原理燒斷束帶，接著準備越獄。

終於要執行越獄計畫。「嗚嗚嗚，我的肚子好痛。」利用這類老掉牙的演技吸引敵人的守衛過來打開牢房的門。

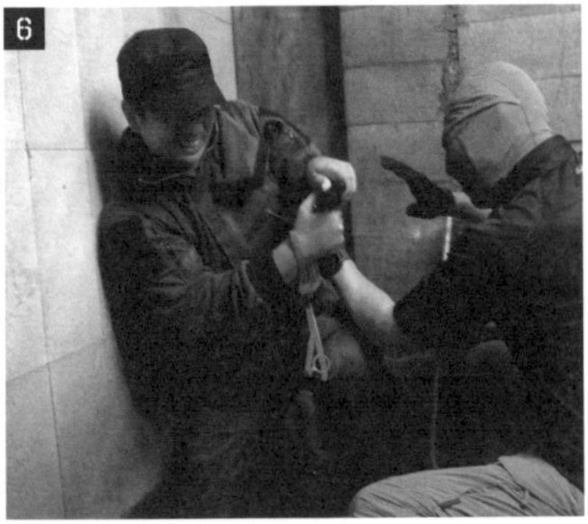

趁守衛過來身邊查看情況時發動反擊。將敵人的手連同手槍一起抓住，把槍口移開，抓住腕關節將其制伏。

按照侵入竊盜發生地點分類的案件數

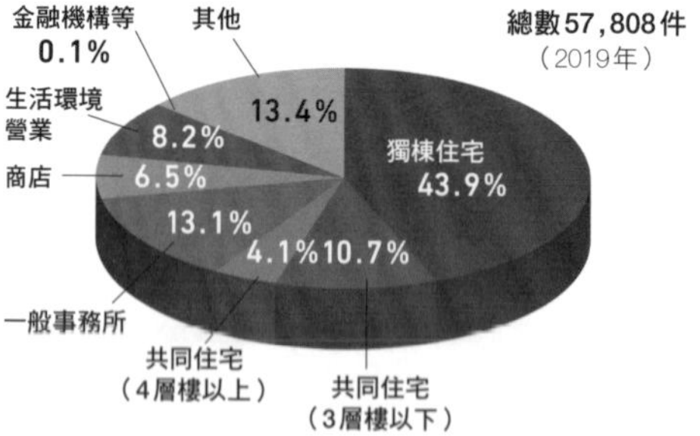
金融機構等
0.1%
其他
總數57,808件
（2019年）
生活環境營業
13.4%
8.2%
獨棟住宅
43.9%
商店
6.5%
13.1%
4.1%
10.7%
一般事務所
共同住宅
（4層樓以上）
共同住宅
（3層樓以下）

從按照侵入竊盜發生地點分類的案件數來看，獨棟住宅43.9%最多，其次為一般事務所的13.1%、共同住宅（三層樓以下）的10.7%。

※生活環境營業，如飯店和旅館、柏青哥店、深夜飲食店等。

按照侵入竊盜手段分類的案件數

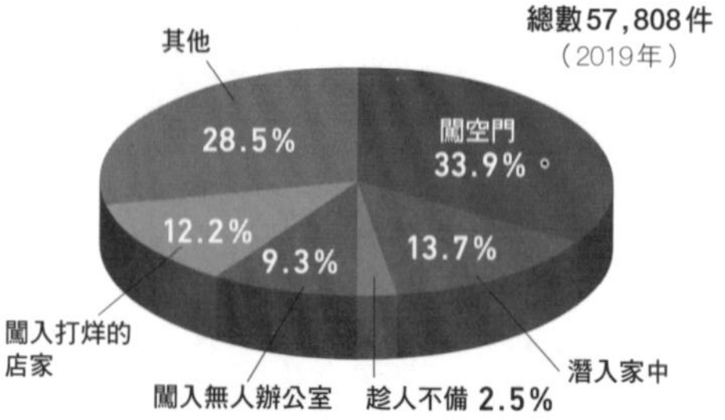
總數57,808件
（2019年）
其他
28.5%
闖空門
33.9%
12.2%
9.3%
13.7%
闖入打烊的店家
潛入家中
闖入無人辦公室
趁人不備 2.5%

從按照侵入竊盜的手法分類的案件數來看，闖空門約占1／3。必須在軟硬體兩方面採取徹底的防範措施，例如不在家的時候也能監視家中情況，營造難以侵入的環境。

通過防盜設備來完善和強化

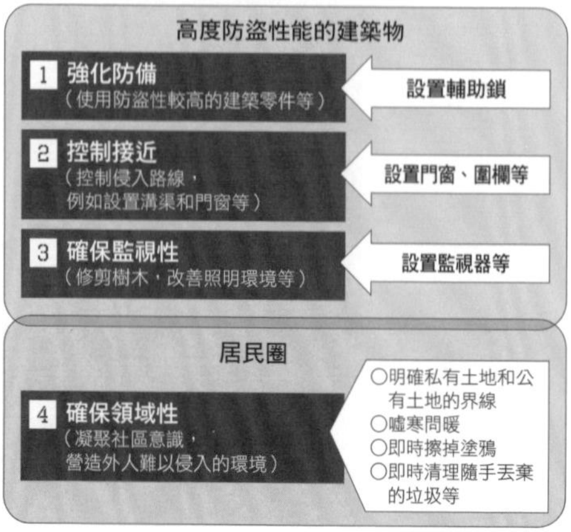
高度防盜性能的建築物
1 強化防備
（使用防盜性較高的建築零件等）
設置輔助鎖
2 控制接近
（控制侵入路線，例如設置溝渠和門窗等）
設置門窗、圍欄等
3 確保監視性
（修剪樹木，改善照明環境等）
設置監視器等
居民圈
4 確保領域性
（凝聚社區意識，營造外人難以侵入的環境）
○明確私有土地和公有土地的界線
○噓寒問暖
○即時擦掉塗鴉
○即時清理隨手丟棄的垃圾等

迷你專欄

2

侵入竊盜的防範對策

2019年日本的侵入竊盜案件數為28,936件，雖說已連續17年呈下滑趨勢，但依然有許多人受害。發生地點以獨棟住宅最多，大部分的情況是從窗戶侵入，其次才是從正門侵入。另外，未上鎖的獨棟住宅和共同住宅最常遭到入侵，其次是打破玻璃入侵。徹底關好門窗是最基本的做法，平時若能加強防範措施的話就會更加安心，因此首要之務就是加強防備。例如安裝輔助鎖、黏貼窗戶防盜膜、更換防盜性較高的建築零件等，從物理上進行強化。其次是防止外人接近，例如透過設置圍欄、鋪上碎石（有人走路會發出聲音）等方式來避免外人接近。第三是確保監視性，設置附有感應器的燈光和監視攝影機，修剪樹木來確保視野，通過這些方式打造可以監視四周動靜的環境。最後是確保領域性，建立關係緊密的地域團體會產生巨大的防盜效果，但對於都市生活者來說，這或許是最大的難題也說不定。

參考資料：警視廳，守望相助防盜110

第3章

人員受傷的應急處置

本章將解說因天災人禍，導致自己或他人受傷時的緊急處置。
每個人都應該謹記各種緊急情況下的應急知識。

插畫：鈴木健太郎

1 知識提升獲救機率

進行救援之前
首先確保周圍的安全

上一章介紹應對暴力犯罪的方法，本章則針對負傷之後如何處置進行驗證。前半段延續上一章，由研究危機管理應對和防身，持續提供啟蒙訓練的單位「田村訓練中心」（ＴＴＣ）負責監修和重點整理。ＴＴＣ的田村忠嗣先生告訴我們，當同伴受到敵人的攻擊而負傷時，首先最好注意哪些地方。

「看見路人受傷，一般人都會跑過去問對方有沒有大礙吧，可是攻擊者也有可能還在附近。此外，如果是交通事故的話，有時也會因為想趕緊救人而讓自己置身於被車撞到的危險之下。所以最重要的一點，在於救援者要先確保自己的人身安全。能夠排除威脅當然是最理想的狀況，但如果威脅無法排除，且現場可能存在危險的話，不試圖救援先思考如何逃跑，或許這才是明智的選擇。」

這大概是所有人常常遺漏的觀點。看到同伴受傷想要趕去救助乃是人之常情，但如果自己也跟著受到傷害的話，那就得不償失了。

「在高速公路上一旦發生事故，通常都會立刻在後面設置三角警示牌，這也是同樣的道理。總之，要盡可能地排除來自周圍的威脅。」

面對持刀的敵人時，要注意保護好自己的脖子、腋下及大腿。為了避免左半身遭到攻擊，基本上要讓右半身在前面。

田村忠嗣

田村裝備開發株式會社（TTC）代表董事社長。前警官。擔任職務包括日本皇后的警衛警備、核電廠警備與愛國者飛彈警備，曾破獲日本境內的外國人黑手黨組織。

長田賢治

田村裝備開發株式會社統括部長。曾隸屬陸上自衛隊的特種作戰群。熟知如何應付激烈戰鬥。

瀧澤裕人

出於興趣和危機管理的目的而在TTC接受培訓，進而成為員工。在這次的企畫中有非常活躍的表現。

任意搖晃傷患會造成無法挽回的後果

接下來，在確認周圍沒有危險的情況下開始進行應急處置，這時也有幾個重點需要留意。首先，當傷患流血的時候，救援者必須注意血液感染。在不接觸血液的情況下進行處置幾乎不太可能，可以的話最好戴上手套。在背包或車上準備一副手套是非常有效的對策。此外，為了確認意識而搖晃倒地不起的傷患，這樣的行為也非常危險。人類在交通事故等強大衝擊下，出現頸椎損傷是常有之事，這個時候如果隨便搖晃傷患的身體，有可能會造成無可挽回的致命傷。

「當骨盆或頸椎受到損傷時，移動的瞬間就有可能導致傷患半身不遂。在這種情況下，什麼都不做才是正確的選擇。要是對方還有意識的話，就告訴對方『頭和身體別亂動』，同時幫他固定身體和頭部，這麼做相當重要。這時我們能做的就是排除其他危險，在頭部和骨盆固定的狀態下等待救援隊的到來。」

就結論而言，遇到他人陷入瀕死之際，首先應確認在醫生或救援隊趕到之前傷者的意識能夠維持多久時間。即使出於一番好心幫忙，只要稍有不當就有可能毀掉患者的一生，請務必帶著這個覺悟，集中精神排除危險並固定患部。如果出現流血、臟器外露或肢體分離等情況，為有利於後續治療，首先得做好基本的處置。

外行人能做到的事情非常有限，縱然如此，若不採取適當的應急處置，傷患就有可能失去生命。在這種情況下，正確的知識就能帶來幫助。為了能在關鍵時刻做出適當的選擇，從下一頁開始將按照順序對具體的行動進行說明。

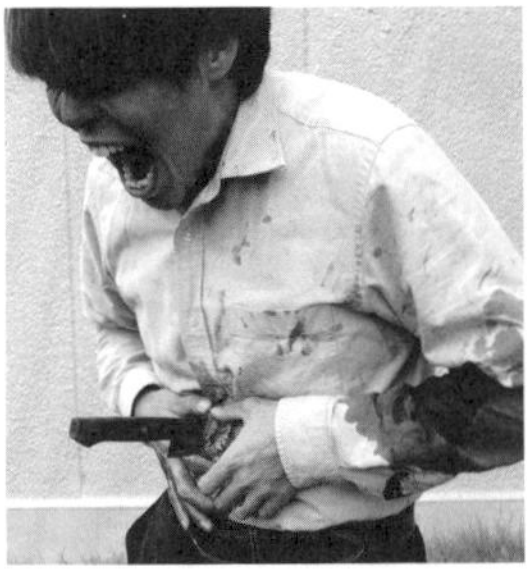

刀子刺進肚子的時候，如果連忙拔出的話會大量出血。在救援趕到之前先暫時忍耐一下，繼續保持這個狀態。

[KNOWLEDGE]

瞭解負壓和正壓就能改變應對方式

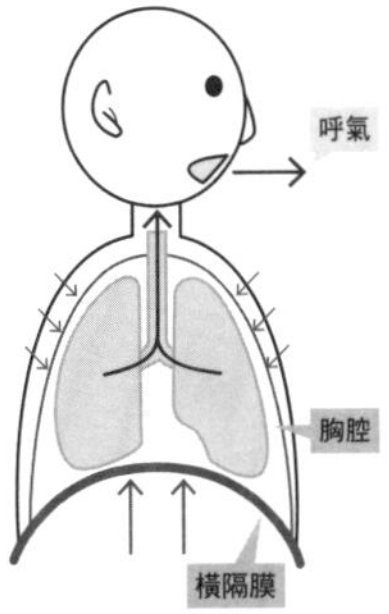

人體體內有壓力高於外部氣壓的正壓空洞，以及壓力低於外部氣壓的負壓空洞。舉例來說，胸腔（有肺臟的部分）為負壓，如果胸腔破了一個洞，空氣就會從外面進入；當肺部受到空氣的擠壓，有時會陷入無法呼吸的狀態。另一方面，如果刀子刺進處於正壓的腹腔（有腸子等臟器的部分），那麼裡面的腸子等臟器就會掉出身體外面。不同的壓力下會產生這樣的差異。

2

盡力止血，以防失血過多不治

三種止血方法

一旦血流不止，當然會因失血過多而死亡。因此看到傷患有嚴重出血的情況時，就必須立即實施止血這個重要的處置。

「止血大致有三種方法。第一種方法是直接壓迫止血，用紗布或毛巾等物品用力按住傷口，對其直接壓迫。

第二種方法是在動脈嚴重出血的情況下，用手壓迫比流血部位更靠近心臟的部位來止血。第三種方法是在其他方法都無法止血的劇烈出血時，使用止血帶這類工具來止血。要注意的是，使用止血帶是最終的手段，因為止血帶綁得太緊會導致神經損傷，也不容易掌握鬆開止血帶的時機。倘若妄自判斷已經止血而鬆開止血帶，由於止血而凝固的血塊就會流向心臟、大腦、肺部等處，繼而堵塞血管，有時甚至會導致傷患死亡。再加上，如果止血超過兩個小時，前面的組織有可能就會壞死，所以除非是無可奈何的出血，否則千萬別使用止血帶。」

關鍵在於第一步要判斷是否可以放任傷口流血。如果需要止血的話，就要拿出立刻嘗試止血的勇氣。

隨身攜帶工作手套，在進行救援的時候便能防止血液感染。

以外側防禦

○

如果被刀子攻擊的話，用手臂外側進行防禦，大多數情況下只會受到一點輕傷。

以內側防禦

✕

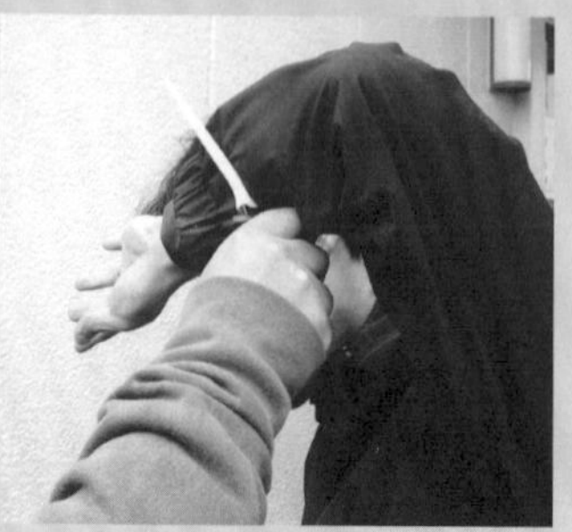

手臂內側較脆弱，也很容易流血，所以要避免使用這種方式進行防禦。

3 以手加壓患部止血

遭到刀子攻擊！雖然擔心流血的情況，但也要同時思考如何逃離敵人。

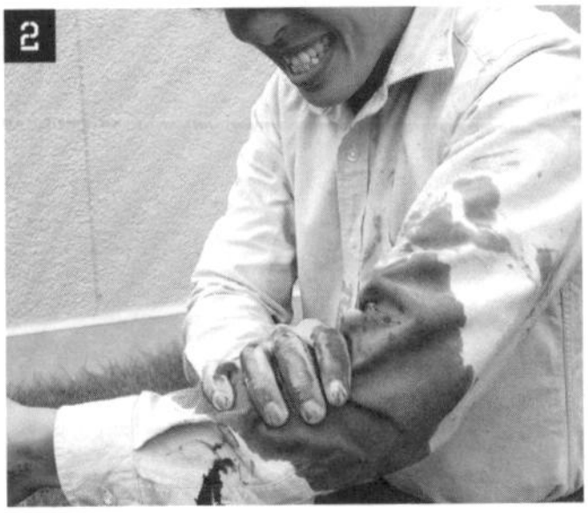

如果是輕微出血的話，就按壓患部（直接壓迫），盡量抑制血液流出。要是傷口不深，這樣的應急處置就足夠了。

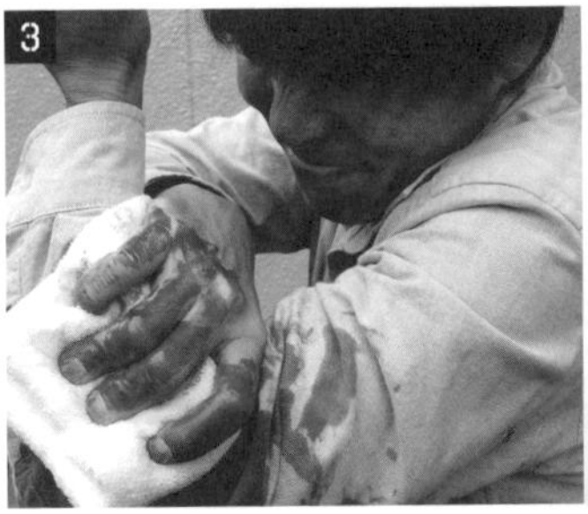

盡量使用毛巾等物品，以防患部遭到雜菌感染，用撕下來的衣服碎片也可以。

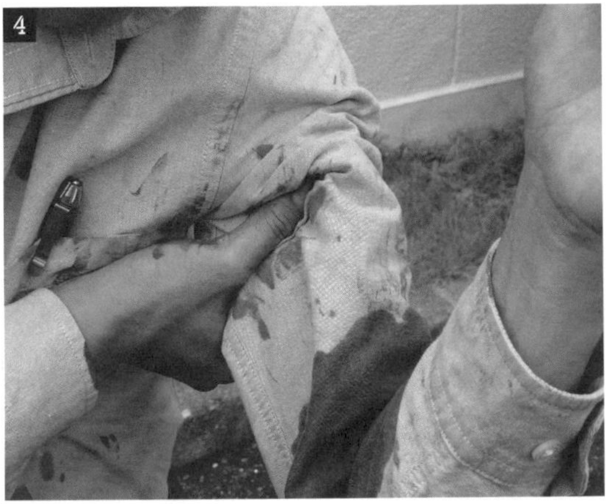

若動脈持續嚴重出血，就像這樣按壓離患部稍遠、靠近心臟的部位（關節壓迫），以阻斷血流。訣竅是找出抑制流血的位置。

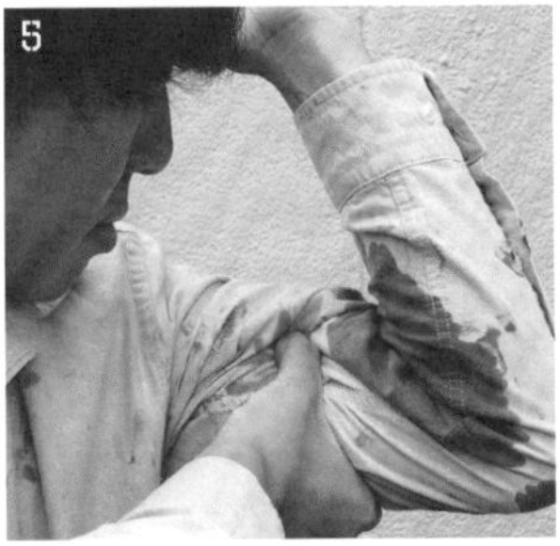

止血時，基本上要盡量將患部抬到比心臟高的位置。

[KNOWLEDGE]

利用鞋帶

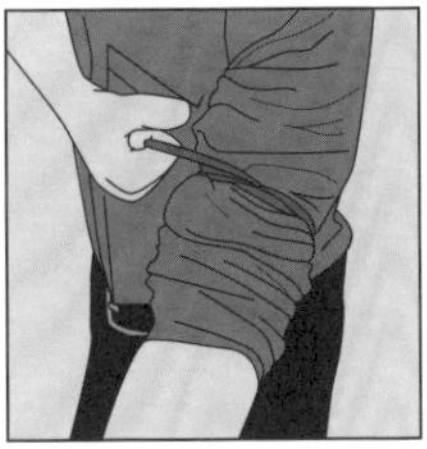

如果腳上穿的鞋子繫有鞋帶，也可以用解下來的鞋帶來止血。用鞋帶綁緊上臂加以壓迫，讓血液無法抵達末端。綁緊鞋帶時雖然會感到痛苦，但這時候還是把止血擺在第一位吧。然而，一旦緊緊綁著超過1～2小時，末端組織就有可能壞死，所以最好在止血的同時觀察情況。

4 使用止血帶

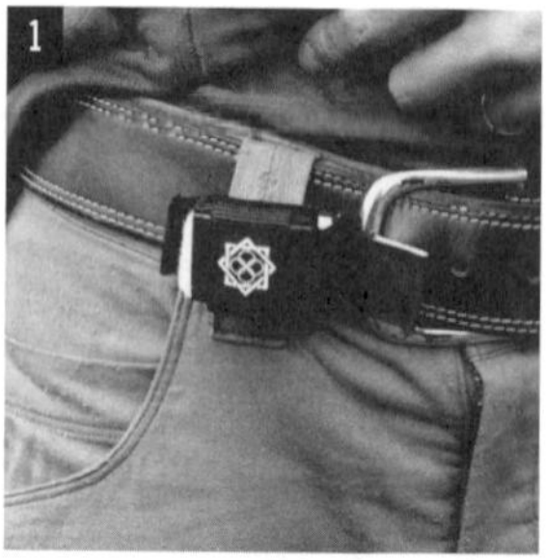

這是田村裝備開發公司所製作的止血帶（已取得專利）。這個止血帶可以裝在皮帶等物品上，攜帶很方便。

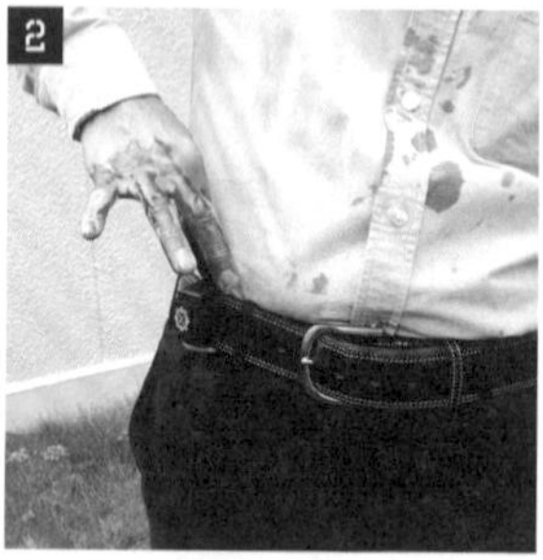

使用時，先將把手往上拉。

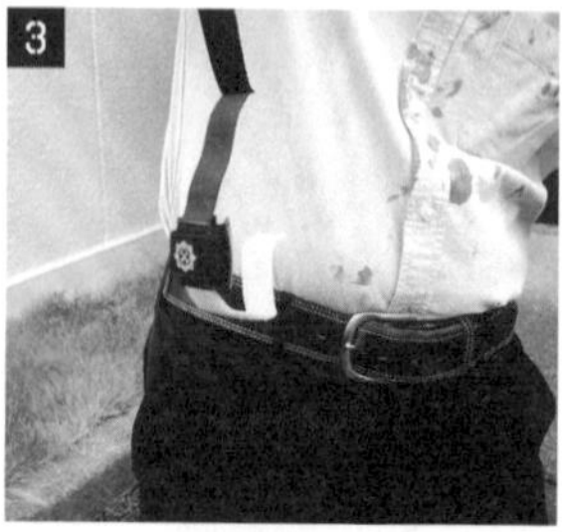

向上拉就能輕易地將本體從皮帶拉出。

止血帶呈環狀的部分，穿過手臂等受傷部位。

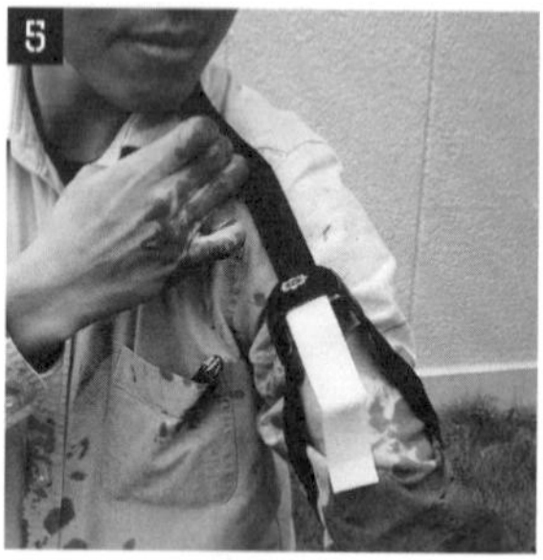

用下巴固定把手部分。

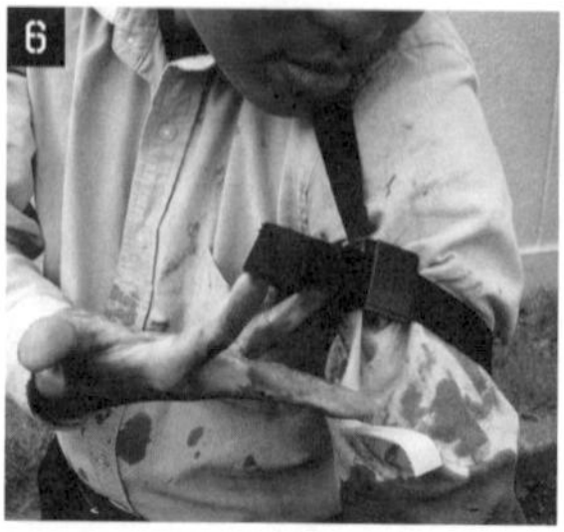

在把手固定的狀態下，像勒緊手臂一樣將皮帶拉緊。

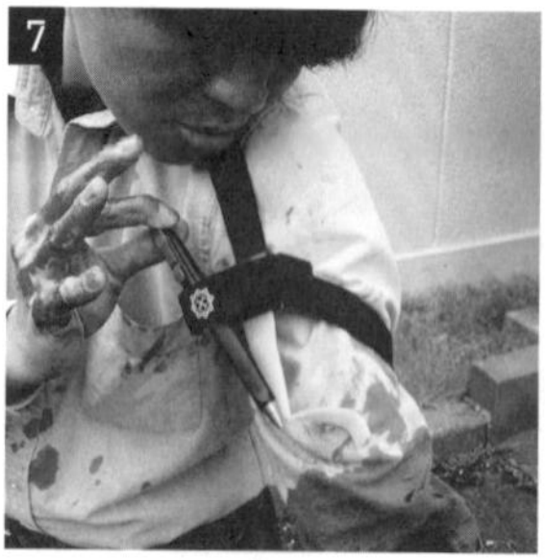

把筆插入拉出來的環狀部分。

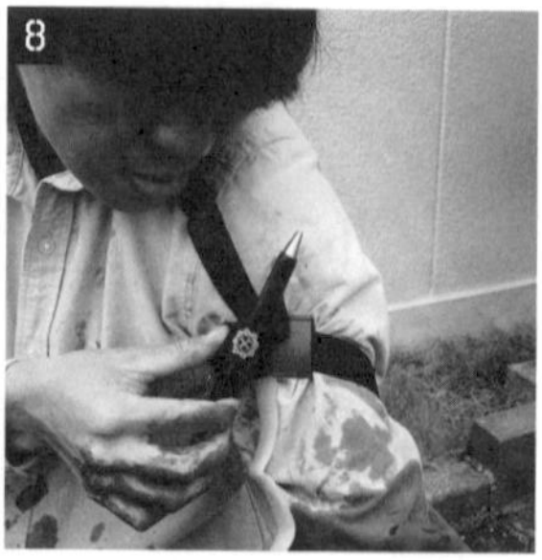

接著不停轉動筆，使患部的血流停止。

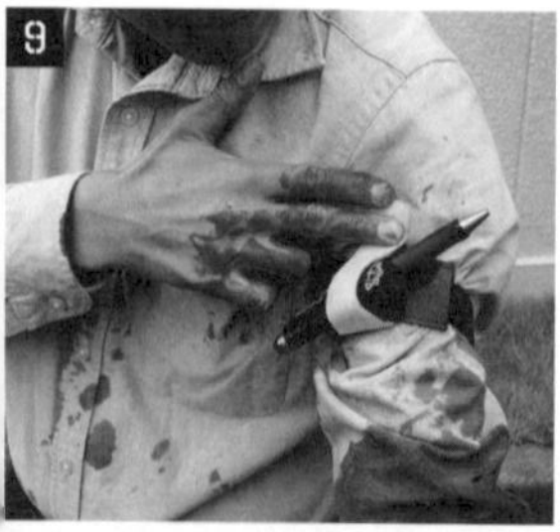

我們的目的是止血，所以在血止住之前要不斷地轉筆。止血後用魔鬼氈將筆固定，使其在鬆開右手後也能繼續止血。

5 骨折或燙傷時怎麼辦？

緊急處置之際 也要防範患部過度冷卻而失溫

感覺骨折的時候，要記得讓患部保持不動。為了避免受傷疼痛的部分搖來晃去，我們可以用木棒或紙捆等物品來取代副木，以此作為應急處置，可以的話用毛巾纏繞固定。如果是手骨折的話，只要將手插入上衣的鈕扣之間就可以做到簡易固定。只要進行這樣的簡易固定，劇烈疼痛的感覺多半就會減輕不少。此外，如果懷疑頸椎和骨盆骨折的話，為了避免神經受損，也要記得千萬不要移動。總而言之，在骨折的情況下，能夠做的應急處置非常有限。

另外，我們又試著詢問田村先生如何處理燒燙傷的情況。

「前提是冰敷，但也不是說身邊有冰水就可以直接貼在患部上。雖然表面冷卻，但太冷的話會引起震顫，反而導致身體發熱，或者因為太冷而造成體溫過低。所以當周圍沒有藥物的時候，用溼毛巾包覆起來比較好，這麼做多半能讓疼痛得到相當程度的緩解。」

假若患部出現水泡，弄破有可能會遭到細菌感染，所以在應急處置的階段最好還是別觸摸比較保險。

利用溼毛巾緩解疼痛

燙傷引起的疼痛程度各有不同，但絕對會痛得令人難以忍受。只要像這樣將溼毛巾敷在患部上，大部分就能緩解疼痛。為了保護患部免受雜菌感染，最好盡量對燙傷的部位進行這類防護措施。事實上，遇到燙傷時，現場也只能進行這些應急處置，沒有其他能做的事。

製作簡易三角巾

若不幸骨折，只要利用身上所穿的襯衫，就可以像這樣取代三角巾。骨折時不要隨便移動患部是一大前提。總之要有意識地以某種形式快速固定住。用毛巾或衣服捲起來也是一種手段。

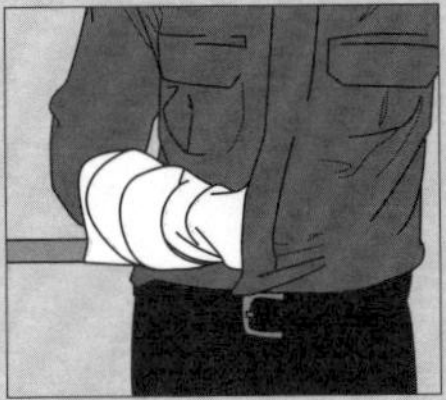

利用紙箱或雜誌來支撐

骨折的時候可以利用紙箱或雜誌等物品來取代副木。像是覆蓋患部一樣捲成圓形，可以的話最好用膠帶固定。如此一來不僅有緩解疼痛的效果，還能防止骨頭進一步變形。

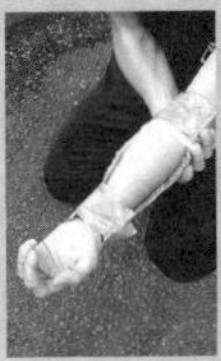

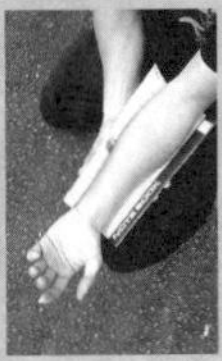

6 被刀刺傷時怎麼辦？

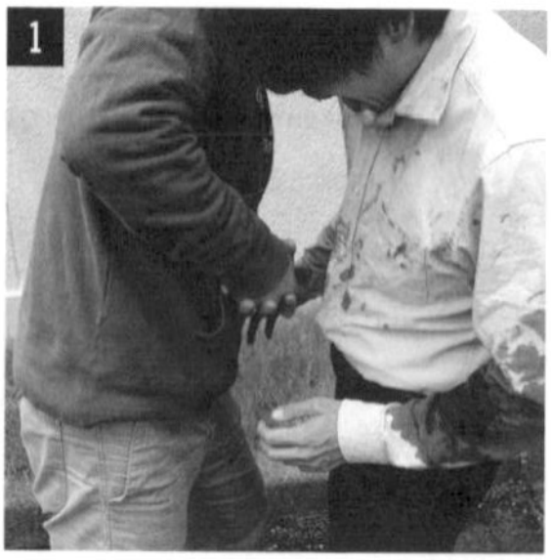

被刀子刺傷了！現在該怎麼辦？在敵人離開後，一般人都會試圖拔出刀子，但千萬不可以這麼做。

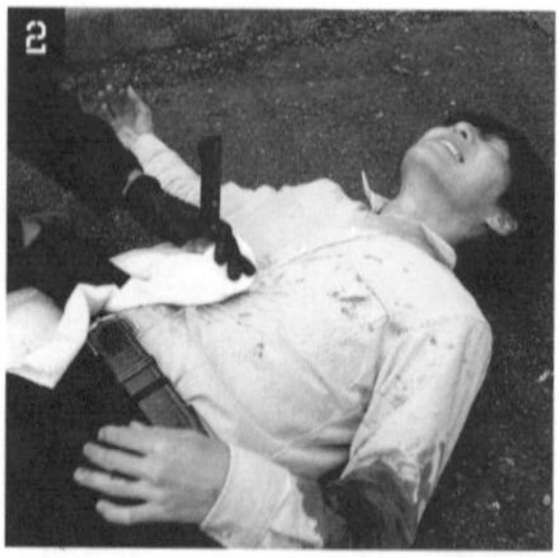

刺進身體的刀子會直接變成「栓子」，在拔出的瞬間，血液有很大的機率也會跟著噴出。尤其腹部是正壓，更要特別注意。千萬不要將刀子拔出來，而是先用毛巾等物品纏繞加以固定。

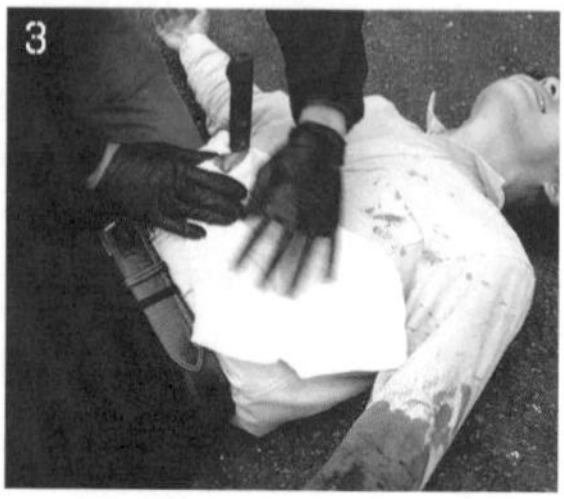

如果刀子在刺進身體的狀態下搖晃，有可能會傷及內臟，因此用毛巾等物品進行固定就是有效的應急處置。

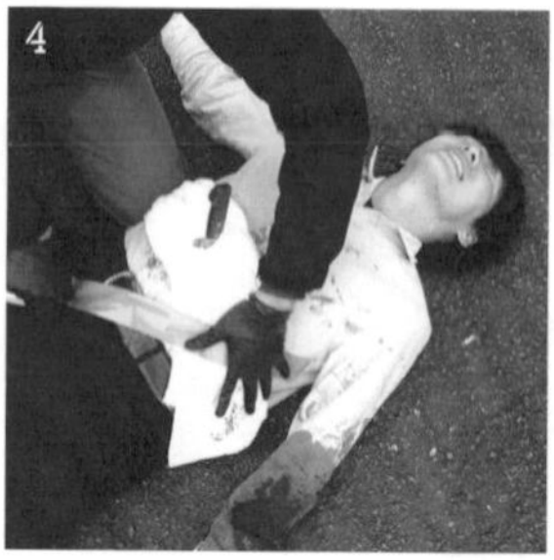

用毛巾大致固定之後，再用膠帶把毛巾和刀子固定起來。

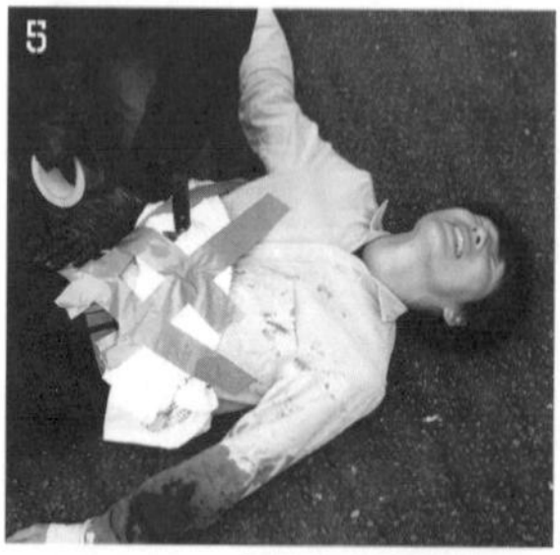

只要做到這個程度，刀子就比較不會晃動。

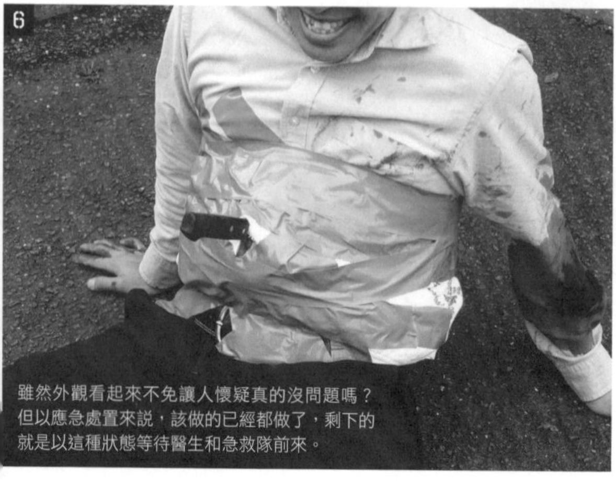

雖然外觀看起來不免讓人懷疑真的沒問題嗎？但以應急處置來說，該做的已經都做了，剩下的就是以這種狀態等待醫生和急救隊前來。

要是急著把刀子拔出的話，很有可能流出連自己都大吃一驚的血量！即使沒有人提供救援，也要想盡辦法努力固定住刀子。

7 內臟或骨頭外露時怎麼辦？

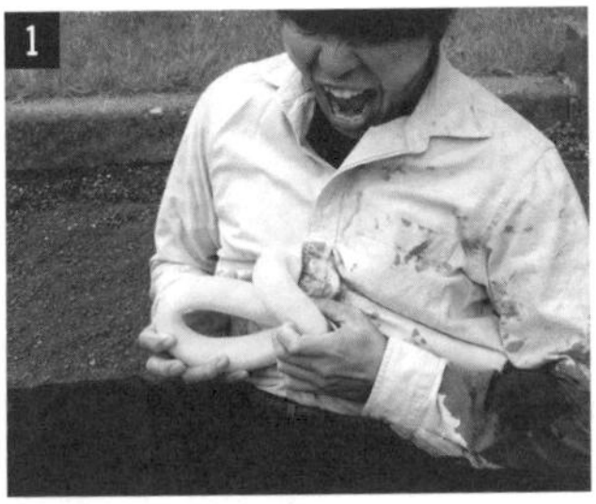

腹部遭到割破，腸子因為正壓而露出體外！在內臟或骨頭露出體外的情況下，由於擔心遭到雜菌感染，因此不能塞回體內。

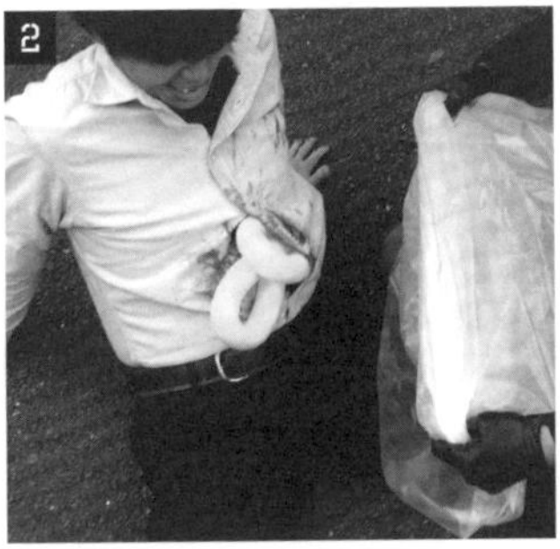

必須避免內臟或骨頭乾燥，這時最好使用塑膠袋來保護露出體外的內臟或骨頭。

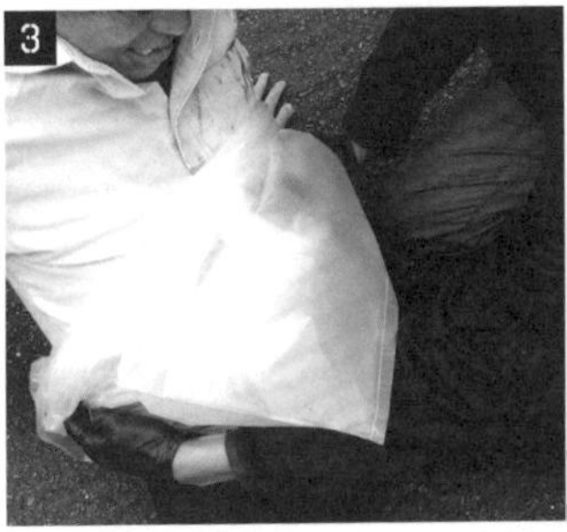

像這樣用塑膠袋將露出的內臟上進行保護，以防止乾燥。要注意別讓露出的部分浸泡在水裡。

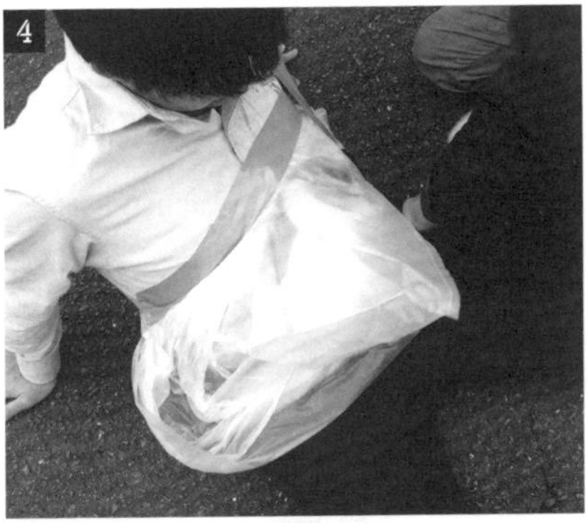

在這種情況下，如果可以的話最好用膠帶堵住縫隙，將塑膠袋固定住。

雖然看起來有點詭異，但這樣就完成了應急處置。接下來就是耐心等待醫生或救援隊的到來。

8 肺部刺穿破洞時怎麼辦？

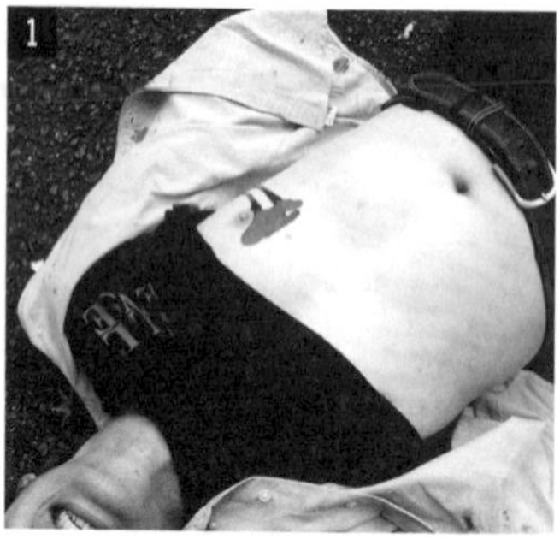

同伴的肺部附近受傷了！也許肺部破了個洞，看起來呼吸似乎有點困難。

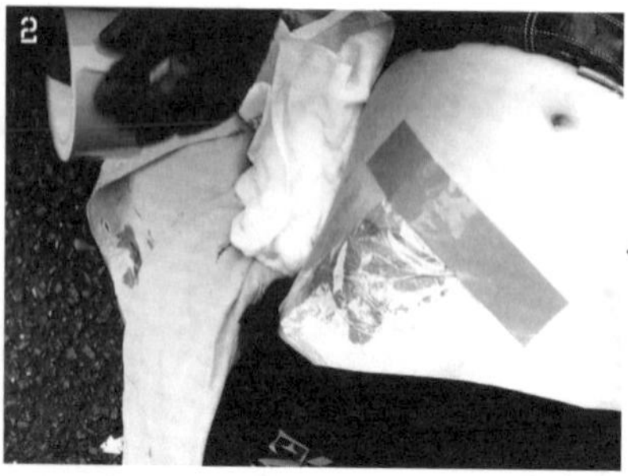

開始進行三邊固定的應急處置。找個能夠防水的東西，蓋在傷口上，用膠帶固定住。

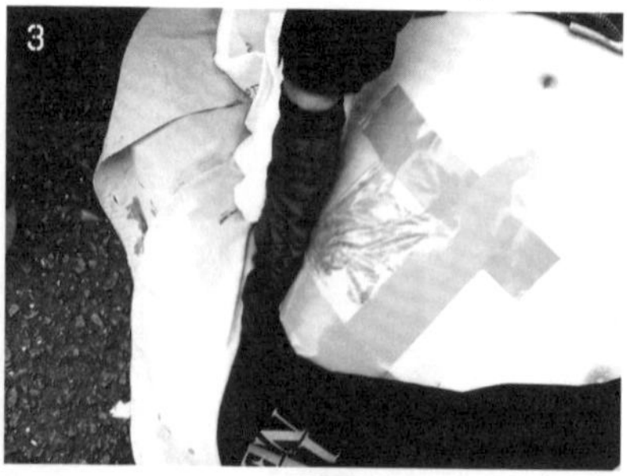

留下四邊形的一邊，完成三邊的固定，如此一來，肺裡的空氣就能從這一側排出。

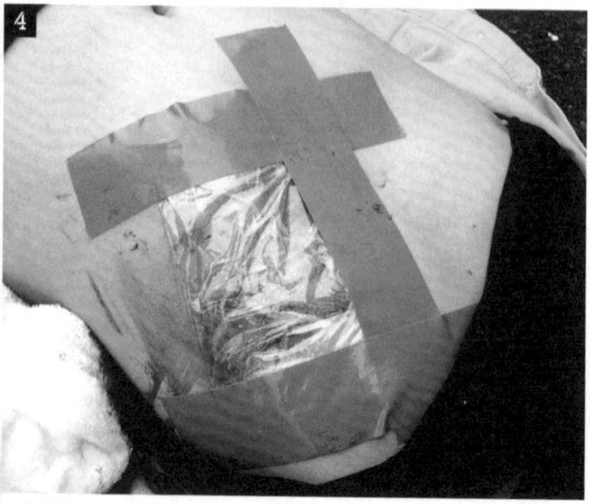

訣竅是像照片一樣斜貼。這個角度能讓流出來的血在站起來的時候漏出塑膠袋外面。

利用臨時打造的「閥門」堵住破洞

假如胸部遭到槍擊，或被刀子刺出一個破洞的話，會出現什麼樣的情況呢？在這種情況下，有可能會陷入開放性氣胸的狀態，外部空氣從破洞進入體內，從而產生窒息的危險。因此我們最好認識一下三邊固定這種應急處置的手法。雖然用塑膠袋之類的東西來保護傷口，但不固定四邊，而是透過三邊固定，讓不需要的血液流出，同時空氣不易從外部進入，可以將吐出來的空氣排出，充分發揮臨時打造的「閥門」功能。只要進行這個處置，就有很大的機率防止空氣持續進入肺部造成氣胸。為了應付緊急情況，最好認識一下這種處置方法。

9 身體一部分脫落時怎麼辦？

相信能恢復原狀 專心回收和保存

身體的一部分有可能因為敵人的攻擊或事故等原因而不幸脫落。這種時候先別慌張，首要之務是回收該部位。只要順利的話，脫離身體的手或腳仍有機會接回身上。這時，需要注意的是防止乾燥。一旦變得乾燥，那麼即使經過治療，該部位也無法重新接回去。話雖如此，但如果直接用水沖洗的話，也會因為泡到發脹而無法使用。為了維持適當的溼潤狀態，基本上要使用塑膠袋進行保護。手邊有保冷劑最好，如果沒有的話，也要想辦法進行冷卻，盡可能防止腐爛。此外，最好把該部位回收的時間和傷患的名字寫下來，方便治療時利用。

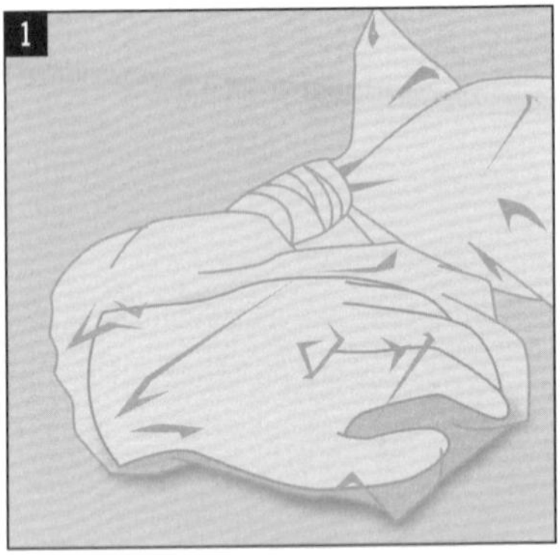

找到身體截斷的部分並用塑膠袋保存，過程間必須小心翼翼地處理。

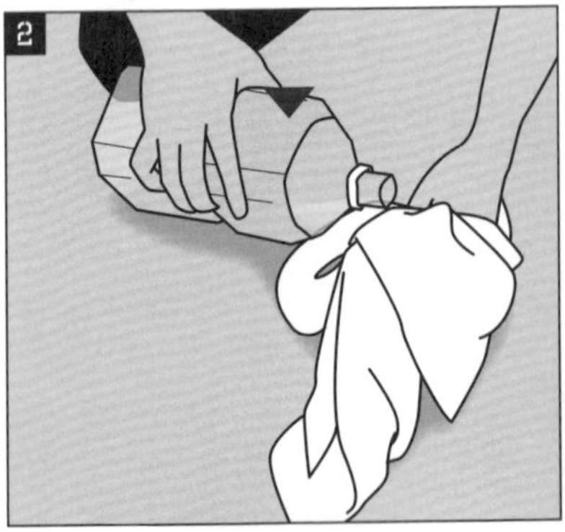

最好準備一條浸在冷水的毛巾，以便冷卻截斷部位。

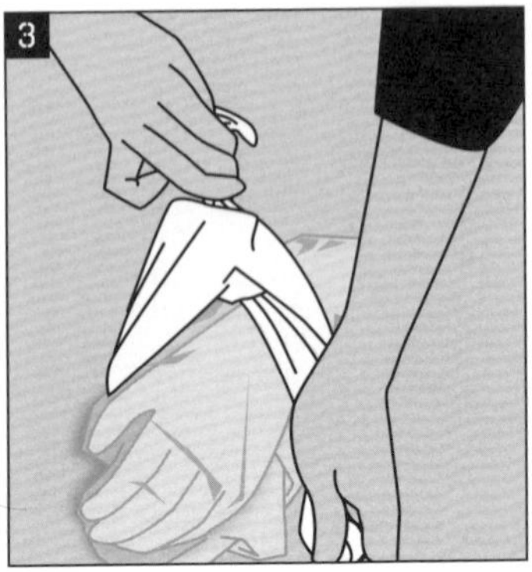

把冰涼溼冷的毛巾擰乾，像是保護傷口一樣蓋在塑膠袋上。這是為了盡可能防止傷口腐爛。

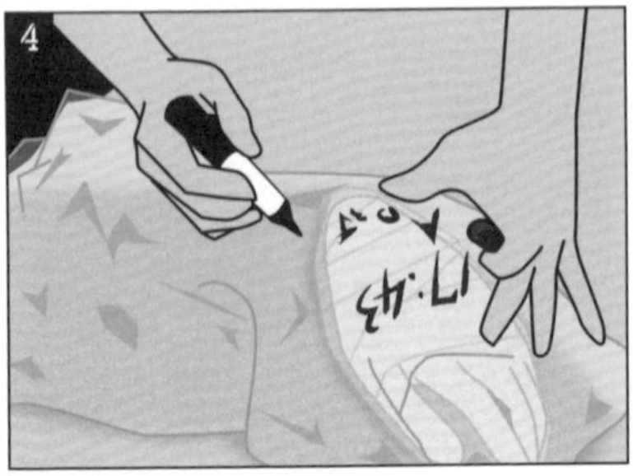

再用塑膠袋整個包住，等待醫生或救援隊前來支援；如果可以的話，最好在上面寫下回收該部位的時間及傷者姓名，以免弄錯。

10 心肺停止時怎麼辦？

AED能幫助我們判斷是否應該電擊急救

接下來介紹使用AED恢復正常心律的方法，由居家安全領域廣為人知的ALSOK公司的專家負責監修本節內容。ALSOK除了警備等業務外，也提供AED的租賃服務與使用講習，平時就向大眾宣導急救處置。

AED（自動體外心臟電擊去顫器）是在心臟出現痙攣、喪失把血液打到全身的功能時，通過電擊恢復正常心律的醫療儀器。日本從二〇〇四年開始，非從事醫療工作的市民也可以使用AED，並在大街小巷廣為設置。話雖如此，一旦眼前出現心肺停止的人，或許會很難下定決心是否真的可以使用AED。我們要如何判斷使用的時機呢？ALSOK防災業務室長小寺德雄先生給了答案。

「AED會幫助我們判斷是否應該使用。有人在面前倒下的時候，首先要確認對方是否還有意識三次。如果沒有意識的話，就尋求周圍的人協助，例如通報一一九，從別的地方拿來AED。在這段期間確認對方是否還有呼吸，如果沒有呼吸的話，就對其實施胸部按壓。待AED送達後，打開電源，安裝電極貼片。在貼好電極貼片的同時，AED會開始進行心電圖分析。之後如果需要電擊的話，AED就會發出語音，指示我們下一步該怎麼做。」

換言之，如果懷疑對方心肺停止的話，只要裝上AED就可以了。接下來只要按照語音指示進行操作即可。重點是在AED送達之前，要不斷地進行胸部按壓（如果還是沒有呼吸的話，也要同時實施人工呼吸）。胸部按壓和人工呼吸要以三〇：二的比例進行。遇到有人倒地不起時，第一時間毫不猶豫地施行上述處置，或許就能降低死亡的風險。為了能在關鍵時刻果斷地採取行動，最好每年都參加一次緊急救護訓練。

[KNOWLEDGE]

心肺停止的案例比想像中還要多！

約12.7萬人 急救隊運送的心肺停止傷病人數（2017年）

3532人 交通事故死亡人數（2018年）

從上面的數字可以看出，心肺停止傷病人數遠比我們想像中還要來得多。經過換算可以得知，每天大約有340人因為心肺停止而被送往醫療機構。從通報到救護車抵達，大約需要7～9分鐘的時間。由此可以看出，在這段期間對呼吸和心臟停止的傷病患進行應急處置的重要性。面對關鍵時刻絕對不能有絲毫的猶豫。

24小時全年無休，提供安心服務

ALSOK

ALSOK除了提供居家安全、兒童保護、老人看護等個人服務之外，也提供資料保護、網路安全、AED的租賃和啟蒙等服務。不僅提供AED的販售及租賃業務，通過獨自的管理系統隨時監視AED的狀態，也會在適當的時機告訴我們什麼時候該更換或更新消耗品。舉辦有關使用AED的講座，24小時提供諮詢的客戶支援中心隨時待命，在緊急情況下也令人安心。

11 基本救命術（BLS）的步驟

1 發現傷患，呼喚對方

詢問對方：「喂，你沒事吧？」同時輕拍肩膀，共進行3次。第一次用較小的聲音，第二、三次漸漸提高音量。有時也會遇到腦性麻痺的傷患，所以從左右兩邊呼喚也是重點。

2 通報119，拜託路人送來AED

為了對倒地的人進行緊急處置，主動向周圍的人尋求支援。拜託一人通報119，請另一個人尋找附近有沒有AED。有人願意幫忙的話，自己就把注意力轉移到傷患的處置上。

3 確認呼吸

觀察嘴巴、鼻子、胸部的動作，在10秒內確認對方有無呼吸。如果發現對方沒有呼吸，就必須進行胸部按壓。要是無法做出判斷，那就直接進行胸部按壓吧。

4 胸部按壓30次

按壓胸部中心和胸骨的下半部較為理想，如果不清楚位置的話，只要記住胸部的正中央就可以了。將一手的手掌根部（靠近手腕的堅硬部分）放在對方的胸部中央，另一手重疊上去。手臂伸直，加上自己的體重垂直按壓，使胸部下沉約5公分。以1分鐘100～120次的節奏為標準，按壓30次後做一次人工呼吸。

5 人工呼吸2次

讓對方的下巴朝上，在確保呼吸道暢通的狀態下捏住對方的鼻子，像是覆蓋傷患的嘴巴一樣用自己的嘴巴緊貼，將空氣呼進體內。注意別讓空氣從傷患的鼻中漏出，持續吹氣約一秒，確認傷患的胸部有沒有被吹進的空氣抬高。嘴巴暫時離開，等對方自然將空氣吐出後，再進行第二次的人工呼吸。做完兩次人工呼吸後，再重新進行胸部按壓。

[KNOWLEDGE] 請路人幫忙的訣竅

雖說可以找路人幫忙，實際卻很難做到，即使大喊「有誰能過來幫忙一下！」真正願意加入救援的人也出乎意外地少。尋求支援的重點在於要精準地鎖定目標，例如「那位穿綠色衣服的年輕小姐」或「對，就是你！穿著黑色西裝的大叔」，盡可能地說出對方的特徵，這樣一來，路人就會注意到這邊發生的情況。

12 心肺復甦術的作法

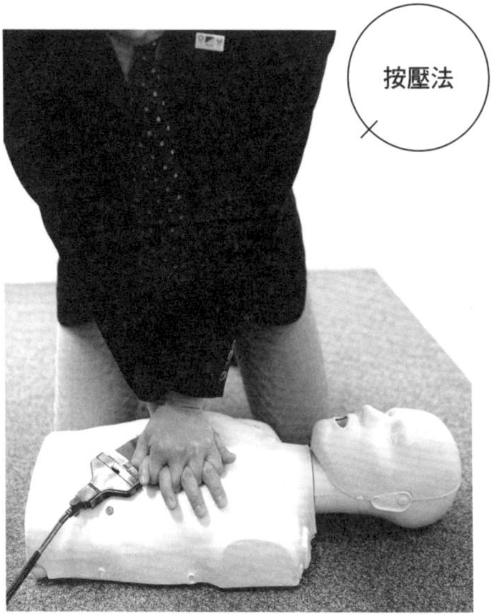

從傷患的正側面按壓。有意識地讓自己的手臂形成等腰三角形，保持從正上方往正下方垂直按壓的姿勢。讓傷患的胸部下沉5公分以上需要相當程度的力氣，加上標準是一分鐘按壓100～120次，所以也需要一定的速度。由於對體力非常要求，如果有人可以交換的話就能毫無保留地進行急救。
※照片中是心肺復甦術訓練時使用的人體模型「安妮」。

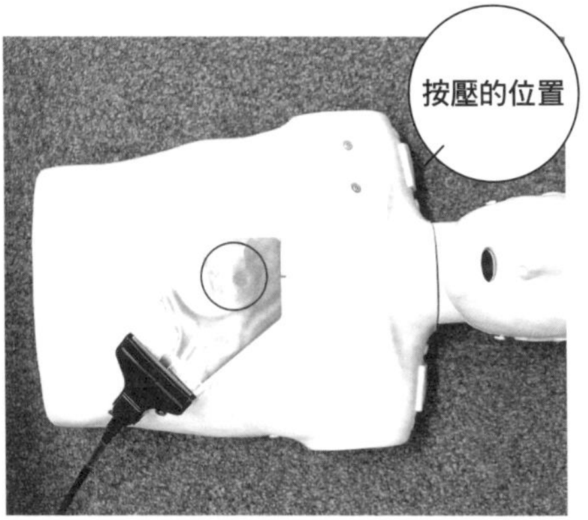

按壓的位置是圈起來的部分。用線（乳頭連線）連接兩側腋下，對準中間連線的胸骨按壓。

出力的部位並非手心的正中央，而是手腕根部。手勢如照片所示，一手從上方輔助，有意識地讓自己的體重充分傳遞到手掌根部。

[KNOWLEDGE] 人工呼吸的必要性和義務

有「呼吸源性心臟驟停」之稱的心跳停止，是指因窒息或溺水等原因，從呼吸停止到心臟停止的狀態。在這種狀態下，唯有透過人工呼吸讓血液吸收氧氣，才能防止大腦受損。另外，如果心臟停止經過一段時間的話，由於血氧已經消耗大半，因此人工呼吸的必要性極高。一旦忽略人工呼吸，即使適當地進行胸部按壓和電擊，大部分的情況下也無法挽救性命。因此，就算眼前的傷患是異性，也要毫不猶豫地進行人工呼吸。一定要牢記人工呼吸的重要性，以備不時之需。

13 AED的使用法

AED的機制

AED是通過電擊使心臟恢復正常律動的裝置。現在日本常見的AED有好幾種，儘管不同機型有些微差異，但基本上都是打開裝置開啟電源，就會給使用者做出指示。AED大致分為按下按鈕開啟電源和打開裝置自動開啟電源這兩種。不管是哪一種，都能一眼看出如何開啟電源。有些機種的電擊電壓會依階段逐漸變化，但使用者完全不需要在意這些額外功能。

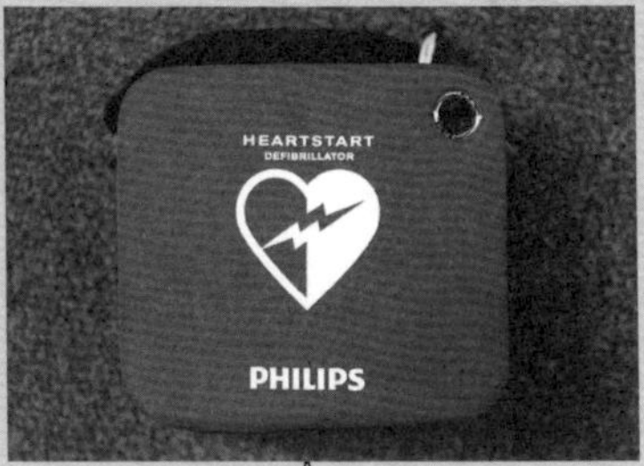

內容物有這些

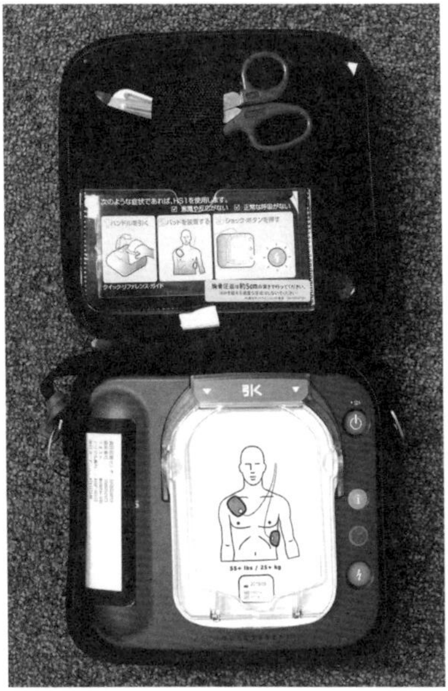

這是向ALSOK借來的飛利浦AED裝置，打開可以看見這些內容物。除了兩片電極貼片和開關之外，還附上用來剪開衣服的剪刀。首先按下綠色的電源鍵，接著就會響起「請脫掉上半身的衣服，脫不下來的話，請將它剪開」的語音。

❶ 電極貼片的貼法

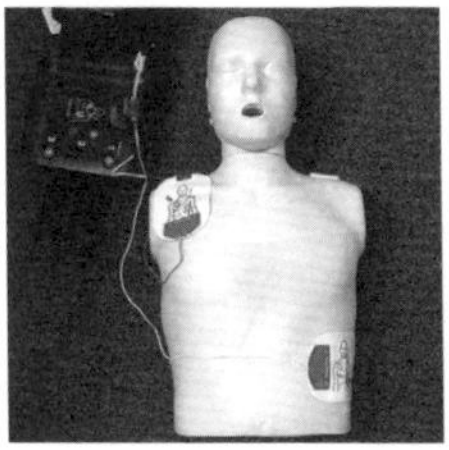

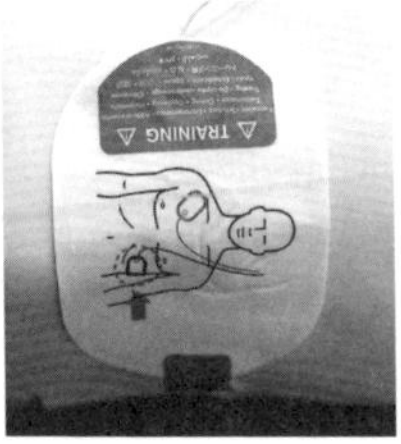

分別指示兩片電極貼片要貼在身體的哪個位置上。只要按照圖上的指示黏貼即可，一點也不難。貼上電極貼片之後，心電圖就會自動開始進行分析。如果需要電擊的話，就會再次發出指示語音。附帶一提，在不需要電擊的狀態下，即使打開電擊開關也不會啟動，因此可以放心使用。

▼

❷ 按下按鈕之後…

按下電擊按鈕的時候，為了避免觸電，裝置會發出「請遠離傷患」的語音。
電擊結束後，在貼著電極貼片的狀態下，以30：2的比例再次進行胸部按壓和人工呼吸。經過2分鐘後，裝置會做出電擊的指示，然後再次按下按鈕。

▼

❸ 等待急救隊抵達

在醫生和急救隊到達之前，反覆進行胸部按壓、人工呼吸、電擊等應急處置。如果大腦缺氧約3分鐘的話，就會瀕臨腦死狀態，因此除了電擊之外，胸部按壓也是必要的處置。在急救隊到達之前，傷患的意識、呼吸、心跳都有可能在這段期間恢復，所以仔細觀察傷患狀況也是很重要的一點。

第 4 章

從危機中求生

突然遭逢搶劫、攻擊時，該如何是好？
本章將針對危機狀況進行模擬，同時驗證解決辦法。

插畫：岡本倫幸

1 防身的準備和心得

田村忠嗣

田村裝備開發株式會社（TTC）代表董事社長。前警官。擔任職務包括日本皇后的警衛警備、核電廠警備與愛國者飛彈警備，曾破獲日本境內的外國人黑手黨組織。

長田賢治

田村裝備開發株式會社訓練教育部長。曾隸屬陸上自衛隊的特種作戰群，熟知如何應付激烈戰鬥。

危險隨時可能逼近的「意識」和「準備」十分重要

日本雖然早已步入「和平」的社會，但生活在都市裡也沒人可以拍胸脯保證絕對安全無虞。搶劫、恐嚇、惡意逼車、隨機殺人等林林總總的惡性犯罪每天都在各個地方上演，不少普通人的平靜生活在一瞬間就被破壞殆盡。面對天災時也是一樣，「自己不會有事」這種無意義度過和平生活的意識，當然可以說是最危險的一件事。因此，本章將具體介紹如何應對隨時都可能在都市發生的人禍。與上一章一樣，我們找來對各種危機管理應對和防身進行研究和啟蒙的設施「田村訓練中心」（ＴＴＣ）來協助指導，並整理出幾個重點。

ＴＴＣ的田村忠嗣先生劈頭就告訴我們：「防身有九成是靠事前準備。」

田村先生的意思是，防身的重點在於做好災難隨時都有可能降臨的心理準備和工具準備。如田村先生所說，為了隨時都能應對緊急事態，他向我們展示一項工具，乍看之下是個平淡無奇的包包。

「首先，假如和手持兇器的敵人對峙時，包包可以成為我們的盾牌。只要帶著一個包包，情勢就能變得相當有利。」

第52頁將會詳細介紹任何人都能模仿的包包防禦法，並進一步說明田村先生的防身意識。走在路上被某人突然襲擊的機率未必是零，因此考慮到這樣的可能性，每天走在路上也不能鬆懈防身的準備。

「發生事情的時候再去尋找武器就來不及了，因此我都會在日常經過的路上思考那個地方的棍子能不能用，在這裡遇到襲擊的話該往哪個方向逃

只要帶一個包包，回避危機的能力就有飛躍性的提升。包包不僅能當成盾牌，也可以變成武器。

跑，這附近似乎很危險之類的問題。雖然不知道這些準備何時能派上用場，但無論是人禍還是天災，遇到緊急情況時的應對方式都會有所不同。法律上規定不能攜帶武器，所以遇到緊急情況時只好利用周圍的物品。都市的馬路街道上到處都有可供利用的物品，走在平常經過的路上不妨試著思考一下。」

第一時間是否挺身而出？救援他人的一大課題

發生異常事態時，首先應該冷靜地弄清楚狀況，然後努力讓自己逃過一劫。然而，當一般人看見他人遭到襲擊時，往往會顯得手足無措，不知道該如何應對。因為正義感挺身而出，反而令自己陷入危險的境地，最終平白葬送性命，像這樣的例子在新聞中時有所聞。縱使如此，有些人可能也無法接受自己獨自逃跑的行為。田村先生的想法如下。

「如果是弱小的女性或小孩遭到攻擊的話，即使情況危險，我也會挺身而出。但如果遇襲的人是成年男性的話，我可能會根據情況而選擇不伸出援手，這是我的一貫主張，因為防身術這種技術是只要肯學習就能掌握一定的程度。既然活在這個世界上，就不知道何時會陷入危險的境地，所以本來就必須具備防身的技能和心理準備。作為先決條件，我或許會幫助體力和力氣較弱的小孩和女性，根據情況不對成年男性伸出援手。」

田村先生的主張聽起來似乎有些冷酷無情，但這麼做除了避免二次傷害之外，還有其他的理由。舉例來說，電車內發現有色狼，被認為是色狼的男性和女性發生爭執時該怎麼做？從這個情況來看，雖然想對女性伸出援手，但試問各位能不能在一瞬間判斷出這究竟是否為正義呢？

「有時候對方可能是被冤枉的，因此不適合馬上動用武力。若能當場解決倒還好，不管支持哪一邊而動用武力，或許會因此成為加害者一方的幫兇也說不定。在介入紛爭的時候，自己掌握多少正確資訊是非常重要的一個前提。如果盲目地伸張正義，可能會給別人帶來意想不到的麻煩，所以最好慎重再三。」

不由自主地對某一方產生同情，為了實現正義而行使武力，結果反而變成罪犯，我們必須設法避免令自己落入這樣的窘境。在絕大多數的情境之下，並沒有辦法在一瞬間弄清楚哪邊才是正義的一方。

[KNOWLEDGE]

任何人都有權逮捕現行犯？

法律規定，社會大眾可以當場逮捕在眼前明顯犯下罪行的人，不需要逮捕令就能行動，但逮捕完畢後必須立即將犯人移交給調查機關處置。不過，假若在逮捕現行犯後對其施加不必要的攻擊或威脅，恐怕會因此吃上官司。因此在行動之前，最好先具備「法律只允許逮捕」的認知。

2 任何人都能做到的包包防禦

使用包包「防守」的同時也要意識到「進攻」

首先針對任何人都能做到的防禦方法開始說明。誠如上一頁的介紹，田村先生認為日常的「準備」能對回避危機的能力帶來很大的影響。雖然並非每天都會被什麼壞人盯上，但為了以防萬一，最好也注意一下隨身攜帶的物品。

「由於不能隨身攜帶槍枝或刀械，我會在隨身攜帶的日常用品中，挑選一些可以用來代替武器的物品。原子筆、手電筒、皮帶、雨傘等各種隨身物品，都能在防身時派上用場。」

而且，這些物品本身就是應付刀械和徒手攻擊時的有效盾牌。與其說是用包包來承受攻擊，不如說是把包包當成盾牌，給敵人施加壓力。在面對刀械時，只要利用包包這個工具就能創造出有利的狀況，有時甚至還能靠它殲滅敵人。希望大家能利用這一頁將包包的使用方法牢記在心。

「另外，遭到刀子攻擊的時候，酒館的啤酒籃也能派上用場，把布滿孔洞的啤酒籃當成盾牌，一旦刀子插入過深就不容易拔出來。啤酒籃和包包一樣，都是最適合防身的工具。」

田村先生不使用錢包。如照片所示，鈔票夾似乎也能轉變成一種具備擊退敵人功能的武器。

質地堅硬、愈不易變形的物品，在關鍵時刻是愈容易使用的工具。比起背包，肩包在防禦方面的表現顯然更勝一籌。

要是平時像這樣插著筆形手電筒的話，就能在關鍵時刻讓敵人瞬間睜不開眼睛。

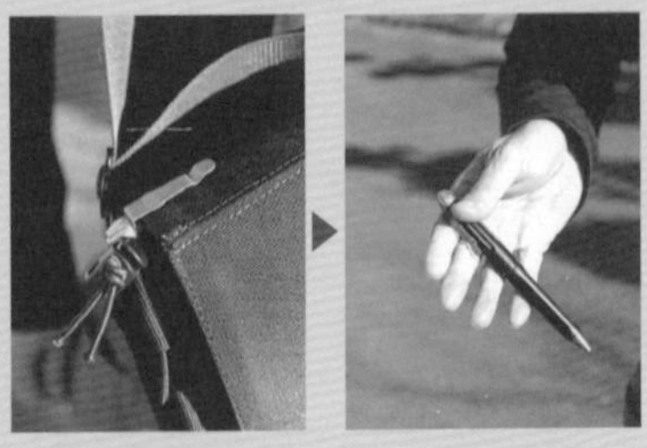

和手電筒一樣，包包上若再插著原子筆的話就更令人放心了。不是放在包包裡，關鍵是像這樣保持隨時都能立即拿出來的狀態。

1
在敵人開始發動攻擊之前，最好像這樣用包包反過來壓制對方。

2
通過包包給對手施加壓力，不斷進行壓制，使狀況變得對自己有利。

3
利用包包來控制敵人的行動，然後像這樣繞到敵人的側面，勝利就近在眼前了。

4
專注在上半身的攻防時，出其不意地用腳踢向對方的要害，這招也很有效果。

NG
像這樣完全處於挨打的狀態，就算使出包包防禦，也只是持續陷入不利的境地。雖說是防禦，但也要抱持「進攻」的意識，而不是一味地「防守」。

要是過度承受敵人的攻擊，盾牌就無法發揮作用，有可能還會讓自己受到傷害。

3 身體被壓制時的反擊法

從下方攻擊要害 取得絕對有利的局面

兩人扭打成一團，結果不小心被敵人騎坐在身上，想必大部分的人都會認為這是極為不利的狀況吧。然而，田村先生卻告訴我們，只要敵人不是專業格鬥家，被騎坐在身上反而會讓戰況變得有利。

「被敵人騎坐在身上或被勒住脖子，對我們來說其實是大好機會。因為我們的雙手可以自由運用，敵人卻抽不出手，這時攻擊敵人的要害就會變得容易許多。需要注意的是，不要一味摀著頭和臉防禦，這麼做只會失去反擊的時機，有時甚至會遭受重創。從下方也能阻隔敵人的攻擊，和敵人保持距離，所以基本上就瞄準要害攻擊吧。

總之，先決條件是改變「狀況不利」的思維。只要意識到從下方更能做出有利攻擊，就能調整心態，冷靜地進行防禦和攻擊。

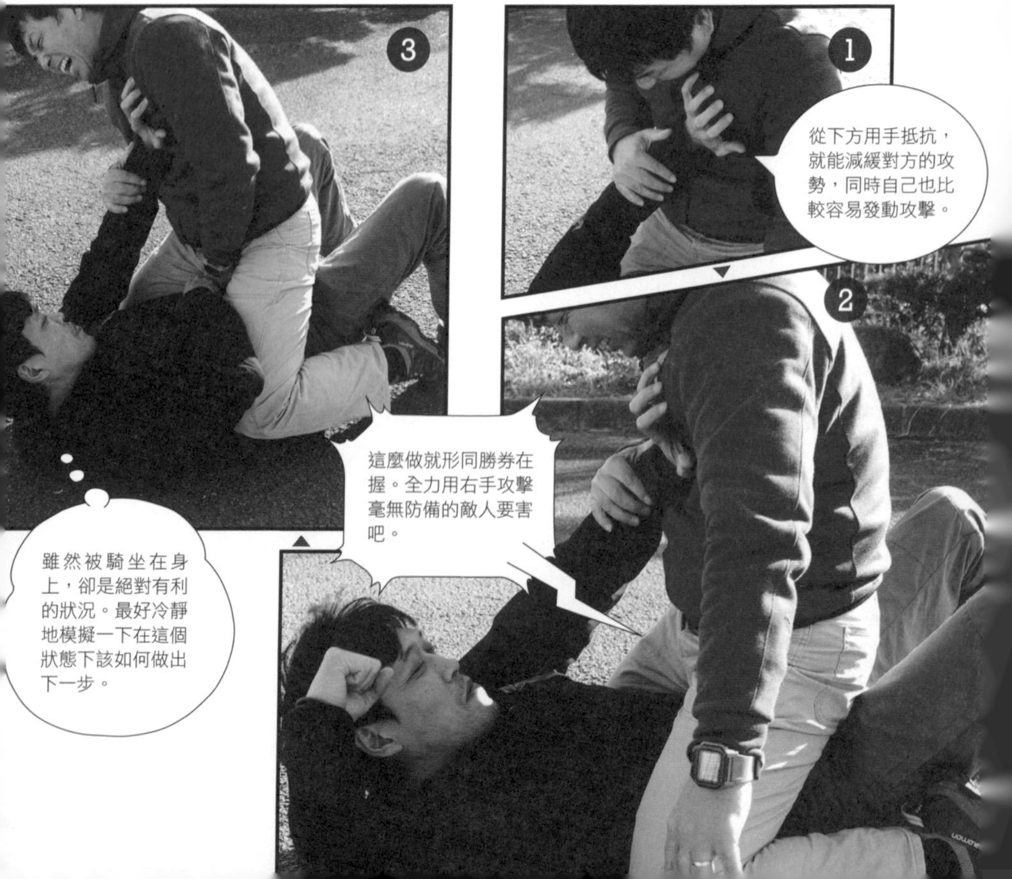
1
從下方用手抵抗，就能減緩對方的攻勢，同時自己也比較容易發動攻擊。
2
這麼做就形同勝券在握。全力用右手攻擊毫無防備的敵人要害吧。
3
雖然被騎坐在身上，卻是絕對有利的狀況。最好冷靜地模擬一下在這個狀態下該如何做出下一步。

「發生爭執時，注意自己的攻擊是否屬於正當防衛很重要。但在被騎坐在身上而即將遭到攻擊的情況下，即使反擊過當，也有很大的機率會被認定是正當防衛。因此，視視況攻擊敵人的要害，若有生命危險，哪怕是用筆刺向對方來擺脫威脅的自我防衛也不為過。」

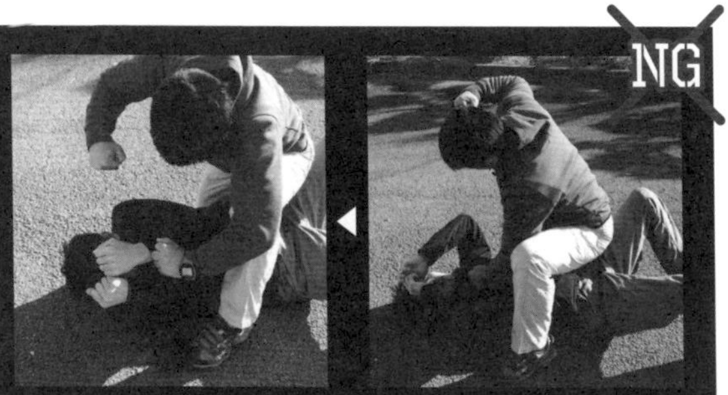
NG
像這樣在遭到敵人的攻擊時只一味地進行防禦，那麼很快就會受到嚴重的傷害。在變成這種情況之前，要抱持從下方發動攻擊的意識。

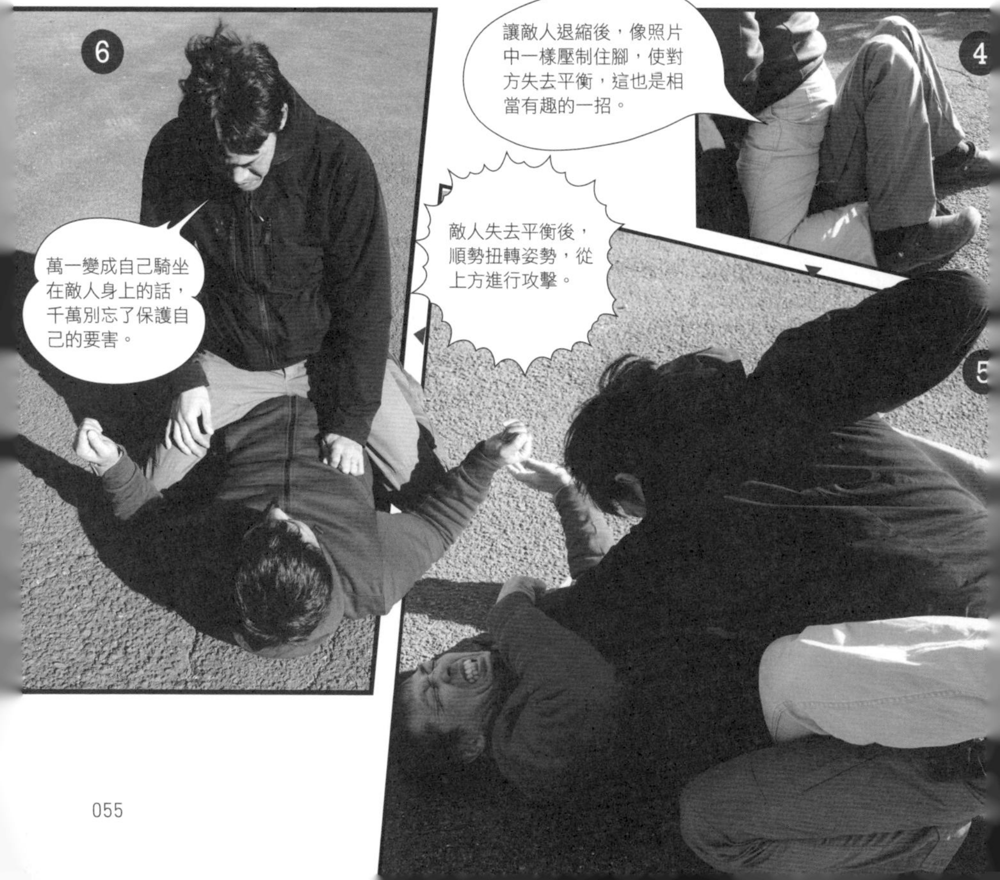
4
讓敵人退縮後，像照片中一樣壓制住腳，使對方失去平衡，這也是相當有趣的一招。
5
敵人失去平衡後，順勢扭轉姿勢，從上方進行攻擊。
6
萬一變成自己騎坐在敵人身上的話，千萬別忘了保護自己的要害。

4 應付惡意逼車的方法

出於恐懼而下車 一點好處也沒有

接下來將針對各種具體情況，逐一探討如何因應。首先要探討的是近年來成為社會問題的惡意逼車。遇到不講理的逼車行為，陷入不得不停下車來的狀況，這時該怎麼辦才好？

「總之千萬別打開車窗。如果是被對方逼著停車而下車的話，之後有極高的機率會引發糾紛。在這種情況下絕對不要打開車窗，盡快打電話報警，對對方的挑釁視而不見。」

報警時應該明確說出對方的車型、顏色、車牌號碼等特徵，也要充分表達自己目前正陷入危險。還有一個重點是停車後千萬不能熄火，最好有猛踩油門向前直衝的準備。

「對方使用鐵撬等兇器，試圖打破車窗時，當遇到這類有生命危險的情況，請優先逃跑。這時，如果被對方的車擋住去路而無法脫逃的話，那就撞開對方的車逃跑，這樣比較保險。日本曾經有個案例，受害人受到惡意逼車而被迫停車，後來因為感到害怕而猛踩油門，結果輾過對方，最終被判無罪。開車撞人的行為雖不被允許，但為了回避緊急事態而不得已採取行動，因此造成事故，這樣的情況是可以原諒的。走出車外而順利解決糾紛的機率少之又少。在陷入不得不停車的狀況之前，最好在開車的同時思考如何安全脫身。」

要是在打開車窗的瞬間被對方勒住脖子的話，就只能被迫下車。只要鎖上車門，不打開車窗的話，不管對方再怎麼拍打車窗，也不至於遭到攻擊。

5 擺脫多人包圍的方法

設法營造出一對一的狀況

接下來的主題是馬路上會遇到的案例。面對毫無理由的脅迫而被多個敵人包圍時，我們應該要如何因應呢？

「就算再怎麼有本事，也很難同時打倒兩個以上的敵人，這就是為何需要保持一對一的局勢。我們必須設法改變自己的站位，儘管這得取決於敵人人數，但只要留心位置移動，就能營造接近一對一的情況。」

從左圖我們可以看出如何營造出一對一的情況。盡量在不讓對方察覺的情況下集中在同一個方向，例如通過衝撞等果斷的攻擊來創造出自己的位置。從自己的角度來看，只要能讓敵人的位置呈一直線就表示成功了。在這種情況下，與敵人的對峙通常接近一對一。雖然面對多個敵人時已經居於相當不利的劣勢，但只要在位置上下好一番工夫，那麼多少也能提高獲勝的可能性。

「別和先發動攻擊的人開始扭打起來，最應該意識到的是自己目前是否正受到不法或緊急侵害。在巨大危險逼近的情況下，在敵人開始攻擊之前採取防禦行動，有時也會被認定為正當防衛。避免在爭鬥中落敗固然重要，但保持冷靜避免在爭鬥結束後的審判陷入不利局面也很重要。」

被多名敵人團團包圍。即使對自己的功夫滿懷信心，在這個位置想必也很難贏到最後一刻。

▼

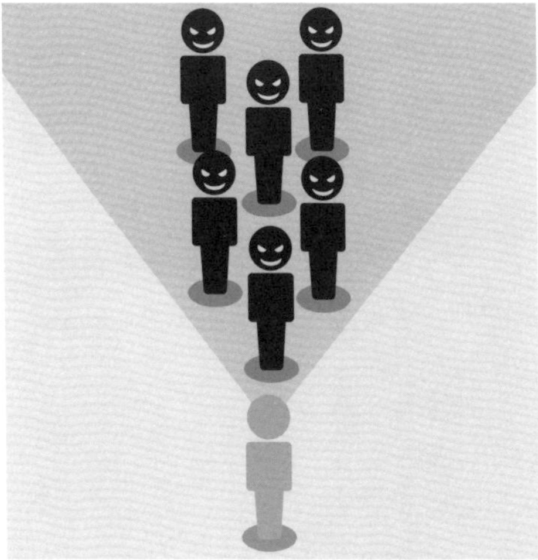

首先取得不會被敵人從背後襲擊的位置。成功取得所有敵人都能進入視野的位置之後，最好不時改變位置，讓敵人最終與自己呈一條直線。

6 如何應付隨機殺人犯

關鍵在於能否事先察覺危險人物

接下來的主題是關於路上遇到隨機殺人犯的情況。看見不遠之處突然出現一名形跡詭異的隨機殺人犯，這時該怎麼辦才好？田村先生指出，在都市的危機管理中「察覺危險人物，回避危險」也是很重要的一點。

「例如，明明是盛夏，有人卻穿著不適合這個場合的厚重衣物；或者有人在同一個地點來回走動，這也十分可疑。此外，有些人會東張西望地確認四周狀況，有些則是把視線投向奇怪的方向，有時候可以從視點的角度來判斷可疑人物。把石頭投向平靜的水面，會激起陣陣漣漪。對於這種感覺會擾亂『現場』氣氛的人，必須多加留意。只要抱持危機意識，即便沒有受過訓練，也能在一定程度上察覺危險人物。」

大前提是與營造出這種奇怪氛圍的人盡量保持距離。即便如此，當路上

1
要是沒有被敵人發現，只要成功移到背後，就有很大的機率能夠擊退敵人。即使手無寸鐵，也可以利用包包的肩帶部分封住敵人的行動。
2
悄悄地從敵人的頭上將肩帶部分套在脖子上。肩帶一套上脖子，就立刻用力勒緊，千萬不能手下留情。

出現隨機殺人犯這類危險的傢伙時，我們應該要如何因應呢？

「要是不在乎自己性命的話，大可出面拯救遭到攻擊的人，但基本上最好還是把『逃跑』當成優先選項。如果你和家人或重要的人在一起的話更應該這麼做。逃離隨機殺人犯絕非代表懦弱。如果依舊堅持攻擊敵人的話，就必須讓對方承受無法反擊的傷害。因為半吊子的攻擊只會讓自己的生命陷入危險。既然選擇戰鬥，就得做好相當的覺悟。順便一提，刀子是一種非常可怕的武器。落在外行人的手上，刀子也能成為強力的武器，和手持刀子的人戰鬥時，最好不要認為自己可以毫髮無傷地全身而退。」

冷不防遇到隨機殺人犯時，首先最好冷靜地收集周遭資訊，努力判斷目前的狀況。最好從容地選擇最合適的行動，避免最後做出如同賭博一般的選擇。

3
待敵人痛苦不堪的時候，連人帶頭往後一拉，主導權就完全操之在我們的手上。在敵人向後仰的狀態下用腳往膝窩一踢，應該就能輕鬆地將其撂倒。
4
趁敵人失去平衡，從背後用力將其摔向地面。成功撂倒對方後，視情況思考要進行壓制或者進一步施加攻擊。

7 撞見他人發生爭執時

簡單說明
不必幫助成年男性的理由

接下來介紹如何判斷是否介入他人之間的紛爭。因為有些紛爭不容易馬上判斷哪邊才是正義的一方，為了避免造成二次傷害，加上不清楚發生爭執的原委，在這種情況下貿然介入是非常危險的一件事，所以「無視」就成了第一選擇。

「看見體格明顯居於劣勢的女性、小孩、老人遭到強壯的男性攻擊時，我會憑藉自己的信念介入制止，但如果是成年男性遭到攻擊的話，我反而不知道該如何應對，我想應該要看當時的直覺吧。只要學習就能掌握一定

第二種從背後擊退敵人的方法。首先安靜地來到敵人身後，瞄準敵人的頭部，猛然伸出雙手。
1

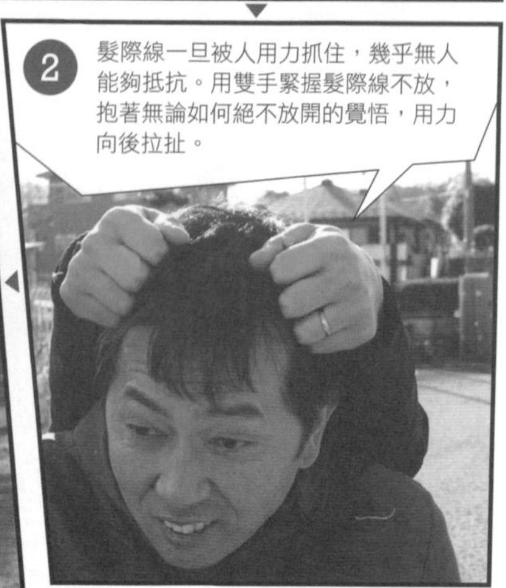
2
髮際線一旦被人用力抓住，幾乎無人能夠抵抗。用雙手緊握髮際線不放，抱著無論如何絕不放開的覺悟，用力向後拉扯。

3
把自己的全身重量都壓在敵人頭髮上，將對方的頭部向後拉倒。

程度的防身術，何況成年男性本就應該負起自己保護自己這個最起碼的要求。儘管如此，萬一對方沒有做出任何努力，也沒有採取逃跑等行動，因而陷入危險之中；這麼說或許不太中聽，但也可以說是自作自受。」

田村先生向我們舉了一個難以判斷是非對錯的例子。假設當洪水來襲的時候，明明再三發出避難勸告，大家卻自以為安全而充耳不聞，結果錯失撤離時機而因此受困，這時我們該伸出援手嗎？如果生命危在旦夕，確實其情可憫，但前面白白浪費掉好幾次得救的機會，因此也可以說是咎由自取。

「首先男性應該自己設法解決，若基於自身誤判而陷入困境，就會給周圍的人帶來不必要的麻煩。在災害發生時，由於自己的疏忽，可能會導致本應得救的人無法得到救助。因此在任何情況下，都應該盡最大的努力保護好自己，說得更明白一點，我認為男人都該為此做好充足準備。」

實際嘗試一遍，這才發現竟能如此順利地撂倒敵人。對方倒地之後，必須盡快判斷狀況，迅速地採取壓制、進一步攻擊或者丟下對方逃跑等行動。
4

8 撞見強擄上車的現場時

最有效的手段是鎖定車輛密切跟蹤

眼前發生一名女性被多名男子強行拉上車的緊急情況。我們詢問田村先生這時應該要如何應對。

「如果事情就發生在眼前的話，想必大家都會反射性地衝上去打倒敵人，將該名女性拯救出來吧。可是，一旦發現敵人攜帶槍枝或刀子，或者人數眾多的話，這時就要判斷獨自貿然衝上前去十分危險，應該立即報警才對。之後如果綁架女性的車輛開始移動，方便的話自己最好也開車追上去。在跟蹤的過程中，告知警方敵人的車牌號碼、車型、顏色、特徵、人數、事件的經過，以及現在的位置。只要能夠做到這一步，警方就有極高的機率掌握敵人的車輛位置。」

關鍵在於別急著在人被車輛載走之前解決事件。如果敵人手持武器，或者擅長武術的話，不僅自己會受傷，也可能讓第一受害者的女性陷入危險的境地。倘若真想救出受害者的話，首先得正確地掌握敵人車輛的資訊，最好盡量在不至於陷入危險的範圍內進行追蹤。千萬要記住，在任何情況下都不要過於相信自己的能力。

如果碰到這樣的場景，絕對不要立刻介入，
把注意力放在收集車輛資訊和追蹤上。

[KNOWLEDGE]

跟蹤的基本觀念

據説LEM※的教誨是「別把注意力集中在想要跟蹤的對象的後腦勺上」；換言之，這表示自己的「氣息」會傳達給對方。如果一直目不轉睛地凝視著一點，就會將氣息傳遞出去，往往會被對方回頭察覺。另外，也請記得不可和對方保持一定的距離，只要記住這些基本觀念就沒問題了。

※LEM：Law Enforcement Military／執法與軍事

9 面臨持槍威脅時

從持槍距離判斷敵人是否為專家

最後介紹與持槍敵人對峙的應對方式。這類場景在日本極為罕見，但也不是完全沒有可能性。

「敵人是否為用槍專家，很多時候可以通過距離來判斷。外行人用槍指著對方時，會把槍口抵在眉間，充其量只能算是威脅。槍的優勢在於從遠距離攻擊，真的有意開槍的話就會從遠處開槍，搶到目標物後就逃跑，根本沒必要靠近目標。如果在遠處就舉起手槍，持槍姿勢給人沉著冷靜的感覺，那麼對方就很有可能是專家。面對這樣的敵人最好別做出任何反抗，唯一能做的只有交出所有物品，乖乖聽從敵人的指示。」

倘若敵人不是專家，就可以判斷對方不想真的開槍，或許還有討價還價的餘地。如果敵人的槍觸手可及，其實也有辦法搶奪過來。只不過，越不習慣用槍的人，擦槍走火的風險就越高。雖然在此不多著墨，但如果要搶奪槍的話，希望大家記住最簡單的步驟後再實踐。

儘管經常在電影或電視上看到這樣的場景，但專家不會用這種方式來威脅對方。即便手上拿著槍，離對方越近，遭到反擊的風險也越大。

迷你專欄

3

日常生活中的輻射危害

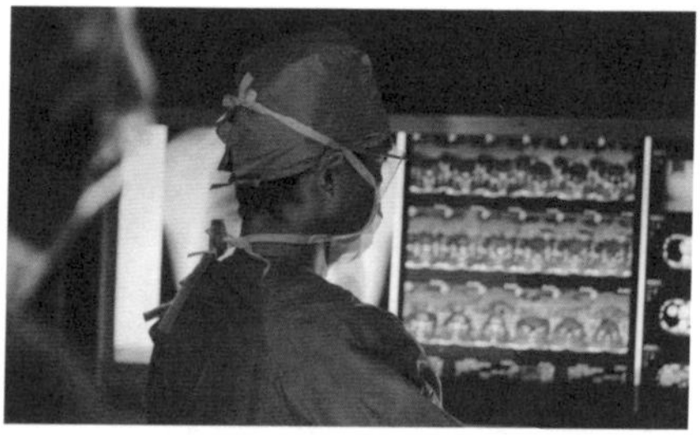

照片：PIXTA

衡量輻射強度的單位是「貝克勒」(Becquerel)，「西弗」(Sievert)則是人體接受輻射劑量的單位，不過這些單位卻是在福島第一核電廠事故之後，才開始廣為人知。當時相關人士在事故說明中反覆使用「並非立即對健康產生影響的數值」這樣曖昧的表達方式，反而讓更多人感到不安。

人體一旦接觸到輻射，就會引發體內的細胞性質改變，從而提高罹患癌症等疾病的風險。如果只是接受少劑量的輻射，還能通過基因（DNA）的修復功能來恢復，可如果是突然間暴露在大量輻射之中，就會對人體產生各種影響。

從公益財團法人「放射線影響研究所」針對核爆輻射對健康影響的調查資料來看，據說人體暴露在大量輻射之下，250毫西弗（以下簡稱mSv）就會導致白血球減少，500mSv即導致淋巴球減少，1000mSv（即1Sv）則引發噁心等急性輻射效應，3Sv的輻射量會導致約50%的人死亡。不過，這些都是在急性暴露，加上欠缺醫療資源的戰時時期才有的情況，一般人在日常生活中不太可能罹患急性輻射症候群。

我們在日常生活中本來就會接受到少量的輻射（慢性輻射）。有些輻射來自宇宙射線，有些則來自地底，就連骨頭和體內也會釋放出輻射。高地的輻射量比平地高，搭乘飛機時所吸收的輻射量也比在地面時還要高（譬如，以約1萬公尺的高度飛行的國際航線為例，從東京飛到紐約大約會接受到0.1mSv的輻射）。日常生活接觸到的輻射中，以體檢時接受的輻射為最大宗。在電腦斷層掃瞄廣泛普及的日本，醫療接受的輻射占了很大的比例。若將一年接受的平均自然輻射量（約2mSv）比喻為一輛卡車的話，那麼胃的X光攝影大概約為3輛卡車，電腦斷層掃描差不多約為4輛卡車。

與全球平均值相比，據說日本人接受的輻射量偏高。據估計，日本人平均一年接受的輻射量約為6mSv，其中約有2mSv來自天然輻射（根據公益財團法人原子力安全研究協會於2011年12月的調查）。

附帶一提，儘管輻射的種類、能量、期間與劑量等條件均會造成不同的影響，但無論是「自然輻射」還是「人工輻射」，對人體的影響並不會因此改變。如果能對日常生活中的輻射量有基本的認知，並參考個人生活型態為自己設定一個安全標準值，倘若未來發生事故，說不定也會改變你對新聞報導的觀點。

天然輻射	來自宇宙	0.3mSv
	來自空氣中的氡	0.48mSv
	來自大地	0.33mSv
	來自食物	0.99mSv
人工輻射	胸部電腦斷層掃描	2.4～12.9mSv
	胸部X光檢查（一次）	0.06mSv
	飛機旅行（往返東京－紐約）	0.11～0.16mSv

資訊提供：（公益財團法人）放射線影響研究所

第5章

火災的對策和避難

人類的生活中，火災的隱患無處不在。
本章將從火災的原理到生存方法逐一驗證。

插畫：岡本倫幸（P71、73、74、77、78）

1 何謂防火？何謂防災？

Navigator
萩原一郎
東京理科大學火災科學研究所所長，理工研究科國際火災科學專業教授，工學博士。從事建築火災安全設計、性能規定和避難計畫的制定等專業工作，是日本代表性的防火研究專家。

正確抱持火災的印象

地震、大雨、洪水、病毒……，生活在現代社會的我們，可以說每天都在承受著巨大的風險，下面就讓我們針對其中之一的威脅「火災」進行探討。東京理科大學教授萩原一郎教授開頭就說：

「平時大家或多或少都會思考如何在地震和豪雨中保護自己，但很少有人會設想到如何在火災中安全脫身。過去曾有某項研究計算過，都市的一幢住宅發生火災的機率差不多約一百年發生一次。由於機率如此之低，很難想像日常生活有火災的風險。順帶一提，現在日本國內每年都發生約兩萬起建築火災，撇除縱火自殺等原因，每年因火災死亡的人數約為一千一百人左右。根據計算，每年死於交通事故的人之中，大約就有三分之一是死於火災。」

確實在人們的印象中，火災並不是到處發生，但每年仍造成約一千一百人死亡。儘管如此，我們對於火災的準備，無論從身體上或精神上，都不能說相當充分。

1 平時做好檢查

除了設置防災窗簾和滅火器之外，也可以安裝感應煙霧的火災警報器等。另外，避免在火爐或爐子周圍擺放易燃物，經常清潔插座和電線，像這些日常的防火對策十分重要。

2 平時想好對策

大部分的人都對地震有所防範，卻對火災毫無警戒。萬一發生火災時該如何逃脫，準備避難用的梯子等等，像這樣先想好對策和避難方式，對於關鍵時刻很有幫助。不將物品堆放在樓梯附近，確保移動的動線也很重要。

3 別讓火勢延燒進來

如果鄰居的家裡起火的話，火勢有可能從窗戶竄出燒到自己家裡。為了盡可能爭取時間，利用磚牆或防火玻璃阻擋火勢，或者種植常綠樹形成防火林，像這類防止火勢從外界延燒進來的方法也很重要。

4 注意火星

在大規模的火災中一旦刮起大風，飄過來的火星就有可能導致火勢蔓延。舉例來說，屋頂的角落或排水槽一旦有垃圾堆積，就有可能遭到火勢波及，所以最好注意一下。另外，舊房子的屋頂或牆壁的隔板（外牆材料）如果有縫隙的話，火星就有可能飄入而導致木質建材著火。

萩原先生總結出「保護自家免遭祝融之災的四大原則」。大家應該能從中理解平時的準備比任何事都來得重要。

最常見的情況就是大樓的防火門附近變成儲藏室，導致在緊急狀況下無法關上。任何設施都必須強烈要求防火門附近的整理整頓。

「火災導致死亡或受傷的原因形形色色，但我認為慌亂占了其中相當大的因素。」

那麼我們應該怎麼做才不至於在火災時手忙腳亂呢？萩原先生說，答案就是「想像力和準備」。

「例如在自己的家中時，最好先大致設想一下萬一發生火災的話應該如何逃生。如果不能走樓梯的話，就從這個窗戶跳進院子裡。為了避免火勢蔓延，不要在火爐旁邊晾衣服。在院子周圍種植常綠樹也算是一種準備，常綠樹富含水分，所以不易燃燒，即使隔壁發生火災，也能遮蔽熱量，具有防止火勢蔓延的效果。」

至少對家裡發生火災時如何逃生有個基本概念會比較好，當然最好也要檢查一下家裡附近的臨時避難場所和廣域避難場所；此外也要勤於打掃庭院，避免在不經意間營造出容易失火的環境。像這樣，只要稍微做好身體上和精神上的準備，在緊急情況下的行動就會有很大的不同。「隔岸觀火」的意識是保護自己免受火災危害的最大敵人。

如果得去外面的密閉空間裡停留一定時間的話，起碼先確認一下緊急出口比較好。一旦發生火災，就要冷靜地認清現在自己處於何種狀況，身處在什麼樣的建築物之中。慌慌張張地行動幾乎不會得到任何好處。

「一旦知道樓梯的位置，就確認那邊是否有煙霧或起火，然後以一樓為目標前進。如果一個樓梯不行，就尋找另一個樓梯。即便很難立刻走下一樓，也不要慌張。避難樓梯的防火門可以阻擋煙霧和火焰的侵入，略有規模的建築物本來就是設有防火區劃的耐火建築物，縱使發生火災，也能將火災的影響範圍阻絕在那塊區劃內。因此，只要建築物沒有缺陷，不是什麼嚴重的大爆炸，火勢就不會一直蔓延，甚至把數層樓完全燒個精光。倘若自己所在的房間沒有被煙霧或火焰包圍，那麼就算留在原地，有時反而比較安全。倒不如說急急忙忙乘坐電梯逃命的行為才更加危險，因為電梯說不定會在中途停止，變成被流入電梯通道的煙霧密布的密閉空間。」

2 火災的發展機制

三個連鎖致使火焰燃燒

在探討如何從火災逃生之前，最好仔細瞭解一下「火焰燃燒」和「火焰熄滅」的機制。準確來說，「物體燃燒」是指可燃物和助燃物（與氧氣、可燃物結合燃燒可燃物的物質）從火源獲得熱量，引發高溫、高速的發熱反應，使可燃物和助燃物的化學能量轉換為熱能與光能的現象。

另一方面，當想要滅火時，只要思考一下物品為什麼會燃燒就可以了。要讓物品燃燒起來，簡單來說需要三大要素，也就是「可燃物」、「氧氣」、「熱量」。具備這三大要素，將其結合在一起，就會產生燃燒。既然如此，只要切斷這三大要素的連結就能夠順利地將火熄滅。萩原先生向我們解釋道：

「不具備連鎖反應及持續性的物品就無法持續燃燒。因此，我們只要利用去除燃料、進行冷卻、隔絕氧氣等方法，透過某種形式切斷可燃物、氧氣和熱量之間的連結即可。澆水是為了去除熱量，而噴出泡沫的滅火器可以切斷氧氣，同時進行冷卻。」

發生火災時，煙霧是最可怕的東西。如圖所示，煙霧的竄升速度非常快，大約每秒三～五公尺，因此最好別以為可以用衝刺的方式從煙霧瀰漫的樓梯中逃過一劫。因火災喪命的案例中，大約有一半的人是因為吸入含有有毒物質的煙霧而陷入昏迷。

「不過，火災剛發生不久時的煙霧相當稀薄，大部分的情況下都能確保一定程度的視野，這意味著開始逃生的時機非常重要。如果煙霧瀰漫的話就分不清楚東西南北，有時甚至會不小心奔向起火處。煙霧在一瞬間就會瀰漫整個屋內，所以盡早決定逃跑的方向和方法是很重要的一件事。話雖如此，像是二〇一九年發生的京都動畫縱火案，在潑灑大量汽油點火的情況下，火焰和煙霧一下子就瀰漫了整棟大樓。瞬間爆炸燃燒的火焰一下子將室內的氧氣消耗殆盡，由於不完全燃燒而產生大量含有一氧化碳的有毒氣體，因而陷入危險狀態；光是吸入這些煙霧，就足以讓人在短時間內失

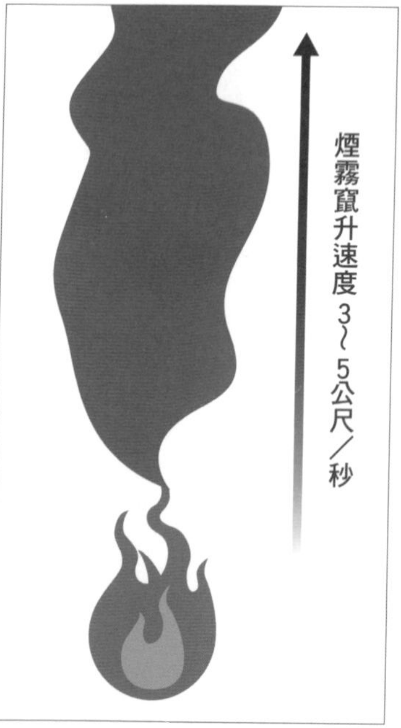

以如此迅猛的速度竄升的煙霧，碰到天花板之後，接著會以每秒0.5～1.0公尺的速度往旁邊擴散。滯留在空間上方的煙霧無處可去時，就會沿著牆壁往下沉降。避開煙霧、壓低姿勢進行避難，可說是逃生時的關鍵。

去意識。在這樣的情況下，當然也無法從避難路線逃脫。」

這裡有一個問題想請教專家。幸運地從火災中逃過一劫，卻聽見建築物內還有其他人呼救，大家應該都曾在電影或電視劇看過這類抱著必死覺悟進入火場的場景。在這種情況下，我們應該要以什麼樣的標準去救人，或者放棄援救呢？

「這並非獲救機率有百分之多少的問題，首先在採取行動的時候，要確保自己本身是否安全無虞。如果很安全的話，就可以試著進行救援。可是評估後只要存在著任何危險，就應該放棄救援。無法確保自己的人身安全，卻執意前去拯救他人的性命，這麼做無異自尋死路。千萬不可小看火災的威力。」

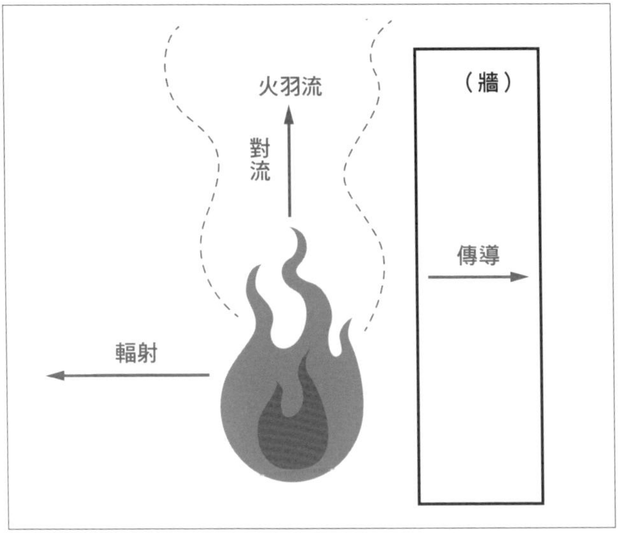

燃燒產生的熱傳遞到沒有燃燒的部分，從而擴大燃燒。熱通過傳導、對流、輻射三種方式進行傳遞。火羽流就是火源上生成的熱氣流。

木材	溫度超過約180℃時，木材成分開始產生熱裂解，從而釋放出可燃性氣體。在溫度達到約250℃的狀態下，一靠近火源就會著火。當溫度達到450℃時，即使沒有火源也會起火。
塑膠材料	塑膠為一種石油化合物，有易燃性和難燃性兩種類型。難燃性的塑膠會引發不完全燃燒，產生大量的煙霧和有毒氣體。
不燃材料	水泥、磚塊、鋼骨、玻璃等材料，在建築物中基本上是作為不可燃材料來使用。
防火部件	飯店、商場等處的窗簾和地毯等，依據消防法和相關法規使用具有抑制火勢蔓延效果的防火部件，使得火勢不會迅速蔓延開來。

耐火建築物是通過防火區劃將火災封閉起來，因此地板和牆壁坍塌的風險非常低。

3 市區發生火災時，往哪裡避難？

風會告訴我們該往哪邊逃

下面希望針對兩種具體情況的避難方式，和萩原先生進行探討。首先是市區的火災，日本人想必應該都對二〇一六年新潟縣糸魚川市持續約三十小時的大規模火災記憶猶新吧。當時整個市區陷入一片火海的景象，至今仍令人餘悸猶存。遇到這種情況時，我們應該依照哪些原則來進行避難行動呢？

「以糸魚川市為例，一開始燃燒的地方當然只有一處，火勢從那裡開始不斷蔓延。一般來說，火是由火焰的輻射熱蔓延開來，這時就算用走路的方式，也能成功地逃過一劫。然而當時天空正颳著強風，在強風的推波助瀾下，導致火焰大幅蔓延，燃燒的物體和火星被吹到很遠的距離，火勢因此一發不可收拾。這個結果造成四處發生火災，人們無路可逃。」

雖說是在室外，但四面八方都是火海，不管是誰都會驚慌失措，同時也搞不清楚究竟該往哪個方向逃跑。萩原先生說，這種時候我們就要依賴「風向」。

「火焰和煙霧都會隨著風向流動，所以無論如何都要先找到上風處或側風，朝那個方向移動。在糸魚川市的案例中，消防隊也是從側風處進行滅火。只要稍微朝側風處逃跑，就能意外地避開火焰和煙霧。舉例來說，雖然逃往地下也能避開火焰，但萬一煙霧瀰漫的話，想要避難就會變得非常不容易，所以首先要盡可能朝火勢不會蔓延的方向，也就是上風處和側風處逃跑。要是風勢很大，就要加快行動速度。」

也有人指出，在大規模的市區大火中，火焰和局部地區的上升氣流相結合，導致火勢就像龍捲風一樣向上盤旋，像這類「火災旋風」的現象也是由於高樓風等因素引起的。風不僅會影響火勢蔓延的規模，也能成為避難的指針。

煙霧一旦像這樣瀰漫，就會阻擋視野。這種時候，我們就應該靠風向來判斷。

生存的智慧

只要稍微朝側風處逃跑，就能遠離火焰和煙霧的影響，也比較容易進行下一步行動。

4 高樓大廈發生火災時，往何處避難？

信任建築物的堅固也很重要

高樓大廈內發生火災的時候，我們應該如何逃生呢？

「如果知道哪裡有樓梯的話，首先應該思考如何從逃生樓梯往樓下逃生。不過相對來說，現代化結構堅固的建築，不會因為火災而倒塌，所以我們接下來要思考的是如何避開煙霧和火焰。」

規模稍大的建築物都設有排煙設備，當發生火災的時候會啟動排煙設備，將火災所產生的煙霧排出室外。這裡需要注意的是窗戶的開放，如果煙霧瀰漫導致呼吸困難的話，首要之務就是打開窗戶，但這不代表任何情況都打開窗戶就對了。

「當遇到來不及逃跑，只能躲在飯店房間裡的時候，關上房門打開窗戶應該沒有問題。但在火災側的房門開著的情況下打開窗戶，空氣有時會一口氣湧進房內。也就是說，房間會變成如同煙囪一般的狀態，將煙霧引進房內。」

另外，發生火災的房間一旦打開窗戶，反而會供應氧氣，導致火勢變得更加猛烈。雖然令人左右為難，但最好還是判斷當下是否能讓大量空氣突然流通，以此決定要不要打開窗戶。

萩原先生還指出，在建築物內也要注意上風處和下風處。不可能整棟建築物都被煙霧所覆蓋，由於風的流動，應該有能夠逃離煙霧和火焰的空間。

「在日本，公寓等建築的陽台上應該都設有和隔壁房間的隔板吧。在無法從玄關逃生這種非常時期，我們可以踢破隔板往隔壁脫逃，或者從設置在陽台地板上的逃生門移動到樓下，但我想應該有人不知道這些事。我們可以視情況破壞隔板，思考如何利用陽台緊急逃生，有機會的話請大家務必試著演練一下。」

千萬別在陽台的隔板或逃生梯下來的地方附近堆放物品，因為有可能在關鍵時刻害得他人喪命。

生存的智慧

建築物中也有上風處和下風處。最好感覺一下風的方向，尋找能夠從煙霧中安全逃生的地方。

5 火災中保住生命的技能

從事件中得到的寶貴教訓

二〇一九年七月發生在京都市伏見區營業處的火災，共造成三十六人死亡，三十五人（包括嫌犯）受傷，堪稱是一起令人戰慄的縱火案。京都市消防局針對這件慘案徹底查證，制定出「火災中保全性命的避難方針」。這裡摘錄重點向各位介紹。

首先，在制定方針時，將避難者的火災生命危險等級劃分為一～三級，逐一檢視各個等級的避難行動（左圖）。火災生命危險等級從一級依序上升，但有時火勢會以室內物品為媒介而爆發性地大幅蔓延，或者由於沒有樓梯天井或防火區劃的樓梯等因素而造成煙霧擴散，導致危險等級有可能瞬間從二級上升為三級，因此需要由避難者自行判斷目前的火災生命危險等級，採取相應的避難行動。

最重要的一點是，避難開始的時間愈早愈好，行動的時間愈短愈好，以及要控制火勢蔓延和煙霧擴散的時間等。遇到火災別忘了要壓低姿勢，別在煙霧下方的空氣層憋氣，避難時使用淺呼吸的方式。有些時候可能無法逃到樓下，必須逃往臨時避難空間。受到煙霧或火焰影響而無法移動時，最好待在容易被消防隊發現的地方（窗邊、牆邊），這也是必記的重點。

等級	狀況
等級 1	**樓梯沒有煙霧，可以使用的狀況** 利用樓梯朝地面、下層疏散（如果有多個樓梯的話，就從煙霧沒有流入的樓梯避難）
等級 2	**樓梯煙霧瀰漫而無法使用的情況** 從樓梯以外的地方避難　①到窗戶、陽台這類可以接觸室外空氣的地方避難；②從窗戶、陽台等處使用避難器具避難；③到臨時避難空間避難、等待救援
等級 3	**煙霧湧進整個樓梯和樓層，避難者的四周被煙霧籠罩，情況十分危急** 從被煙霧籠罩的狀態中逃脫　①壓低身體，採取最小限度的呼吸，冷靜地避難；②沿著光線或牆壁，尋找窗戶、陽台或最近的臨時避難空間進行逃生 從樓梯以外的地方避難　①從窗戶、陽台等處，利用避難器具避難；②往臨時避難空間避難、等待；③從窗戶、陽台等處懸垂逃生（僅限二樓）

不管怎麼說，從樓梯避難的行為有時也會致命。根據火焰和煙霧的狀況，盡快考慮到窗戶和陽台避難。

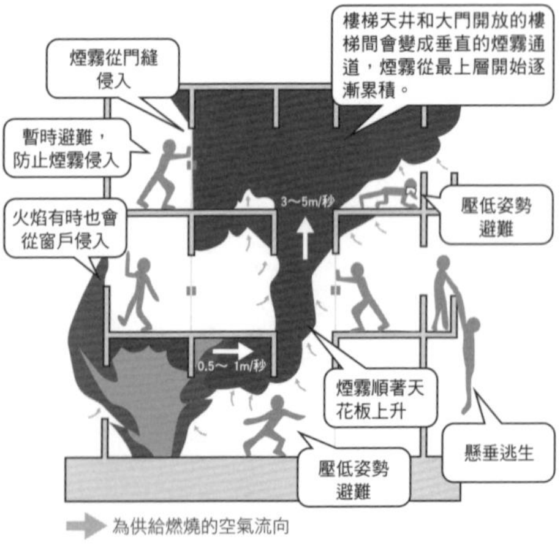

煙霧從門縫侵入
樓梯天井和大門開放的樓梯間會變成垂直的煙霧通道，煙霧從最上層開始逐漸累積。
暫時避難，防止煙霧侵入
3～5m/秒
壓低姿勢避難
火焰有時也會從窗戶侵入
0.5～1m/秒
煙霧順著天花板上升
懸垂逃生
壓低姿勢避難
為供給燃燒的空氣流向

京都市消防局所整理的火災最盛期建築物內部情況。含有一氧化碳的煙霧雖以每秒3～5公尺的速度猛烈竄升，但在煙霧布滿整個房間之前，下層還留有可供呼吸的空氣。

煙霧中的逃生法

❶ 彎腰避難

煙霧和熱會先從上方堆積。在累積到地面之前，就利用這種彎腰法來進行避難吧。

❷ 鴨步避難

當難以採取彎腰避難時，就以有如鴨子走路般的鴨步避難來利用下層的空氣。

❸ 匍匐避難（爬行）

如果連鴨步避難也有困難的話，就用這樣的姿勢想辦法在不吸到煙霧的情況下避難。

❹ 暫時避難空間裡的生存位置

打開煙霧籠罩的房間窗戶，煙霧就會從窗戶上方飄到外面，因此要採取這樣的姿勢盡量避開煙霧，呼吸室外空氣。

火災中保住性命的各項技能！

有效利用臨時避難空間

一旦發生火災，腦海中可能只會浮現出逃到其他地方去的想法。然而這個時候如果能夠稍微冷靜下來，思考應該採取什麼樣的行動來保護自己並實踐的話，想必就能多少提高獲救的可能性。這裡根據京都市消防局所整理的資料，特地挑選出必須要知道的「緊急情況下的行動」。

如果無法從燃燒的建築物當中自行逃生的話，最好逃到臨時避難空間。將那裡的門關上，防止煙霧竄入，透過從窗戶呼吸外面的空氣等方式來提高獲救的可能性。最好盡可能地利用周圍的膠帶和面紙等物品，將臨時避難空間裡的門和牆壁縫隙密封起來，以防止煙霧流入。注意其他的縫隙也很重要，有的時候也需要想辦法將鑰匙孔塞住。通過塞住縫隙等手段確保一定程度的安全，之後只剩下等待救援。除了手機之外，也別忘了用手帕、燈光、大喊等方式從窗戶對外求救。雖然塞住縫隙要花費不少工夫，但在獲救之前，這麼做可以提高存活下來的機率。雖然是不起眼的小動作，但為了爭取更多的時間，我們能做的就是盡人事聽天命。

有時只有吸到一點點濃煙就足以把人嗆暈。下層的視野比較好，也較有可能殘留新鮮空氣，希望大家在避難時千萬別忘記盡量壓低姿勢行動。

用膠帶、面紙等物品塞住門縫

利用手邊所有的物品。即使是面紙，有時也能用它阻擋煙霧，以爭取獲救的時間。

樓梯上的生存位置（呼吸殘留在台階角落的空氣）

危急狀況下於室內移動時，最好注意身體姿勢和呼吸管理。房間和樓梯的角落等處不容易累積煙霧，那裡有很大的機率殘留空氣。

煙霧瀰漫時的移動方法

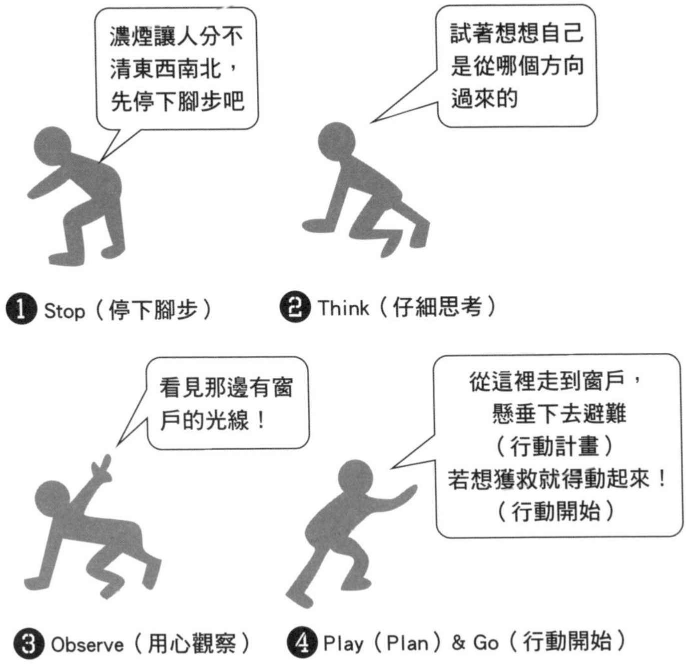
濃煙讓人分不清東西南北，先停下腳步吧
❶ Stop（停下腳步）
試著想想自己是從哪個方向過來的
❷ Think（仔細思考）
看見那邊有窗戶的光線！
❸ Observe（用心觀察）
從這裡走到窗戶，懸垂下去避難（行動計畫）若想獲救就得動起來！（行動開始）
❹ Play（Plan）& Go（行動開始）

為了以防萬一，有機會的話最好事先多次演練，如此才能充分實踐這裡的STOP & GO。

不要慌張，拿出STOP的勇氣

煙霧以驚人的速度逼近，轉眼間整個房間便煙霧密布，有時甚至伸手不見五指，這個時候最好謹記迷失位置時的「STOP & GO」規則。首先停留在原地，讓心情冷靜下來，壓低身體以保護自己（Stop／停止）。然後思考（Think／思考）自己是如何到達現在的所在位置，以及附近有幾條逃生路線。接著環顧（或摸索）四周，確認狀況（Observe／觀察），制定避難計畫並開始行動。走到牆邊，順著光線和牆壁，朝門窗等開口部或臨時避難空間前進（Play〔Plan／計畫〕& Go／行動）。附帶一提，這個「STOP & GO」規則原本是為了防止消防隊員恐慌而設計的「STOP規則」，後來才被替換成避難者的行動。在煙霧中陷入一團混亂時不要著急，首先要記得想起STOP（停止）。

火災中保住性命的各項技能！

懸垂下降比一躍而下安全

當面臨因煙霧或火焰而無法逃到室外的緊急時刻時，要盡快考慮從窗戶或陽台逃生。如果有避難器具就優先使用，但避難人數太多、器具數量不足、找不到或根本就沒有避難器具等情況也要充分考慮進來。這裡讓我們探討從窗戶跳向地面的情況，這時要記得利用「懸垂下降」的方式，而非「一躍而下」。下面是針對從二樓窗戶往下跳和懸垂下降兩種情況進行比較的示意圖。人們往往認為兩種方式都差不多，但從示意圖來看，應該可以看出兩者的危險程度天差地遠。假設二樓的高度為二．五～三公尺，窗框的高度為一公尺，腳踩在窗框上一躍而下，那麼到地面的距離就是三．五～四公尺。另一方面，如果用手抓住窗框懸吊在空中的話，腳尖到地面的距離（假設身高為一六〇公分）約為一．六～二．一公尺。也就是說，從窗戶懸垂下降後才下到地面，就能縮短到地面的距離，從而降低落地時受傷的可能性。另外，如果看到地面是堅硬的水泥地，可以先將沙發、靠墊、棉被這類可以作為緩衝墊的物品扔下去，盡量想辦法減輕落地時受到的衝擊。

不過，這樣的逃生方式原則上比較適合位於二樓（挑高的二樓也不行）的人，每個人必須針對所處情況做出適當的判斷。

從二樓逃生！

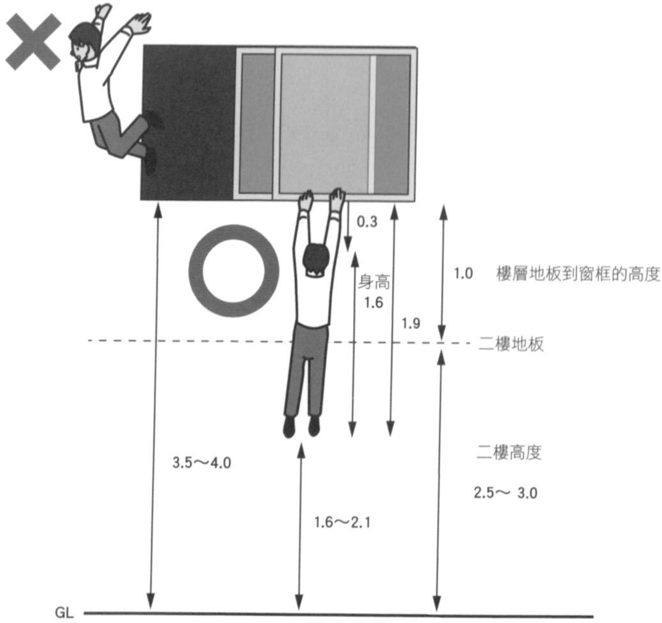

0.3
身高
1.6
1.9
1.0　樓層地板到窗框的高度
二樓地板
二樓高度
2.5～ 3.0
3.5～4.0
1.6～2.1
GL

從二樓一躍而下和懸垂逃生（二樓地板高度為2.5～3.0公尺時）

身上著火時怎麼辦？

!!
停在原地
STOP（停）
就地躺下
DROP（躺）
左右翻滾
ROLL（滾）

進行STOP、DROP & ROLL時，最好用手摀住眼、口、鼻，以保護眼睛不受火焰和煙霧刺激傷害，防止呼吸困難。

在地面摩擦滅火！

猛烈的火焰和熱導致火焰燒到衣服上面，光是想像就讓人不寒而慄。如果又找不到滅火器或水來滅火的話，這時該怎麼辦才好？在京都市消防局的報告中，介紹了「STOP、DROP & ROLL」的滅火方法，如上圖所示。

為了避免火勢擴大，首先要停在原地（停）。接著躺倒在地，將燃燒的部分壓在地面上，這時要注意身體和地面之間盡量別露出空隙（躺），然後以躺在地板上的姿勢將身體左右翻滾，利用翻滾使衣服上的火缺氧熄滅（滾）。要是情勢危急而無法按照順序採取這些行動的話，只要記住在地上摩擦就能滅火。此外，「停、躺、滾」三字口訣，比較容易讓小孩記住。

6 大樓內發生火災時，該打開窗戶嗎？

是否該打開窗戶？

要是提前打開窗戶，不僅會成為煙霧排出的通道，還會給火焰供應氧氣，有可能讓火勢變得更加猛烈。在煙霧瀰漫、莫可奈何的時候，可以考慮打開窗戶；但一定要記住，火災時打開窗戶必須慎重再三。

都市裡有可能遇到大樓內的火災。知道有地方著火時，應該採取什麼樣的行動，首先介紹消防研究中心給我們的答案。

「在看不到火焰和煙霧，只有警報的狀態下，先冷靜地確認一下緊急出口在哪邊。即使沒有立即危險，最好也要先去室外避難。如果煙霧已經開始瀰漫，那就從沒有煙霧的緊急出口逃生。大樓通常每個樓層都會有好幾個緊急出口（兩個方向避難），所以正確掌握緊急出口在哪個地方是很重要的一件事。但是，如果在下層明顯著火，煙霧從樓梯間飄上來的情況下，這時急著往下層逃生非常危險。如果只是下層著火的話，待在現在的樓層，獲救的可能性會比較高。」

依照法規建造的現代化大樓，幾乎都具備樓層即使發生火災，基本上也能將火勢控制在該樓層的結構。話雖如此，停留在現在的樓層時，也有一些應該要做的事。消防研究中心給了這樣的回答。

「如果是商業設施，那麼就一定有隔開商品樓層和樓梯間的防火門。當感應到煙霧的時候，防火門會自動關閉，以防止煙霧進入樓梯間，但如果因為某些原因導致防火門一直處於開啟狀態的話，請務必設法將這道門關起來。假使無法關上門，或者關上也有煙霧進入，繼而導致室內煙霧瀰漫的話，這時打開窗戶呼吸新鮮空氣也很重要。只不過，發生火災時，一旦打開窗戶，在空氣進入室內的瞬間，火勢會因為氧氣供給而變得更加猛烈。因此，為了避免遭遇這樣的危險，最好是在室內煙霧瀰漫、呼吸困難的時候再打開窗戶比較妥當。尤其在強風天的時候，從窗戶引進風經常會造成危險，所以若要逃到另一層樓的時候，為了避免給火供應氧氣，減

消防研究中心從科技層面上為第一線的消防人員提供支援，
為維護社會的穩定和安全盡一份心力。
我們試著向該中心的專家詢問冷靜面對火災的訣竅。

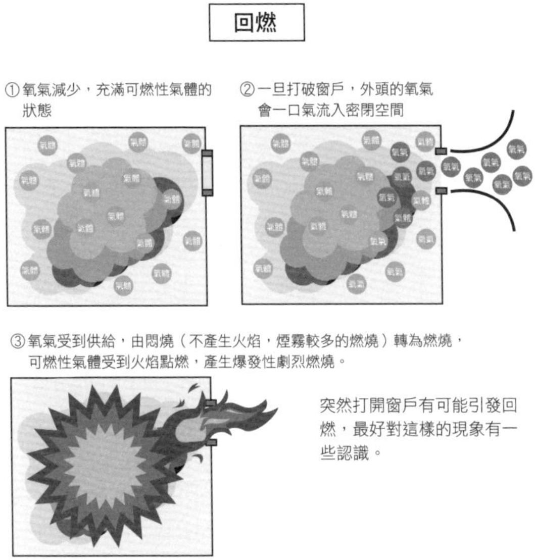
回燃
①氧氣減少，充滿可燃性氣體的狀態
②一旦打破窗戶，外頭的氧氣會一口氣流入密閉空間
③氧氣受到供給，由悶燒（不產生火焰，煙霧較多的燃燒）轉為燃燒，可燃性氣體受到火焰點燃，產生爆發性劇烈燃燒。
突然打開窗戶有可能引發回燃，最好對這樣的現象有一些認識。

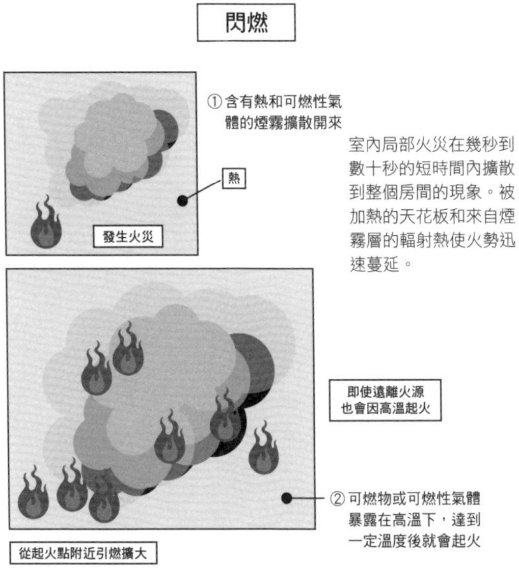
閃燃
①含有熱和可燃性氣體的煙霧擴散開來
熱
發生火災
室內局部火災在幾秒到數十秒的短時間內擴散到整個房間的現象。被加熱的天花板和來自煙霧層的輻射熱使火勢迅速蔓延。
即使遠離火源也會因高溫起火
②可燃物或可燃性氣體暴露在高溫下，達到一定溫度後就會起火
從起火點附近引燃擴大

緩火勢蔓延的速度，建議逃生時最好關上門窗。」

此外，還要知道消防隊有可能進來救援的地方。日本的商業設施等大樓內，都有幾個窗戶會貼著寫有「消防隊入口」、「緊急用入口」的倒三角形紅色貼紙（※）。這些貼紙代表消防隊在緊急情況下，會利用雲梯車等工具從外面進入這裡。當該樓層被火焰和煙霧團團包圍、生死交關之際，是否待在這些窗戶附近就會成為生死的分水嶺。如果決定留在該樓層，那麼最好記住第一步是要找到這些窗戶。

「關於火災時的避難，很難斷定在什麼情況下要採取哪些行動。但請不要忘記，一氧化碳濃度高的煙霧，只要不慎吸到一兩口，就有可能造成身體無法動彈的嚴重傷害。因為不小心吸到一口而只差一步就能逃生的例子不勝枚舉。煙霧會奪走視野，造成心理恐慌。通常，煙霧會從天花板附近開始瀰漫，為了確保視野，請盡量壓低身體；在緊急情況下，一定要注意避免吸入濃煙。」

※「消防隊入口」、「緊急用入口」的貼紙是貼在高度31公尺以下、3樓以上的樓層

迷你專欄

4

人工電磁波的健康風險

智慧型手機、電腦、微波爐、電磁爐……，現代人的生活周遭隨處可見電子產品，在不知不覺中暴露於大量的人工電磁波（※以下簡稱電磁波）之中。在這樣的情況下，近年來醫學界也開始討論起電磁波對於健康的危害。東海大學醫學部的坂部貢教授提出這樣的見解。

「人們擔心電磁波具有可能致癌、影響精子形成、引發腦瘤等危害。另外也有報告指出，電磁波會造成神經系統的細胞等基因損傷，引發記憶障礙等大腦功能低下，尤其在極早期階段有影響兒童大腦正常發育的疑慮，因此歐洲對於孕婦和兒童使用手機有所限制。」

除了這些物理性的生物影響之外，因為頭痛、疲勞感、耳鳴等對電磁波的過敏反應所引起的不適症狀，近年來像這類電磁波過敏症的患者人數也有增加的趨勢。所謂電磁波過敏症，是指對健康的人來說不致引發健康問題的電磁波，卻會引起一部分人不特定症狀的症候群，其特徵在於不容易找出原因和進行治療。

「根據歐洲最新的研究調查，大概有2～10%的普通人正處於對電磁波過敏的狀態。將這個比例套用到日本，人數大約落在240～1,200萬人。可是，這個症候群很大程度仰賴病患主動告知症狀，加上醫學上難以證明，導致研究遲遲無法有所進展。生物原本就會受到各種電磁波能量的影響，或者利用它生存，所以有一些對電磁波較為敏感的人也不是什麼稀奇之事。」

據說大多數的患者多半同時具有化學物質過敏症或特定的過敏症狀，單獨發病的例子並不多。然而，不可否認的是，生活在追求便利性、高速發展的資訊化社會中，今後罹患電磁波過敏症的風險或許只會有增無減。

「日本從去年也開始推動5G通訊技術，通過比前一代的4G更廣泛的『頻寬』來支撐5G的高速化。用簡單的方式來說，就是道路變寬，可以容納更多車輛行駛的狀態。交通量一旦增加，遭遇交通事故的機率也會隨之上升。從物理學和醫學上的角度來看，不僅是人類，所有的生物都有可能受到更多電磁波的影響。另一方面，5G尤其在急救醫療和遠端醫療等醫療方面也大有裨益。這就牽涉到我們要如何用天平來衡量資訊化社會的好處和對健康帶來的風險。」

要選擇經濟或健康？我們必須面對這個終極的難題。

電磁波過敏的一般症狀

症狀部位	症狀種類
神經	頭痛、疲勞、睡眠障礙等
皮膚	顏面刺痛、灼熱感、皮疹、發癢等
感覺系統	眼睛的灼熱感等
其他	肌肉疼痛、耳鳴、鼻塞、流鼻水、腸胃症狀等

取材協力：坂部貢（日本東海大學醫學部長）

第6章

颱風和洪水的因應對策

全球暖化造成氣候失控，如何因應颱風和洪水威脅，提出方案，是所有都市生活者必須思考的重大課題。

插畫：鈴木健太郎

1 巨大颱風的風險正在增加？

Navigator
筆保弘德

橫濱國立大學教育學院教授，主持橫濱國立大學氣象學研究室。專業為颱風、局部環流與氣象教育，為氣象廳和民間企業的防災資訊發布做出廣泛貢獻。隸屬日本氣象學會、美國氣象學會和氣象預報士會。著有《你不知道的颱風二三事》（暫譯，合著）等多部著作。榮獲2020年地球環境大賞。

颱風的形成過程至今依然謎團重重

近年來，颱風對日本的威脅正持續增加。生活在這個國家，無從得知自己的生命什麼時候會受到颱風威脅，因此我們首先希望探討颱風到底是什麼，颱風的危險實際增加多少。橫濱國立大學氣象學研究室的筆保弘德教授長年從事颱風的研究，從他的口中道出令人意外的事實。

「儘管人們已經知道颱風是如何移動和發展，但實際上對於颱風如何形成卻尚未有明確的解釋。舉例來說，近年來氣象衛星才好不容易能觀測到太平洋中央形成的熱帶性低氣壓。與陸地現象不同，要在海上進行精密觀測的難度相當高。縱使氣象廳可以預測颱風的行進路線，也無法預測颱風會在哪裡形成。」

據筆保教授所述，地球上每年會形成大約三千～四千個熱帶性低氣壓，其中有大約八十個會發展成颱風。在西北太平洋上形成的颱風數量約有三十個，其中有十個左右會移動到日本列島附近。大約形成數千個熱帶性低氣壓，但當中只有約八十個會發展成颱風。單就這方面來看，筆保教授也承認颱風的形成是極其罕見的現象。

「形成颱風的機率和高中棒球打進甲子園差不多。每次大約有三千所高中會參加地區大賽，其中只有不到五十所學校能打進甲子園。颱風可以說是在原本不會形成的情況下，由於奇跡般的自然平衡而誕生。」

颱風從形成到登陸，大約需要花三至四天。只要能預測颱風的形成，就可以為一週後降臨的災害做好準備。

排名	日期	颱風名	死亡與失蹤人數
1	1959/9/26	伊勢灣颱風（薇拉颱風）	5098
2	1945/9/17	枕崎颱風（艾達颱風）	3756
3	1934/9/21	室戶颱風	3036
4	1947/9/15	凱薩琳颱風	1930
5	1954/9/26	洞爺丸颱風（梅瑞颱風）	1761
6	1958/9/26	狩野川颱風（艾達颱風）	1269
7	1942/8/27	周防灘颱風	1162
8	1951/10/14	露絲颱風	943
9	1948/9/16	伊歐颱風	838
10	1950/9/3	喬恩颱風	539

這是按照日本國內觀測史上死亡和失蹤人數由多到少排列的表格。在1950年代以前，一個颱風就足以造成1000人以上的傷亡。不過近年來由於颱風預報技術提升以及治水整頓，使得傷亡人數大幅減少。

目前我們只能根據颱風的預測路線提前三～四天做好準備，但在不久的將來，或許可以做到在颱風來襲前提前取消一星期後的戶外露營活動。

針對颱風帶來的危險是否逐年增加，筆保教授向我們說道：

「根據一九〇〇年到二〇一四年的颱風登陸資料，我的研究室得出一定的結論。如果將九七〇百帕以下（這個數值越低，威力越強）的颱風視為強烈颱風的話，這一百年間出現的強烈颱風約占全體的三〇%。此外，從二十一世紀開始至今的數值來看，九七〇百帕以下的颱風約占五〇%。綜合上述分析，可以說近年來登陸的颱風有很大的機率都是強烈颱風。颱風的能量來自海水，海水溫度越高，

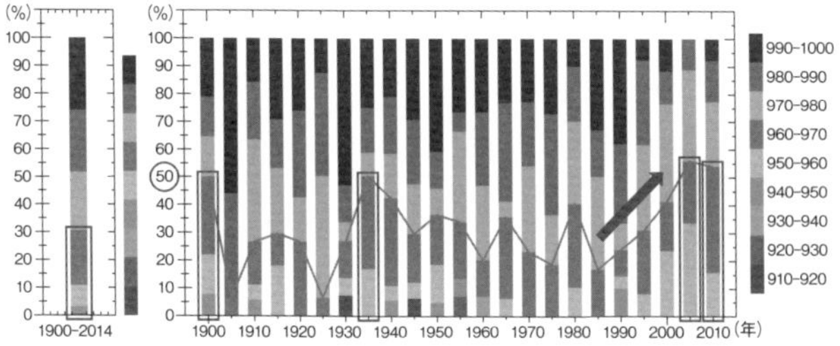

這是115年間登陸日本的颱風比例，按照登陸時的氣壓來表示。左圖是115年間的合計結果，右圖是每5年的結果。970hPa以下的颱風比例，在115年間約占三成。強颱的比例從1980年代後半開始增加，1990年代後半更一舉超過115年間的平均值，近年也在不斷增加當中。（筆保教授提供）

颱風越容易發展，因此幾乎可以肯定，在全球暖化的影響之下，未來的颱風威力只會越來越強。只不過，颱風是在海上形成時就已具備強大的威力，抑或北上後威力不減繼續前進，因為是發生在海上，至今仍舊是個謎。」

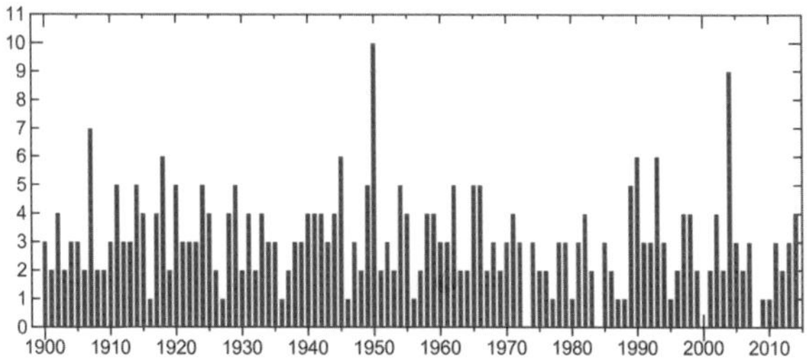

將過去115年間的颱風登陸個數製成圖表（資料來源為橫濱國立大學的調查，由於統計方法獨特，與氣象廳發布的登陸個數不同）。年平均大約3個，比想像中還要少。強烈颱風雖有增加的傾向，但近年來的個數並沒有出現太大的變化。

另一個必須提高警戒的理由，就是颱風威脅的區域出現變化。近年的強颱侵襲了過去幾乎沒有登陸的地區。

「例如觀察二〇一六年間成形的颱風，可以發現以前幾乎沒有颱風登陸的北海道，在這一年內有四個颱風登陸，甚至一百年來沒有颱風登陸的岩手縣，也遭受到颱風的侵襲。由此可以看出，颱風的路徑確實有些不太尋常。儘管不清楚詳細原因，但可以確定的是，目前日本各地都有可能遭受颱風的侵襲。如今就算自己居住的地方遭受史上第一個超乎想像的超級颱風侵襲，也完全不足為奇。」

[KNOWLEDGE]

百帕的最小值是多少？

百帕（hPa）是用來表示氣壓的單位。這個數值越低，代表颱風的威力越強。截至目前為止，地球上觀測到威力最強的颱風約為880hPa。筆保教授不否認近年來接近這個數值的颱風持續增加的事實。由於海水溫度上升，這個數值實際上也在下修。不過，雖說受到地球暖化的影響，但由於颱風的巨大化受到大氣溫度的限制，我們可以認為880 左右是颱風的極限。

2 首先區別雨颱風和風颱風

有時颱風天不出門更為安全

在颱風的風險越來越高的今天，我們需要怎麼做才能安全度過呢？

對於這個問題，筆保教授說最重要的是先瞭解即將到來的颱風性質。

「事先得知是雨颱風或風颱風相當重要。譬如二〇二〇年的第十九號颱風（天鵝）就是雨颱風。這個颱風挾帶的暴雨，引發大規模的土石流和河水泛濫。而第十五號颱風（蓮花）就是風颱風。這個颱風帶來明顯的建築物倒塌及樹木傾倒。由此可見，受災情況會隨著颱風性質而有差異，所以也要採取不同的避難方式。」

據筆保教授所述，只要事先知道是風颱風，盡量躲在堅固的建築物裡就是最有效的避難方式。因為外頭的行道樹、雨傘、廣告招牌、寶特瓶都會以驚人的速度到處亂飛。二〇一九年的第十五號颱風（法西），其最大瞬間風速就創下每秒五〇公尺以上的紀錄。如此強大的威力，光是風就足以把電線桿吹倒。路上所有物品都化為武器，以近似子彈的速度襲擊人類，不僅會破壞建築牆壁，風壓甚至有可能掀開屋頂，但為了安全還是待在建築物內為上策。相反地，如果是雨颱風的侵襲，房屋有可能因為河川潰決或土石流而被沖走，待在家裡反而有危險。即使房屋不至於被沖走，也很有可能因為河川暴漲導致地面被水淹沒，從而陷入進退兩難的窘境。

「平時調查一下家裡附近是否有可能潰決的河川，就知道該如何避難。如果有潰決的可能，就要盡快地離開房子，前往安全地點避難。二〇一三年的第二十六號颱風（薇帕），造成伊豆大島上約四十位居民喪生。雨颱風在半夜帶來的降雨引發土石流，造成房屋倒塌，多人死亡。如果事先知道是雨颱風，也許就能在幾天前做好

	雨颱風	風颱風

特徵	雨造成的損失比風還大的颱風。特徵是土石流、河川泛濫、跌落河道、房屋沖走或浸水、道路塌陷、車輛淹沒、停電等損害。降雨超過250億噸的颱風就稱為雨颱風。代表性的例子有2019年的第19號颱風（東日本，哈吉貝颱風）。	風造成的損失比雨還大的颱風。特徵是樹木倒下、與飛來物碰撞、從高處跌落、建築物倒塌、電線破損引發停電等損害。降雨量不到200億噸的颱風就稱為風颱風。代表性的例子有2019年的第15號颱風（房總半島，法西颱風）。
避難方針	根據河川與住宅的位置關係等，先考慮盡早避難。若待在家裡有危及生命安全之虞，就要果斷地考慮到遠方避難。這時也要設想雨中行動時需要的裝備。來不及避難時，千萬別認為待在建築物內就能鬆一口氣，別忘了採取往房子的上層移動等垂直避難方式。	為了躲避暴風挾帶飛來物的危險，盡量減少不必要的外出，選擇待在家裡或堅固的建築物內，以度過颱風肆虐的這段期間。但當附近有危險的河川或可能傾倒的房屋時，就要盡早到家以外的地方避難。在家避難時，最好考慮一下窗戶玻璃和防雨窗的補強。

避難準備；即使卻未能及時離開，遇到河川潰決或土石流時，就算只是爬到二樓也能逃過一劫。」

筆保教授告訴我們，颱風還會引發滿潮、巨浪、龍捲風等危險。滿潮是指颱風造成氣壓下降，海平面上升，導致大量海水流入低窪地區的現象。海水慢慢地湧進陸地，導致人們掉以輕心，海水還會長時間留在陸地上無法消退。平時不容易看見這幅景象，但要知道在颱風來襲時也有引發這類危險的可能性，因此千萬要記住絕對不要往大海的方向避難。

「或許很少人知道，颱風經過時往往會引發龍捲風。以前也曾出現過颱風在九州登陸，遙遠的愛知縣卻出現龍捲風的例子。」

大家都知道，遇到海嘯時就要往高處避難，離大海越遠越好。然而，風災和水災情形無時無刻都在變化，即使位於相同區域，有時受災嚴重地區和沒有受災地區也會有明顯的區別。也就是說，若想在颱風帶來多種災害的情況下保護自己，就必須事前收集颱風資訊，瞭解所在位置的危險，隨機應變，有彈性地行動。

「不光是颱風，回顧過去的歷史，也有數據顯示，因為受災而在避難行動中死亡的人約有數十人。換言之，這些人如果沒有採取避難行動的話，搞不好還能得救。從這件事情可以看出，不是按照手冊決定逃跑或待在原地，而是根據地域性、氣象條件、時機等因素綜合判斷，自行決定當時最合適的避難方式，瞭解這一點比什麼都來得重要。」

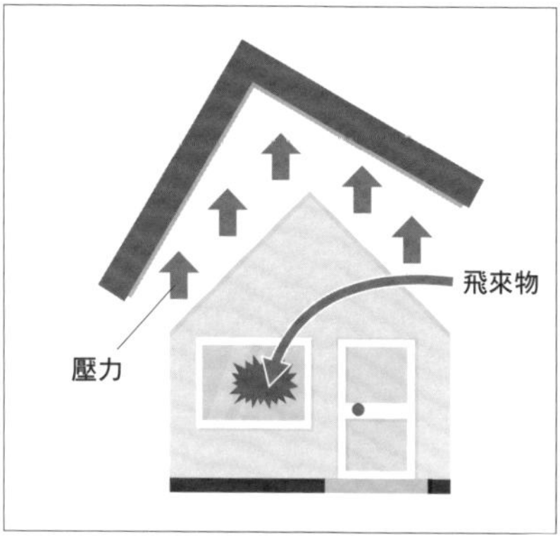

如圖所示，有時候整個房子的屋頂被掀開，是由於飛來物撞破房屋牆壁，使得室內壓力一下子發生變化而造成的。

雨	一般認為一個颱風會給日本全國帶來50～400億噸的雨，通常大致可分為250億噸以上和100億噸左右兩大類。影響雨量的因素有颱風的規模、路徑、大氣溫度等等。
風	1966年9月5日於沖繩宮古島觀測到第二宮古島颱風（寇拉颱風）的最大瞬間風速為85.3 m/s，破了觀測史上的最高紀錄。大約24.5 m/s～28.4 m/s的風速就足以把樹木連根拔起，想當然人類根本無法在飆破80 m/s的風速中站立。
滿潮	許多人都對因為颱風等原因造成潮位上升的「滿潮」現象一無所知，而誤往大海的方向避難，所以必須注意避難場所的選擇。2013年襲擊菲律賓的颱風「海燕」，共造成約8,000人死亡或失蹤，據說這些人幾乎都是滿潮之下的受害者。
龍捲風	在一般人的印象中，龍捲風是極其罕見的現象，但光在日本國內，每個月都有龍捲風在某個地方形成。值得一提的是，2014年的第11號颱風（哈隆）在持續北上的過程中，宮崎、高知、和歌山、三重、栃木等大範圍地區皆出現了龍捲風。當危險逼近時，一定要注意防止窗戶玻璃破裂造成的危害，盡量遠離樹木和脆弱的建築物。

綜上所述，我們可以預期颱風會帶來各式各樣的危害。不同情況下的避難方式各不相同，所以必須設想自己的周圍會發生什麼樣的災害，採取正確的避難行動。

3 吸收最新防災資訊，準備先到位

判讀風雨 迅速選擇最佳行動

是否具備情報收集的能力，有時會成為能否平安度過颱風肆虐的決定性關鍵。因此，本書想藉由這個機會向大家介紹如何利用各種管道的資訊來源。筆保教授首先針對大家都依賴的氣象廳颱風路徑預報進行說明。

「在颱風路徑預報中，路徑範圍是用來表示颱風會在哪個範圍內移動。實際上，颱風進入這個範圍內的機率約為七〇％；反之，颱風也有三〇％的機率會跑到這個範圍之外。即使自己的所在地不在這個範圍內，也絕對不能掉以輕心。另外，與路徑預報相比，未來颱風是否還會增強的預測，這方面的精準度並不高，所以即使聽到颱風未來會減弱的預報也不能放鬆警惕。無論颱風的中心氣壓是高是低，都有可能帶來猛烈的雨勢。根據颱風強度來決定警戒的強弱，本來就不是聰明的做法。」

若想從每天的天氣預報中獲得有用的資訊，平時的訓練至關重要。重要的是提高自身的警覺，根據預報做好隨時都可能發生危險的準備。

「除了基於氣象廳資訊的各種警報之外，日本從兩年前也開始實施一種名為早期注意情報的警報，這是有可能發出警報時的警報預報。這個情報發出之後（警報的可能性為「高」的

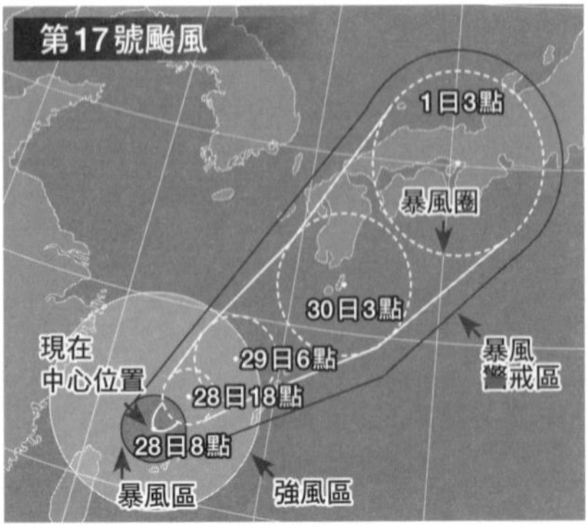
第17號颱風
1日3點
暴風圈
30日3點
29日6點
28日18點
28日8點
現在
中心位置
暴風區
強風區
暴風
警戒區

颱風的路徑預報是根據這樣的圓來預測行進的範圍。不過，颱風循著圓內的預測行進的機率約為70％。完全相信預報，一意孤行地進行不必要的計畫，這樣反而會招致危險。

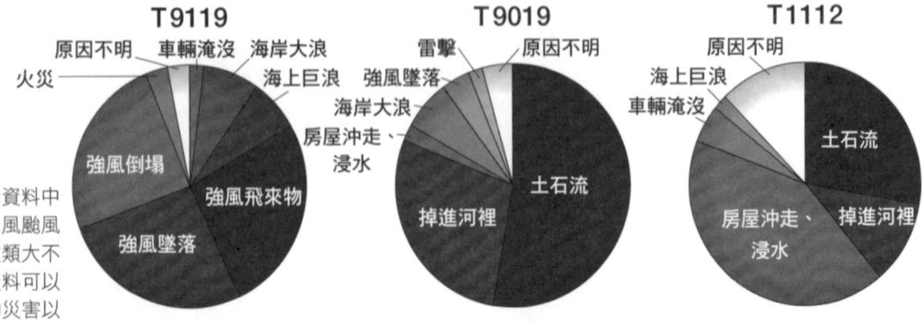
T9119
原因不明
車輛淹沒
海岸大浪
火災
海上巨浪
強風倒塌
強風飛來物
強風墜落
T9019
雷擊
原因不明
強風墜落
海岸大浪
房屋沖走、
浸水
土石流
掉進河裡
T1112
原因不明
海上巨浪
車輛淹沒
土石流
房屋沖走、
浸水
掉進河裡

筆保教授提供的資料中顯示，雨颱風和風颱風所造成的損失種類大不相同。從這些資料可以得知，雨颱風的災害以土石流占絕大多數，而風颱風必須對火災多加提防。

風颱風（T9119）

與飛來物碰撞、從高處跌落、壓在倒塌建築物的下方
→避免不必要的外出

雨颱風（T9019、T1112）

土石流、跌落河道、房屋流出、浸水
→平時確認危險／盡早避難／來不及避難時待在原地

情況），第二天實際發出警報的機率約為九〇%，可以說準確率非常高。因此，如果相信早期注意情報的話，就能在四~五天前做好應對巨大危險的準備，視情況以住在安全的地方為前提，擬定避難行動計畫，而不是在發出警報之後才緊急進行避難。」

筆保教授告訴我們，除此之外，氣象廳的網格預報也應該要充分利用。因為它能幫助我們研判劃分為一平方公里區域內的雨量，以及發生河川泛濫或土石流的可能性。颱風侵襲時，河川泛濫和土石流是最需要注意的威脅之一。自己的所在位置可能被哪條河川帶來什麼樣的影響，這些都是平時必須事先確認的資訊。

除了氣象廳的資訊之外，還有各式各樣的新聞來源。筆保教授也有投入開發的網站「cmp.dev」，便是呈現日本全國目前的風向和降雨量，以及實際建築物會受到風多少影響的損害預測工具。另外，過去的巨大颱風是透過什麼樣的路徑給各地帶來哪些災害，像這類資訊也能以視覺化的方式獲得。不僅在災害危險逼近的時候，平時收集多少這類資訊，是否針對緊急情況下的避難行動預先在腦中演練過一遍，這才是保住一命的關鍵。

「另外，我們還開發了一種名為『台風ソラグラム』的系統，目的是將颱風至今為止未能充分發布的『風』的資訊可視化，盡可能防止暴風造成的傷亡和事故。這個手機應用程式，可以讓我們瞭解自己居住地最糟糕的颱風路徑。颱風發生時，搭配路徑圖一起檢視，應該就能制定出更具體的避難計畫。」

不是遇到緊急情況時才盲目收集資訊，而是平時就安裝這類軟體，預先規劃好該如何避難。與突然襲來的地震和火災不同，颱風只要事先做好準備，就能大幅降低生命危險。

「過去伊勢灣颱風造成超過五千人死亡或失蹤，由於治水整頓和預測系統的進化，如今已經讓傷亡人數得到相當程度的控制。如果更多的人在充分利用有效資訊的同時保持適當的警戒心並採取行動，那麼將來因為颱風而死亡的人數或許有機會可以降到零。希望大家平時就要認真地選擇能夠保護自己的資訊。」

cmap

於2019年發布，在暴風、豪雨、地震等災害發生時，可預測每個市區町村受災後的倒塌建築物。可以即時查看受災情況，內容非常有幫助。因為電腦和手機都能利用，最好平時就養成檢視避難方法的習慣。

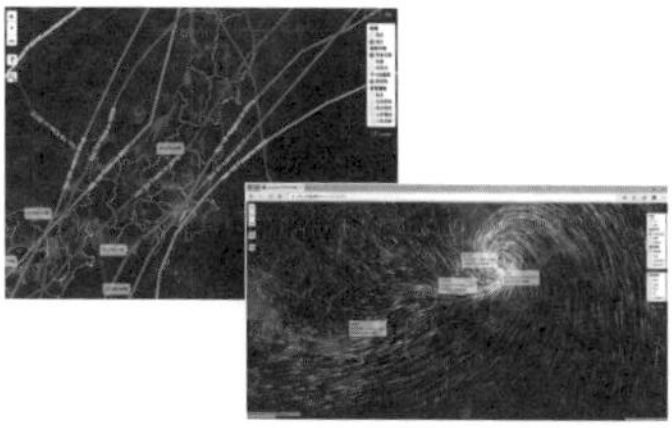

台風ソラグラム

可以在畫面上設定約1000個颱風侵襲日本，直觀地檢查颱風經過哪條路線對各個區域的風險比較高。拿出智慧型手機，①搜尋「ライフレンジャー天氣」。②在ライフレンジャー的左上選單中選擇「防災與準備」。③選擇「台風ソラグラム」即可使用。

4 日本為什麼水災頻傳？

Navigator
土屋信行
公益財團法人River Front研究所審議員，工學博士。進入東京都廳後從事道路、橋梁、下水道、河川事業等工作，曾任江戶川區土木部長、公益法人江戶川環境財團理事長等職務。為都市水災對策、治水整備的專家，著有《水災列島》、《首都淹沒》（暫譯）等多部著作。

瞭解水災的種類 提前一刻做好準備

下面幾頁將進一步把焦點聚集在洪水和水災上。土屋信行先生是以《首都淹沒》、《水災列島》等轟動一時的著作而聲名大噪的水災對策專家，他劈頭就指出日本是世界上水災風險特別高的地區。

「例如，二〇一四年造成七十七人遇難的廣島土石流災害中，土石流導致山上沖刷下來的泥沙堆積成斜坡，因而發生嚴重的災害。這裡原本被當成梯田使用，而非住宅區，但由於人口集中導致都市化的發展，才不得不將這個地方開發成住宅區。換句話說，在原本有水災隱患的地區開發住宅，就有極高可能會帶來巨大的災害。日本雖然已邁入人口減少的社會，但淹水預估區域內的人口和家庭數量卻有增無減。」

瑞士再保險公司「Swiss Re」於二〇一三年公布的自然災害高風險城市排名中，東京和橫濱地區被選為全球第一。土屋先生指出，在以全球六百一十六座城市為對象的這項調查中，東京和橫濱之所以會名列第一，原因在於這兩個地區位於活躍的地震帶，發生海嘯的危險性特別高。

「再加上，由於全球氣候異常造成颱風巨大化，也難怪經常受到颱風侵襲的日本會被視為水災風險特別高的地區。從明治時代開始實施的治水對策，其構想的整備率至今仍不足約六成。在日本，每當提到氣候暖化的對策時，人們往往只將注意力擺在減少二氧化碳的排放上，但與歐美那些已開發國家相比，具體的河川整備、水庫容量的重新檢討，在這些該做的事情上，進度比預期中的還要緩慢。一旦發生地震就會造成巨大的損失，但實際上並非每年都有人死亡。另一方面，每年都有人會死於水災，這點比

在巨大颱風和突發性豪大雨中，有些出人意外的地方會被大量的水填滿。東京既為世界上風險極高的區域，大家就要多加警惕。
照片／PIXTA

正常化偏誤的可怕之處

心理學用語。即使感覺到些許異常，人類也會視為在正常範圍內，試圖保持精神平靜，這種現象稱為正常化偏誤。當面對重大事件時能夠保持冷靜，遭遇自然災害時卻認為「自己沒問題」而過於自信，繼而導致無法及時避難的悲劇。發生異常情況時，注意千萬別過於樂觀，以免落入正常化偏誤的陷阱。

較令人遺憾。」

在日本這樣的水災大國，為了保住性命，最好需要知道一下可能會發生哪些水災。水災大致可分為四種，第一種是由於颱風或大雨等原因導致河川溢出堤防或潰堤的「外水泛濫」。一口氣湧入大量的水，除了會造成房屋損毀和人員傷亡之外，洪水退去後也有泥沙和污泥堆積，需要一段時間才能恢復原貌。第二種則是「內水泛濫」，這類洪水是由於市區等地降下大雨，導致排水渠和下水道超過流量負荷，或者因為河水水位上升，造成市區的水無法排入河裡而遭到淹沒。即使造成大規模的水災，卻因為沒有發生堤防潰決等情況，因此往往讓人掉以輕心。第三種是「滿潮洪水」，颱風導致海平面上升，海水像海嘯一樣湧入市區。全球發生過無數個因為不知道這種現象而命喪黃泉的例子。第四個是「地震洪水」。地震發生的同時，河川、港灣的堤防、防波堤、水閘等設施遭到破壞，導致河水或海水倒灌進入市區。由於有無數的水流入低窪處，使得受災規模大到難以估計。當然，東京也存在著許多海拔零公尺的危險地帶。

颱風、豪雨引發的外水泛濫固然可怕，但內水泛濫、滿潮、地震洪水這類災害，大水往往會從意想不到的地方襲來，因此疏忽大意會變成保住性命的一大障礙。尤其像地震洪水這種一滴雨都沒下的災害，就具有強大的突發性。確保生存的第一步，就是不抱持「怎麼可能發生水災」這類先入為主的想法。

近年來的大規模水災

2011年 泰國	泰國中北部因為長時間的降雨而發生超過三個月的洪水災害。工業園區被大水淹沒超過兩個月，最終給全球產業帶來巨大的打擊，並造成泰國國內815人死亡。自然災害造成的經濟損失僅次於東日本大地震、阪神大地震、颶風卡崔娜，排名全球史上第四名。
2011年 日本 （新潟、福島豪雨）	新瀉中越地方、下越地方、福島會津地方等三個地區發生集中豪雨。新潟縣下越地方的阿賀町創下10分鐘降下50公釐雨量的誇張紀錄，是氣象廳觀測史上的第一名。而且緊隨而來的第12號颱風（塔拉斯颱風）更在紀伊半島引發大水災，共造成83人死亡。
2012年 美國	登陸美國東部的颶風珊迪引發滿潮，使得地鐵等設施被水淹沒，都市遭受嚴重的損失。這場襲擊全球經濟中心的史上最大災難，不僅導致紐約證券交易所休市兩天，更造成高達800萬戶停電和交通大癱瘓。美國及加拿大合計共有132人罹難。
2012年 日本 （布拉萬颱風）	在馬里亞納群島形成的颱風直接侵襲沖繩、朝鮮半島等地。死亡、失蹤人數共超過100人。沖繩的源河川和西平川泛濫，各地遭到淹沒。鹿兒島因強風造成建築物全毀或半毀，長崎發生長達26公尺的護岸崩塌。據說北韓因為洪水而有超過100人死亡。
2013年 日本 （萬宜颱風）	小笠原群島附近海域形成的第18號颱風氣壓下調至965hPa，並通過愛知、長野、栃木、福島等地。在日本全國共造成6人死亡、1人失蹤。光這個颱風就造成和歌山、三重、埼玉、群馬、栃木、宮城等地共出現了10個龍捲風。福井的快中子增殖反應爐「文殊」更一度因土石流而陷入孤立狀態。
2013年 菲律賓	在楚克群島附近海域生成的海燕颱風穿越菲律賓中部。最低氣壓達到895hPa，其猛烈的威力引發暴風雨和滿潮，造成6,201人死亡、1,785人失蹤的慘重傷亡。美軍聯合颱風警報中心的觀測紀錄為最大瞬間風速105 m/s。

從2011年到2013年的短短三年間，全球各地就發生了如此大規模的水災。受到氣候暖化的影響，颱風巨大化和突發性豪大雨的威脅正逐年增加。

5 水災發生，該往何處避難？

從地名看出當地潛藏的水災風險

我們應該要知道，遇到洪水的時候，哪裡是危險的地方，這樣才能保住一命。從物理的法則來看，逃往高處才是正確的選擇，然而土屋先生卻告訴我們，即使在高處也不能說百分之百安全。

「大都市裡的地下街開發十分發達，地下四層這麼深的地方也普遍存在。包括地鐵在內，這些地下空間、地下通道或隧道一旦遇到洪水的話，無疑會成為最危險的場所之一。可是，這不代表爬到高處就能降低整體的風險。以東京為例，東部的低地（沖積平原）是寬廣平坦的地形，因此即便短時間內降下大雨，雨水也不會集中在同一個地方。不過，在被稱為東京山手的武藏野台地上，有一些中小型河川流經此處，如果雨水集中在這裡的話，水位就會一下子上升。在這樣的山手河川流域，因突發性豪大雨而發生溺水事故的危險性極高。因此，就算是住在地勢較高的山手地區，也未必一定與洪水無緣。」

認為待在高樓層的建築物內就能躲過洪水侵襲，這樣的想法也很危險。儘管大部分情況下可以抵禦一時的洪水，但如果大量的水侵入地下，將地下室的變電室灌滿的話會出現什麼情況呢？即使不會因洪水而喪命，維生管線也有因停電而關閉的危險性。

此外，土屋先生還指出隱藏在地名中的水災風險。

「所謂暗渠，就是把從前的河川變成道路的地方。這些地方散布在日本各地，其地形多半皆為山谷，當遇到大雨的時候，道路就會恢復成以前的河流，變得非常危險。原本帶有與水相關地名的地方，以及『谷』、『池』等表示地勢低窪的地方，自古以來就面臨著遭受水災的危險。像四谷、池袋、沼袋、宇田川、千川通、蛇土手公園（※土手為河堤的意思）等，這類地名發生水災的風險就很高。」

外水泛濫

水從河川的堤防等處溢出，或者破堤淹沒房屋和田地。與內水泛濫相比，從開始降雨到發生水災的時間較長。當然，這種現象比較容易發生在河川附近，溢出的水會流進市區。

內水泛濫

大雨短時間內下在市區等處，使得下水道和排水路無法負荷，溢出的雨水流向建築物、土地、道路等地的現象。其特點在於即使是遠離河川的地區也會發生災害，而且從降雨到受災的時間很短。

滿潮

當颱風等強烈的低氣壓形成時，一旦海浪升高，潮位就會因為顛倒壓力效應（inverse barometer effect）而上升，這個現象稱為滿潮。由於週期長達數個小時，與其說是波浪，不如說是海水水位整體上升的現象。此時會有大量的海水從海上湧向低地。

地震洪水

大地震造成堤防坍塌而引發洪水。即使颱風和豪雨沒有導致水位上漲，也會因為堤防坍塌而造成大量的河水外溢，因此很容易掉以輕心，是一種不可預測、恐怖至極的洪水種類。海拔零公尺地區的風險尤其更高。

各種場所　洪水風險驗證

地下樓層

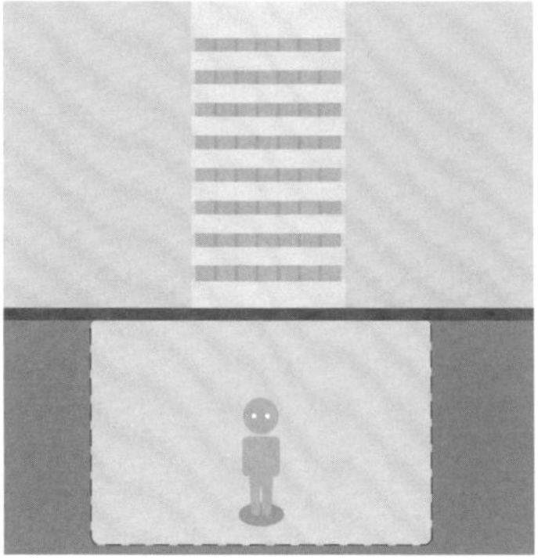

堪稱是都市中最危險的區域。視雨量和水量的多寡，市中心的地鐵甚至有可能完全沒入水中。遇到颱風或豪雨的時候，下去低於地面的區域是非常危險的舉動。另外，自家有地下室的情況也是一樣。我們平時就應該做好準備，盡量別放置淹水時會造成阻礙的物品。

大樓或公寓的高樓層

保護自己免受大水侵害，可在此暫時獲得安全；但大型的大樓和公寓的地下大部分都有變電室，一旦有水侵入，就很有可能造成停電。不僅是電梯，就連自來水供應也有可能停止，因此不能算是長時間停留的安全地方。

道路上

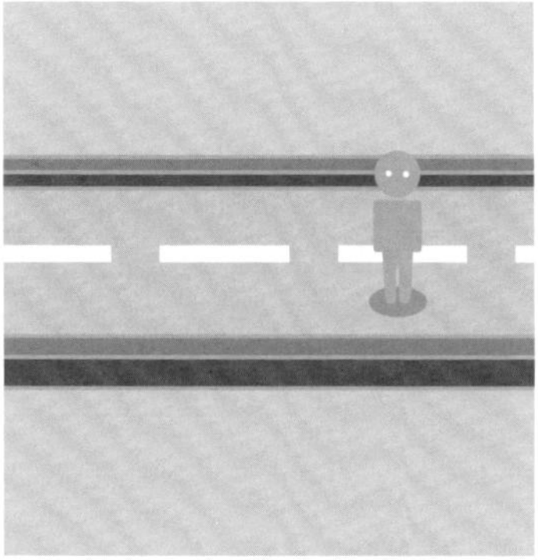

一旦大量的水流入市區，道路就會立刻化為水路。東日本大地震的時候，大家都看到不少海水沿著道路侵入的例子，若沒有待在高處，就會有生命危險。此外也有許多像人孔蓋和大量車輛這類在淹水時可能成為危險物的東西，也有人因為水災而命喪於隧道或地下通道之中。

公園等廣場

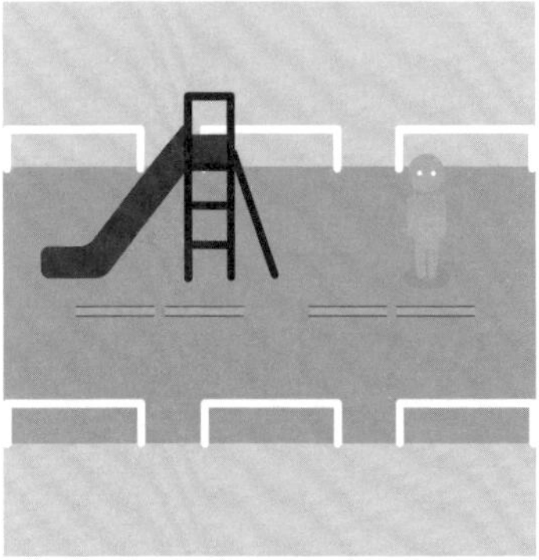

乍看讓人以為是安全地帶，但建造在低地的公園竟出乎意料地多，所以在避難時應該注意土地的高度，建造在河川沙洲上的公園等處甚至有被孤立的危險。另外，例如在澀谷這種鉢狀地形、地勢較低的地方，無論是公園或平地，發生水災的風險都很高。

6 及早行動，確保脫困無阻

一旦被水沖走 千萬別嘗試游泳

當被問到在洪水中保住一命最重要的關鍵是什麼時，土屋先生是這樣回答的。

「平時最好盡量養成觀察災害地圖的習慣，想像一下自己居住的地方在洪水中可能會遭受哪些災害。比如房子在堤防旁邊，附近有湍急的河流，距離大海有多遠，海拔有多高，是否有容易坍塌的山等等。原本生活在危險的地區或許是莫可奈何之事，但對於身處水災威脅的強烈意識決定了受災時的命運。」

土屋先生是想告訴我們「及早」行動的重要性。只要能夠盡快做出判斷和行動，毫無疑問就能降低生命危險。颱風和大雨可以根據預報，提前幾天做出一定程度的預測。可以說，除了地震洪水以外，其他洪水都能做好一定程度的準備。儘管如此，卻依然有人在其他種類的洪水中喪命，這是因為「相信自己沒事」的正常化偏誤在發揮作用。

「如果水位上升一〇～二〇公尺的話，不管是誰都會感到生命受到威脅吧。即使水位只上升二〇～三〇公分，因水災而喪命的危險也會增加。倘若不小心摔倒，導致臉浸在水裡，就算水只有淹到腳邊，也有可能溺死，因此根據水量判斷沒問題是非常危險的想法。如此看來，最好盡快在大水來襲之前逃離危險的地方。例如東京的江戶川區全境都是海拔零公尺的地帶，原本發生洪水的風險就相當高。假如江戶川、利根川、荒川同時泛濫的話，一百零六所中小學之中，估計約有八十所學校的一樓會被淹沒。這些作為避難場所的學校頂多只能容納約二十二萬人，而江戶川區約有七十萬人居住，這表示大部分的居民都無處避難。如果住在這類地方，就應該趁尚未降雨的白天逃往遠處。只要盡早採取行動，也許就能避免受災後在大水之中行動的機會。」

事前的情報收集和及早的行動能夠保住一命，這種事任誰都想得到，但因為某些原因而沒能及時撤離，遭到大量的水包圍，這時最好採取什麼樣的行動呢？我們向土屋先生請教必須知道的重點。

「在東日本大地震中，有人雖被濁流吞噬，卻依然幸運逃過一劫。那個人隨身攜帶的包包中，恰好有一瓶五

危險度	避難情報的種類和對應	
高 ↑	避難指示（緊急）	■如果尚未完成避難，就要立即撤離。 ■在外出危險的狀態下選擇留在室內時，必須確保室內的安全。（發生水災、土石流時：移動到建築物斜坡另一側二樓以上的房間）
	避難勸告	■刻不容緩立即避難。 ■如果位於地下空間，應迅速撤離到安全場所。
低	避難準備、高齡者等開始避難	■家裡有需要花時間避難的人（例如老人），或者住在危險地區的人，開始進行避難。 ■密切關注氣象資訊，做好隨時避難的準備。 ■判斷有必要避難的時候便開始撤離。

[KNOWLEDGE]

何謂命山計畫

以備在遭逢颱風或海嘯時避難的人工高台，就稱為命山。靜岡縣袋井市就有一座海拔10公尺、占地800平方公尺的「平成之命山」，以應付大地震帶來的災害。

滿潮如圖所示。海水整個灌進，造成非比尋常的淹水範圍。

百毫升的寶特瓶。據說他當時立刻把瓶子清空，將其夾在脖子下當成救生圈使用，藉由瓶子浮在水面上，後來才因此獲救。從這個故事可以得知，救生衣是多麼重要的物品。若能在不消耗體力的情況下漂浮在水上，那麼獲救的機率就會提高一百倍，甚至是一千倍。因此，按照成員人數準備好救生衣，可以說是一般家庭最有效的防範洪水對策。」

土屋先生想在這裡強調，即使整個人泡在水裡，也絕對「不能游泳」。在被水沖走的過程中，如果確定再游一公尺就一定能游到岸上的話，那就最好游過去；但若過於相信自己的泳技，勉強自己游到一百公尺以外的對岸，冒然挑戰是非常危險的事。畢竟無論如何，游泳消耗體力只會降低維持生命的可能性。

「一言以蔽之，要有浮在水上才能保住一命的意識。只要包包裡有保麗龍，將其抱在胸前，也能在雙手放空的狀態下漂浮在水面上。」

不能游泳或許是有點意外的教誨，但這和在平靜的游泳池裡游泳完全無法相提並論。在有大樹、瓦礫、巨大的車輛等物品橫衝直撞的水面上逆流前進，會增加與這些障礙物碰撞或捲入其中的可能性。反之，如果只專注漂浮在水面上，這樣不僅可以保存體力，還能隨著洪流前進，逆向撞上障礙物的風險也會有所減少。總之，只要確保自己持續飄浮在水面上，隨波逐流直到被沖上岸，希望大家能記住這樣的基本常識。

「別執著於一被水沖走就非得靠自己的力量回到岸上的想法。有時候別拚命掙扎，一直順著水流被沖到海裡搞不好還更加安全。只要防止體溫消耗，相信海上保安廳或其他船隻一定會過來救援。」

話雖如此，有時也會遇到像動作電影那樣透過瞬間判斷來保護自己的情況。東日本大地震時，有某個人在坐車的時候連人帶車一起被大水沖走。這樣下去不知道會被沖往何處，也有可能會連人帶車一起沉入水底。於是那個人設法打開車門，整個人爬到車外，用腳踩著車窗移動到車頂。他在車子即將撞到大橋之前從車頂跳到橋梁上，成功地死裡逃生。從這個例子中我們可以學到，完全按照手冊行動，也未必能夠保住一命。

「防災手冊這種東西會隨著時代朝精緻化、高度化發展，其結果就是人們將手冊奉為真理圭臬。確實，我們可以從手冊中得知基本的方向和應該遵守的事項，然而，最終唯有在現場做出適當的判斷才能保住一命。大自然的力量超越人類的智慧，在應對災害時，所有發生的事都在預料之外，絕對不能因為缺乏經驗就兩手一攤，聽天由命。因此，就算知道不能在被水沖走時冒險游泳，也要正確地認清狀況，隨機應變，這個前提比什麼都來得重要。」

7 從水災中保住一命的生存提示

通過災情預測和事前準備抵禦洪水的危害

如果不是在自己的家，而是在公司等地進行避難的話，那麼要如何逃生呢？儘管得視情況而定，但人類的雙腳不可能勝過洪水湧來的速度；也就是說，我們必須在一瞬間選擇稍微安全的地方並移動過去。這時，首先應該將注意力擺在堅固的鋼筋水泥大樓。只要能順利進入這類大樓的話，接下來就趕緊爬到四層以上的樓層，將那裡當成臨時的避難場所。土屋先生說，認為時間還很充裕而嘗試搭乘電車回家是最糟糕的做法。

「東日本大地震時，首都圈有五百一十五萬人難以順利回家。在這種狀態下，不僅會妨礙到執行應對水災、救助行動等各種機關，還會因為在人群中長時間等待而無謂地消耗體力。要是這時又下起大雨的話，說不定還可能淋得一身溼，所以我認為最好絕對避免冒雨行動。」

因水災死亡的人數正在逐年減少。話雖如此，由於颱風巨大化和人們的掉以輕心，就算突然發生造成大量人員傷亡的水災也完全不足為奇。實際上，二〇一八年西日本的豪雨就造成超過兩百三十人死亡，二〇二〇年的第九號颱風（梅莎颱風）導致日本全國河川有一百四十處決堤。大規模的水災每年都讓日本人陷入恐懼之中。

「根據每日新聞的調查，即使西日本降下豪大雨，也有八四%的人沒有避難，可見大部分的人都小看了洪水帶來的危害。但反過來想，我認為只要心存高度警戒、做好準備、適當的判斷和行動，未來水災就不會像地震一樣，甚至能達到無人傷亡。既然居住在日本，就該意識到總會面臨洪水的災害，總之請大家做好準備。」

[KNOWLEDGE]

淹水模擬

日本國土交通省的網站「各地淹水模擬搜尋系統」，可以模擬河川決堤會帶給住家和公司所在地造成多大程度的災害。也能得知豪雨時應該檢查哪座水位觀測站的資訊，所以最好平時養成確認的習慣。

從洪水中脫身不可不知的八大重點

1 不要穿長靴

一旦鞋子進水，就會立刻變得很難行走。不僅如此，靴子在水中會產生浮力，在豪雨時特別危險。如果沒有防水的登山靴，那就選擇一般的運動鞋。

2 有效利用長的物品

如果身上帶著雨傘或手杖，在道路被水淹沒的時候，就能用來探尋及避開路面的障礙物。帶著棒狀物品出門就能對避難帶來很大的幫助。

3 盡量別讓身體弄溼

必須避免長時間接觸雨水而讓身體陷入失溫。為了保存體力，絕對要注意別讓身體淋溼。

4 確認災害地圖有備無患

平時確認自家和公司等常去的地方有多危險，已然成為應有的常識。在腦中演練萬一發生緊急情況該往哪個方向逃生。

5 救生衣是常備品

吹氣式的救生衣有可能在洪水時被瓦礫等物品割破，最好注意一下。此外，游泳圈容易在洪水中破裂，所以派不上用場。

6 即使被水沖走也「不要游泳」

首先要抱持讓自己順著水勢漂流的意識，就算有大量的水湧來也不要游泳。即便不勉強游泳，說不定也會自然漂流到安全的地方。

7 開車逃生的優缺點

有時我們會選擇以開車的方式提前到遠方避難，但如果是處於暴風雨的情況下，因為會出現視線不良、道路崩塌、塞車等影響，這時最好避免開車逃生。

8 從水平避難轉換成垂直避難

如果是一定的水量，也可以水平移動至某個安全的地方，但在可以預見水位急劇上升的情況下，就要切換成往高處或上層等處垂直移動的意識。

迷你專欄

5

遭誣賴性騷擾的自衛對策

對於搭電車通勤的上班族來說，沒有比被誣賴性騷擾更可怕的事。要是處理不當，甚至連整個人生都會賠上……。擅長應付性騷擾事件的律師法人中村國際刑事法律事務所提出，當被誣賴性騷擾的時候，建議用以下的方式來應對。

①明確向站務人員表示「沒做這件事」

被女性拉下車，帶到車站辦公室的時候，應該做的第一件事就是明確地告訴站務人員「我沒有做這件事」。在日後的審判中，被告遭到檢舉時說了哪些話，將成為判定有無罪狀的一項間接證據。其他上下車的乘客，事後可能會無法取得聯繫，或者不願意出庭作證，所以在確保證人的意義上來看，除了被害人和搜查機關之外，也要將訊息充分告知站務人員，這一點相當重要。

②聯繫家人到警察局

從被帶到車站辦公室，到等待警察前來之前，通常會有一小段時間，可以趁這個時候聯繫家人前來。由於隨後馬上就會被帶往警察局，因此在聯繫的時候要拜託家人帶著印章，直接前往警察局處理保釋事宜。

一般來說，警察局會要求家屬填寫「保釋申請書」，並且承諾必須協助調查。這是因為如果警方認定嫌疑人有湮滅罪證、居所不定、逃亡之虞等不利情況，就有可能提出逮捕或羈押。所以只要家屬願意提供簽名蓋章後的保釋申請書，警方就會認為當事人逃亡的可能性不高而暫時釋放，日後再進行不羈押調查。

③通知律師

只要能按照前面說的方式處理，即使不委託律師，被釋放的可能性也很高。不過，如果家人住在很遠的地方，或者無法聯繫上，這時就算花錢，也一定要請律師來幫忙處理。此外，即便被釋放，調查方針也只是從羈押的「強制調查」，改為在家進行的「任意調查」，日後還會繼續進行審問等調查。起訴或不起訴的爭議還會持續一段時日，所以無論如何都必須聘請律師。

最重要的是，務必以冷靜堅決的態度來面對所有的程序。如果做出抵抗並當場脫逃的行徑，日後反而要付出極大的風險，所以千萬要注意。

逃跑時的三個風險

1 遭到羈押的風險

有時也會因為逃跑而引來不必要的羈押。即使在受害者報案後堅決否認沒有性騷擾，有時仍會被法官駁回而遭到羈押。然而，如果嫌疑人當場試圖逃跑的話，就會被認定為「有逃亡之虞」，導致法官有很大的機率做出羈押決定。

2 申請保釋遭到駁回的風險

如果在調查過程中一直否認有做出性騷擾的行為，堅持主張自己無罪，儘管仍有很高的可能性遭到起訴，但大部分的情況下都會允許保釋。不過，倘若被指認為嫌犯的時候有逃跑的事實，那麼即使律師申請保釋，也有可能無法獲得批准。

3 成為有罪的間接證據風險

不僅性騷擾事件，在否認事件的審判中，間接證據也會成為判定有罪或無罪的判斷依據。提出檢舉的時候，若被懷疑是色狼的被告有逃跑的意圖，就會成為對被告非常不利的間接證據。因為從法官的角度來看，如果被告不是色狼，根本沒有必要逃跑。

資訊提供：律師法人中村國際刑事法律事務所

第 7 章

毒物的基本知識與對策

我們在日常生活中，免不了伴隨各種毒物的風險。
本章將針對這些毒物的種類、性質與因應方法逐一考察。

1 潛藏在家中庭院的劇毒植物

Navigator
船山信次

日本藥科大學特任教授，日本藥史學會常任理事，藥學博士。對毒物的研究持續不懈，每天摸索開發新藥的靈感。活躍於電視、雜誌等媒體，著有《生物鹼：毒和藥的寶庫》、《彩色圖解 毒的科學》、《認識毒草藥草事典》（晨星出版）等多部著作。

即便生活在都市，周遭也隨處是毒，其中最具代表性的就是有毒的植物。庭院和公園裡常見的觀賞植栽普遍有毒，要是不慎誤食這些植物，後果不堪設想。每年日本全國各地都會發生因誤食致死的案例，因此這裡有請毒物和藥物的專家船山信次先生來為我們說明。

「提到我們身邊的毒，比如種植在庭院裡的植物中，很多都具備毒性，例如鈴蘭、繡球花、萬年青、石蒜、水仙、毛地黃等等。繡球花、毛地黃這類因為花朵漂亮而種植的植物，都含有相當可怕的毒素。」

最需要警惕的是將這些有毒植物當成食用植物誤食的情況。不管再怎麼呼籲大家小心，誤食中毒的案例仍層出不窮。那麼，萬一不慎誤食這類有毒植物引起中毒症狀的時候該如何處理呢？這裡請教船山先生的意見。

「以鈴蘭或毛地黃為例，這些植物的毒素會危及生命，卻無藥可解。萬一不慎誤食，就要馬上吐出來，除了從身體排出之外，沒有其他辦法。就算送到醫院，醫生也只能進行症狀治療。至於繡球花，我們甚至連它的毒素成分是什麼都還不清楚。」

由此可見，唯有事先累積知識，才能避開有毒植物的危險。希望大家通過接下來幾頁的內容，來瞭解你我生活周遭潛藏著哪些有毒植物。

嘉蘭（毒素成分／秋水仙素等）是原產於非洲的觀賞用植物。由於外觀近似日本薯蕷，因此也出現過誤食致死的案例。

院子裡也有最強的有毒植物

毛地黃

（毒素成分／毛地黃毒苷等）

日文的別名為狐狸手套。食用會出現腸胃不適、嘔吐、腹瀉、心律不整、頭痛等症狀，嚴重時甚至會導致心臟功能停止而死亡。人們經常栽培作為觀賞用植物，必須注意與食用植物隔離栽培。認識危險的有毒植物是很重要的一件事。

水仙

（毒素成分／石蒜鹼、多花水仙鹼等）

植物整株都含有生物鹼類毒素，一旦誤食會出現嘔吐、腹瀉等症狀，嚴重時甚至會導致死亡。經常被誤認為韭菜。細葉型的水仙和韭菜特別相似，在不開花的狀態下往往難以分辨；差異在於韭菜有獨特的氣味，而水仙沒有。

周遭警戒！需要注意的四種有毒植物

本頁嚴選出應該認識一下的常見有毒植物種類。
希望大家能夠對身邊潛藏著這類植物有更多的認識。

德國鈴蘭（毒素成分／鈴蘭毒、鈴蘭苦苷等）

鈴蘭的根和花中含有多種毒素，食用後一小時內會引發嘔吐、頭痛、頭暈、血壓下降、心臟麻痺等症狀，嚴重時甚至會致命，就連花粉也有導致腹瀉或嘔吐的危險。外觀近似行者大蒜或大玉竹，最好注意一下。

石蒜（毒素成分／石蒜鹼）

經常栽種在路邊，值得警惕的植物，廣泛分布於東北至沖繩一帶。地下莖可以食用，但必須經過磨碎、清洗等手續，才能去除毒素成分。中毒症狀的特徵為嘔吐、腹瀉等，嚴重時可能導致死亡。

萬年青（毒素成分／萬年青素、萬年青等）

分布於日本關東以西，大多作為觀賞用或賀禮用的鮮花。食用後的中毒反應包括嘔吐、頭痛、心律不整、血壓下降等，嚴重時會全身痙攣死亡。儘管有人說它具有強心作用，但我們應該將其視為毒草。

繡球花（毒素成分不明）

毒素成分至今尚不清楚，但據船山先生所述，其中含有有毒生物鹼的常山鹼類。也有報告指出，動物吃了葉子之後，會出現腹瀉及骨骼肌強烈收縮這類症狀。也有人類因為誤食而出現嘔吐或眩暈等症狀。

日本的誤食事故

毒性劇烈的烏頭塊根

2010年至2019年這段期間，日本國內共出現14起誤食有毒植物導致食物中毒，最終死亡的案例，其中又以秋水仙造成的死亡案例最多。偶爾會出現誤認為玉簪或行者大蒜來食用的例子。烏頭和水仙是死亡人數第二多的有毒植物。此外，沒有出現死亡案例，但有超過320例是誤食馬鈴薯造成食物中毒。馬鈴薯的發芽部分和暴露在陽光下變綠的皮中，含有茄鹼等毒素成分。另外洋金花、尖被藜蘆、姑婆芋、觀賞用葫蘆、日本莨菪等植物也曾造成多人中毒。

山林的劇毒植物，特別要注意「烏頭、毒芹、馬桑、尖被藜蘆」

庭院和公園裡的有毒植物固然可怕，但是野山裡也存在著大量有毒植物。船山先生告訴我們，到野外的時候最好記住基本的有毒植物風險。

「我之前已經提過，在野山中最好記住烏頭、毒芹、馬桑、尖被藜蘆這些特別需要注意的有毒植物，因為這四種植物都具備致命的危險。假使讓動物食用尖被藜蘆，其血壓就會迅速下降，有時甚至會降至死亡為止。曾經有個研究人員為了瞭解尖被藜蘆的味道而試咬一口，結果出現嘴巴發麻、口水直流的症狀，當場被送往醫院急救。喜歡在野外摘野菜的人，一定得瞭解這四種植物的危險性。」

當然，除此之外還存在著許多危險的植物，我們在野外活動時總是伴隨著中毒風險。因此試吃野外植物這類行為，不僅需要相應的知識，更得具備經驗才行。

「食用洋金花、日本莨菪等植物也會讓人產生興奮感，隨後陷入昏迷，其毒素成分為阿托品類的生物鹼。」

四種有毒植物

烏頭（毒素成分／烏頭鹼等）

含有劇毒生物鹼中的烏頭鹼，只要攝取約10毫克就有可能致命。很容易被誤認為鵝掌草、翠雀葉蟹甲草。中毒症狀有嘔吐、行走困難、呼吸中樞麻痺，嚴重時會致命。

毒芹（毒素成分／毒芹素）

中毒症狀包括呼吸困難、嘔吐、腹瀉、頭暈、痙攣、意識障礙等。也出現過把像竹子一樣的地下莖誤認為芥末食用的案例。毒芹和食用水芹一樣長在水邊，最好注意一下。

馬桑（毒素成分／馬桑毒素等）

果實中含有大量的毒素成分，中毒症狀除了痙攣、苦悶之外，有時也會導致死亡。從北海道到近畿周邊遍布有高約1.5公尺的野生馬桑灌木，看似像藍莓一樣美味，必須特別注意。

尖被藜蘆（毒素成分／生物鹼）

尖被藜蘆的特徵是粗大直立的莖上附有橢圓形的葉子。尖被藜蘆有時也會形成大群落。這種劇毒植物害不少人誤食中毒，症狀除了嘔吐、腹瀉之外，有時甚至會致命。往往被誤認為是可以食用的圓葉玉簪。

如何防範有毒植物的危險

1. 關鍵在瞭解誤食後不容易進行應急處置，只要心中存有些許疑慮，就千萬別以身犯險。
2. 盡可能瞭解有毒植物造成哪些誤食案例，不斷累積分辨容易混淆的植物的經驗。

2 居家風險

除了剛才介紹的植物之外，這一頁將探討在家中及家裡附近的毒物。我們的生活中存在著哪些毒物風險？針對這一點請教船山先生的意見。

「從魚類和貝類來看，需要注意的是貝毒。蛤蚌毒素的毒素成分和河豚毒素的化學結構相似，對人體具有相當程度的威脅。貝毒分為腹瀉性貝毒和麻痺性貝毒兩大類，蛤蚌毒素屬於麻痺性貝毒的一種；另一方面，牡蠣歸類為腹瀉性貝毒。海洋生物具備的未知毒素成分應該還有很多，人們近年來才發現，部分泰國的貝類攝取某種微生物後產生毒化的機制。」

此外，船山先生還告訴我們，昆蟲身上也找得到數不清的毒素，其中必須注意毒性最凶猛的毒蜂。舉例來說，大虎頭蜂就是世界上最大型的有毒昆蟲。在日本，大虎頭蜂廣泛分布於北海道到九州之間，具有強烈的攻擊性，一旦遭到螫咬，就會造成血壓下降、組織破壞等多種不良影響。

不僅虎頭蜂，蜜蜂和長腳蜂的毒也必須注意。如果房子周圍種植花卉或蔬菜的話，最好對蜜蜂保持警戒。

「提到昆蟲，受到地球暖化影響，日本開始出現傳播登革熱的蚊子，這也是危險之一。」

另外也別忘了，我們每天都被人類製造的毒素所包圍。船山先生所指的毒素是農藥。家中常用的農藥「乙醯甲胺磷」對於預防蚜蟲非常有效，雖說這種農藥使用起來相對安全，但依然需要多加注意。

「乙醯甲胺磷是一種有機磷劑，和劇毒沙林是類似的化合物。只不過乙醯甲胺磷不像沙林那麼危險。」

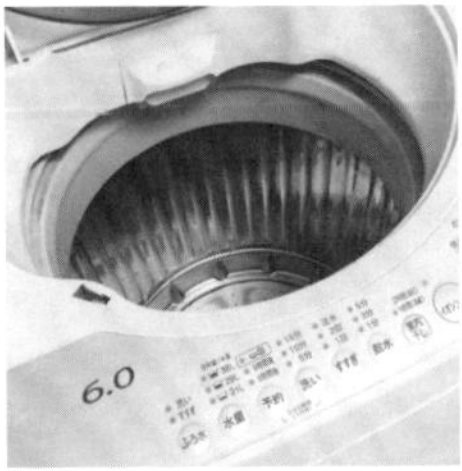

誤食洗衣精或洗碗精而引發清潔劑中毒的案例屢見不鮮。合成界面活性劑被指出會對人體、環境等帶來不良的影響。

家中的漂白劑其實也可能變成非常可怕的毒。漂白劑上經常標示著「混合危險」，大家知道這是為什麼嗎？

「要是在氯類漂白劑中混入酸性清潔劑的話，就會產生危險的氯氣。氯氣是早期的毒氣武器，廁所這類狹小空間裡如果充滿這種毒氣的話，一旦吸入就會危及生命。另外，在入浴劑中混入鹽酸，就會產生硫化氫，這對生命也有很大的威脅。除此之外，家中還有不少需要注意的毒素，例如香菸的尼古丁就含有少量攝取就會致命的劇毒生物鹼。家中若有小孩，就應該對毒素成分有更敏銳的直覺。」

何謂過敏性休克？

被大虎頭蜂螫傷後，人的體內會產生一種抗體，一旦具有這種抗體的人再度被大虎頭蜂螫咬，就會形成這種抗體和蜂毒結合的產物。這個產物與肥大細胞及嗜鹼性球相結合，於體內釋放出大量的組織胺，引發噁心、嘔吐、蕁麻疹、血壓下降等症狀，此稱為過敏性休克，最嚴重時會致命。

3 毒菇誤食和應急處置

Navigator
吹春俊光

千葉縣立中央博物館研究員，農學博士。專業領域為大型菌類，除了千葉之外，也有在紐西蘭、加拿大、北京、奄美、北海道等地記載新品種的氨菌類、糞生菌類的經驗，可說是日本精通所有菇類的第一人。

存在於日本的毒菇種類差不多超過兩百種，據說其中較常引發食物中毒案例的約有十種，每年出現約五十至一百名食物中毒患者。不管再怎麼宣導，誤食毒菇的案例仍屢屢發生。近年來，全球暖化造成誤食毒菇的危險加劇。菇類研究專家吹春俊光老師對於這個現象解釋如下。

「譬如具有毒性的綠褶菇，過去被認為主要分布在熱帶、亞熱帶地區，但近年來，其分布地區隨著氣候暖化而北上，最近就連在千葉縣也開始變得很常見。綠褶菇經常出現在公園等人類常去的地方，而不是在山中，所以必須特別注意。從這些案例來看，可以說氣候暖化同時也加劇了毒菇帶來的危險。」

要是不慎誤食這類毒菇的話，我們該如何因應呢？吹春老師這麼解釋。

「沒有自己能做的應急處置。所有毒菇的處理方式都一樣，只能盡快送到醫院，視情況進行洗胃，用這種方式盡可能地防止分解吸收。如果已經吸收到體內的話，就只能讓醫生確認毒性成分，採取症狀治療。最好也把誤食的毒菇檢體帶到醫院確認。」

只要心中存有疑慮，就絕對不要冒然食用。此外，學習並培養辨別毒菇的能力，就能在一定程度上分辨出毒菇。吹春老師也告訴我們，菇類根據地域差異也有分布和形狀上的特徵，若想培養辨別的能力，參加地區的觀察會才是最快的途徑。各位必須認識到，毒菇種類是不可能光看圖鑑就能學會分辨的絕竅。

粗柄粉褶蕈的口感富有嚼勁，是極受歡迎的食用菇類。外觀與有毒的褐蓋粉褶蕈極為相似。據吹春老師所述，要學會分辨並非不可能。

最好銘記在心的三大毒菇

日本臍菇

（毒素成分／illudin S等）

關東以北較為寒冷的地區，九州、四國海拔較高的地方等，為生長在櫸木帶的菇類。據傳這種毒菇的味道極其美味，食後30分鐘到1小時內，會出現嘔吐、腹痛、腹瀉、痙攣、脫水等症狀。由於數量龐大，外形與香菇、冬蘑相似，因此中毒事故屢屢頻傳。

褐蓋粉褶蕈

（毒素成分／溶血性蛋白，蕈毒鹼等）

出現在闊葉樹、闊葉樹與針葉樹的混合林中。食用後會出現嘔吐、腹痛、腹瀉等症狀，死亡風險較低。值得注意的是，其外觀與本頁上方的粗柄粉褶蕈相似，必須特別留意。況且粗柄粉褶蕈的味道苦澀，而褐蓋粉褶蕈美味溫和，更需要加強警戒。

褐黑口蘑

（毒素成分／Ustalic酸）

常見於麻櫟等闊葉林、松樹等針葉林中。由於以類似外觀出現在松茸的生長時期，因此經常被人類誤食。症狀包括頭痛、嘔吐、腹瀉、腹痛等，還會生成氰化氫。尚未出現致死的案例。褐黑口蘑無臭，松茸有獨特的香氣，這是兩者最大的差異。

日本國內最容易誤食的五大毒菇

除了右頁列舉的三大毒菇之外，還有許多容易發生意外的菇類。
下面介紹吹春老師挑選的五種需要特別注意的菇類。

火焰茸
（毒素成分／單端孢霉烯族）

生長在水楢木、枹櫟林等地面上，近年來也開始生長在楢樹枯萎的地方。據說火焰茸本身具有吃掉其他菇類的性質。食用後約30分鐘，就會出現畏寒、腹痛、頭痛、腹瀉等腸胃系統及神經系統的症狀，有時甚至會因腎功能衰竭、肝功能衰竭而致死。

綠褶菇
（毒素成分／綠褶菇毒素、類固醇類等）

在草地等肥沃的土地、市區、公園等處群生。食用後會出現頭痛、嘔吐、腹瀉、血便等症狀，但死亡風險較低。與著名的食用菇類高大環柄菇極為相似，不過綠褶菇的特徵是孢子呈綠色。

鱗柄白鵝膏
（毒素成分／Amanitatoxin）

又稱「毀滅天使」，是目前地球上已知的最強毒菇之一。食用後6～24小時會出現嘔吐、腹瀉、腹痛等症狀，4～7天後出現肝臟肥大、胃腸出血、破壞內臟細胞的致命性劇毒。由於外觀潔白肉厚，乍看之下似乎可以食用，加上鵝膏菌屬的氨基酸含量偏高，味道十分鮮美，必須以最高等級的警戒來面對它。

香菇
（毒素成分／酪氨酸等）

菇類屬於菌類，而菌類基本上都會做好吃掉其他生物的準備。例如，香菇含有消化櫸木的酶，如果在具備活性的情況下直接進入胃裡，就會發生危險。生吃時有可能會罹患香菇皮膚炎。基本上菇類都要加熱，待酶失去活性後再行食用。

簇生垂幕菇
（毒素成分／Fasciculol類、蕈毒鹼類等）

食用後10分鐘～3小時內會出現嘔吐、腹痛、腹瀉等症狀，嚴重時也可能致命。特徵是強烈的苦味，整體呈鮮艷的黃色。不僅顏色和形狀，出現時期也和磚紅垂幕菇相似，因此很容易混淆。以前東京就曾出現過把簇生垂幕菇錯標成磚紅垂幕菇來販賣的案例。

4 毒品對身體和精神的成癮性

Navigator
船田正彥

自2004年任職於日本國立研究開發法人國立精神、神經醫療研究中心，精神保健研究所藥物依賴研究部室長。對於危險藥物對人體的影響、依存症、治療等方面有很深入的認識。藥學博士。

對身體造成極大影響的危險藥物也可以說是常見的「毒物」，這裡就讓我們來探討各式各樣的藥物分別具有什麼樣的危險性吧。首先我們想知道關於「身體上」和「精神上」對藥物依賴的問題，這裡有請對藥物成癮十分瞭解的船田正彥老師來說明。附帶一提，這裡所說的「依賴」是指反覆使用藥物，在停藥時引發戒斷症狀的狀態。

「藥物依賴分為身體上和精神上兩大類，其中最重要的是精神上的依賴。藥物的戒斷症狀，在身體上的表現包括腹瀉、幻覺、雙手顫抖等，這種無論如何都想要藥物的慾望正是依賴的本質。想用藥的渴望，極其強烈的慾望，也就是精神上的依賴，正是藥物依賴的本體。」

從這種身體上、精神上的依賴的觀點來觀察各種藥物，可以發現明顯的差異。以古柯鹼為例，船田老師說它屬於精神上的依賴，身體上的依賴並不嚴重。另一方面，海洛因不僅有精神上的依賴性，也容易造成身體上強烈的成癮性。

「雖然古柯鹼也會出現冒汗、畏寒這類戒斷症狀，但尚未達到身體依賴的程度。然而海洛因卻是全世界最容易成癮的藥物。因為藥物一旦用完，就會出現腹瀉、體重減輕等各種戒斷症狀。一般認為興奮劑基本上只有精神上的依賴，但海洛因在精神上和身體上的依賴都非常強烈。」

我們詢問船田老師用過幾次藥之後會陷入這樣的依賴，他的回答如下。

「如果是出於好奇心使用的話，可能就會在某個時候開始陷入怎麼樣也無法斷藥的困境，所以很難說幾次才會成癮。加上當出現這種藥物依賴的情況時，沒有特效藥可以進行治療，只能通過認知行為療法等心理治療的方式來加以改善。儘管需要到專門的機構接受治療，但更重要的是讓不使用藥物的生活持續下去。唯有不碰毒品才是保護自己的最好辦法。」

有段時間在日本國內爆炸性傳播的合成大麻素。由於不肖業者不斷鑽法律的漏洞，讓人不清楚究竟含有哪些成分，因而造成莫大的危害。

照片提供／國立精神．神經醫療研究中心

很少人知道的藥物毒性圖解

這裡歸納出代表性的藥物效果及危險程度。
一旦陷入藥物成癮，任何藥物都不存在能夠改善的特效藥。
換言之，別對「就試這麼一次」抱有妄想。

興奮劑

分為安非他命、甲基安非他命兩種類型，日本在戰爭期間曾將後者命名為冰毒，當成醫藥品使用。最大的特徵除了強烈的興奮感、幸福感之外，還會降低食慾。因為是興奮類藥物，身體會產生一股發冷的感覺。從多巴胺的釋放量來看，古柯鹼約平時的3倍，興奮劑約10倍。長期依賴的話會造成幻覺和妄想的風險。即使停藥過了數十年，多半仍會存在想要用藥的慾望。

LSD

代表性的迷幻劑，約1μg（百萬分之一公克）的微劑量就能發揮效果。用舔舐等方式攝取的話，會對感情、感覺、記憶等部分產生作用，約30分鐘到1小時就會產生幻覺。一般認為LSD不會出現興奮劑或古柯鹼那樣的陶醉感，症狀包括空間扭曲、看見從未見過的顏色等等。時間最長可持續8小時左右。與古柯鹼、興奮劑、海洛因相比LSD的成癮性較低。

海洛因

是這裡列舉的藥物中成癮性最高的藥物。一旦斷藥，就會出現腹瀉、體重減輕等非常強烈的身體依賴。對嗎啡進行化學修飾後製成的海洛因，被大腦吸收的程度約為嗎啡的100倍。可以感覺到非常強烈的幸福感和陶醉感，如同置身世外桃源一般，這種狀態會持續2～3個小時。大量攝取會因為呼吸停止而致命。

安眠藥

由於是醫藥品，一定要按照醫生囑咐使用，如果大量服用會導致健忘，最嚴重時會致命。有很多人因為沒有吃藥就睡不著的念頭而濫用安眠藥。主要分為戊巴比妥類、苯二氮平類、非苯二氮平類這三種，其中戊巴比妥類有時會因呼吸麻痺而死亡。

古柯鹼

具有中樞興奮作用，表現出興奮性的藥物。攝取後除了會感到情緒高漲及幸福之外，還有體溫和血壓上升等作用特徵。身體上的依賴性偏低，精神上的依賴性則相當強烈。一旦大量攝取，不但會影響心臟功能，甚至有致死的風險。攝取30～40分鐘後，藥效就會消失。

MDMA

完全合成的藥物，作用介於興奮劑和迷幻劑之間。作用於腦內的血清素（神經），產生興奮和幻覺。血清素是調節心臟和血壓的重要神經，過去曾發生過多起因體溫異常上升而導致死亡的案例。沒有肉體上的依賴，只會造成精神上的依賴。透過錠劑等攝取後，效果會持續約2～3小時。

合成大麻素

在天然的植物片裡摻入藥物而成。其危險因素在於市面上的種類林林總總，無法正確得知含有哪些成分。與大麻同樣效果的合成大麻素，以及與興奮劑同樣效果的卡西酮類化合物，均為含有成分的代表。

甲苯

有機溶劑，身體和精神的依賴風險都很高。吸入後會溶入身體的脂肪，降低焦躁和緊張感，感受到興奮、幻覺、酩酊大醉等狀態，同時會帶給末梢神經、視神經、部分大腦嚴重的損傷。吸入後效果會持續1～2個小時，身體難以擺脫其帶來的傷害。

5 大麻的功與過

Navigator

福田一典

於國立癌症中心研究所從事癌症預防機制，藉由中醫預防癌症等研究工作，後於岐阜大學醫學系擔任副教授，現任銀座東京診所的院長。對於海外醫療使用大麻的實際情況相當瞭解，也有不少大麻的相關著作、出席媒體的機會。

大麻從公元前開始就以各種形式受到人類使用。大麻的原料麻除了在日本用來製作注連繩及祓禊等物品之外，在全球也是活用於服裝、建材、燃料等方面的植物。與此同時，其花葉中含有的THC（四氫大麻酚）具有藥理效應，會對人類精神造成各式各樣的影響，因此在許多國家都被限制使用，也被視為某種「毒品」。日本自一九四八年頒布《大麻取締法》，限制大麻葉和花穗，若沒有獲得大麻的使用許可，那麼在生產、流通、研究使用、栽培、持有等方面都會受到嚴格的限制。由於這些法規以及帶給人體的影響等因素，導致日本國內有許多人都將大麻視為「毒品」。然而大麻果真是應該被視為洪水猛獸的有毒植物嗎？

長年致力於癌症治療研究，同時精通東方醫學的福田一典醫生，首先針對「大麻是毒品嗎？」這個問題如此回答。

「舉例來說，咖啡因具有提神的效果，假設咖啡因的含量為一，那麼濃度大約增加兩百倍就會達到致死量。若以酒精為例，如果攝取酒精達到酒醉程度的量為一，那麼致死量大約就是十倍。另一方面，全世界都知道大麻沒有致死量這項事實。也就是說，無論攝取多少大麻，人類都不會死亡，換言之，不必擔心大麻會對生命造成威脅。若從這樣的角度思考，大麻就不算毒品了。」

日本由於有法規的限制，導致基礎研究的進展相當遲緩。另一方面，大麻各方面的藥效也受到國外重視，以醫療用途為首，國家和地方政府也開始針對娛樂用途而紛紛解禁。針對這

美國的科羅拉多州將大麻按照品牌陳列在架上向大眾販售。

瞭解大麻的特質

種類	大致可分為「印度大麻」（Indica）和「尋常大麻」（Sativa）兩種。印度大麻來自阿富汗周邊一帶，尋常大麻原產於哥倫比亞、泰國、東南亞等赤道帶國家。兩種大麻對精神方面的作用也有若干差異，印度大麻具有放鬆效果，尋常大麻則會帶來振奮效果。
葉和莖的特徵	印度大麻的特徵在於莖的高度較矮，較為密集茂盛，而尋常大麻的特徵是植株最高可達6公尺以上。尋常大麻的葉子比印度大麻細長，兩相比較就能一眼分辨出來。一般認為尋常大麻比較適合栽種於室外。
生育	20℃以上的氣溫較適合生長，不過就算低於20℃也能進行光合作用，也有些品種適合種植在30℃以上的環境。喜歡有陽光的地方，即使種植在室外也能生長茁壯，但收穫時最好選擇不下雨的季節。總的來說是一種堅韌的植物。
用途	大麻以娛樂用吸食而聞名，但事實上它還具備廣泛用途，例如製作用來取代石油或天然氣的乙醇燃料、堅固建材、繩索和紡織品、化妝品和肥皂、肥料和食品、醫療品，或者拿來改良土壤等等。日本的注連繩和七味唐辛子中也可見大麻的影子。

大麻是一種堅韌的植物，具有容易栽培的特徵。因此，如果知道大麻是應該獲得重用的藥物，就有可以大量供給的優點。

先進國家如何看待大麻的比較表格。我們可以從中看出日本對於大麻是採取極其封閉的態度。

	工業用	醫療用（藥草）	醫療用（Sativex）	娛樂用
美國	2019年～	1996年～36州	臨床試驗結束	2014年～15州合法化
加拿大	1998年～	2003年～流通	2005年～銷售	2018年～合法化
英國	1994年～	1998年～研究	2010年～銷售	違法（非犯罪化）
法國	沒有禁止	2021年～研究	2013年～銷售	×（違法）
德國	1996年～	2007年～流通	2011年～銷售	2010年～非犯罪化
義大利	2002年～	2014年～栽培	2011年～銷售	違法（非犯罪化）
荷蘭	1996年～	2003年～流通	2012年～銷售	1976年～合法化
瑞士	超過THC 1％違法	允許例外	2013年～銷售	2013年～非犯罪化
日本	×（幾乎不允許）	×（研究也禁止）	×（禁止進口）	×（違法）

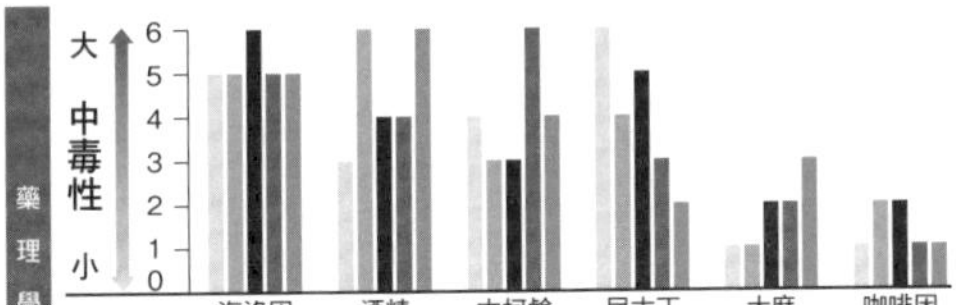

	海洛因	酒精	古柯鹼	尼古丁	大麻	咖啡因
成癮症	5	3	4	6	1	1(2)
戒斷症狀	5	6	3	4	1	2
耐性	6	4	3	5	2(1)	2
習慣性	5	4	6	3	2	1
迷茫程度	5	6	4	2	3	1
法律	×	○	×	○	×	○

試著比較一下各種藥物和大麻的性質。雖然各有差異，但與尼古丁和酒精相比，還是可以看出大麻的特徵。
資料：摘自美國國立藥物濫用問題研究所Henningfield博士的調查

個現狀，福田醫生提出以下見解。

「從醫學的角度來看，大麻是安全的，這件事在全球可以說是不爭的事實。在日本否定這項事實的人，只是對各種研究機構所做出的成果視而不見罷了。事實上，國外的醫療人員普遍認為大麻非但無害，甚至能拿來當成藥物救人。反觀日本，不僅不准當成藥物使用，甚至連研究都不願意，這樣的狀況豈不是很奇怪嗎？」

全球每天都有針對大麻的功效做出研究成果的更新。舉例來說，美國等地就有報告指出，只要同時使用抗癌藥和大麻製劑，就能使腫瘤變小，同時減輕藥物帶來的副作用。另外，歐美各地也有報告顯示，大麻對於治療癲癇和憂鬱症等方面有不錯的療效。福田醫生還強調大麻可以緩解疼痛和癌症末期患者的症狀。

「大麻中含有的THC可以改善食慾減退和失眠，可見大麻在緩解疼痛和大病初癒時必定有其利用價值。儘管中毒的可能性遠低於嗎啡等毒品，但至今在日本仍被禁止使用。」

大麻具備帶給人類幸福感的力量，但同時也和興奮劑、古柯鹼等毒品同樣被視為對人體有害的可疑藥物，這正是這樣的認知在日本蔓延的一大理由吧。福田醫生對於大麻的作用也抱持肯定的態度。

「獲得幸福感真的是一件壞事嗎？雖然酗酒鬧事的案例層出不窮，卻無法證實大麻具有引發暴力的效果。大麻帶來的影響稱之為精神活性作用比較恰當吧。況且，大量研究證實，幸福感能夠提升人類的自癒能力；換言之，不僅在醫療方面，作為娛樂使用的大麻也有重新檢視法規的餘地，我認為起碼應該對此進行討論。」

雖然日本未必非得和其他國家走同樣的道路，但放眼美國，不光是醫療用的大麻，也有州郡針對娛樂用的大麻予以解禁。美國五十個州當中，有三十六個州允許醫療用的大麻，加利福尼亞州、科羅拉多州、奧勒岡州等多個州也允許使用娛樂用的大麻（截至二〇二〇年十二月）。從醫療用途的可能性和經濟發展這兩個面向來看待大麻，美國專門研究大麻的大學越來越多。就連加拿大、烏拉圭等國也已經實現大麻全面解禁。

舒緩痛苦、促進食慾和止吐，名為「大麻」的藥物

麻葉風乾的大麻（Marijuana），含有60多種被稱為大麻素的化學物質。

以美國為首，各國都逐漸解禁醫療用和娛樂用的大麻；但另一方面，至今仍有反對使用大麻的國家和州郡，即使在允許使用大麻的地區，也有不少附加某些限制的情況。譬如，二十一歲以上才能購買、商店必須設置在離學校一定距離的地方、攜帶數量超過上限，就必須接受相應的罰責等等。全球各地都在進行大麻的研究和臨床試驗，並持續累積經驗及充分交換意見，希望藉此摸索出適合該地區的大麻利用方式，如今可以說已經進入這樣的時代。然而在日本，別說研究和討論了，就連思考都陷入停滯的狀態。福田醫生提出以下觀點。

「別說使用大麻的討論，日本就連研究都完全不被允許。在歐美及亞洲的已開發國家中，與日本持相同態度的國家可以說少之又少。以抑制痛苦的嗎啡為例，它具有使人昏昏欲睡、減輕疼痛的效果；儘管能減輕痛苦，副作用卻會導致人類的壽命縮短。另一方面，如果將大麻用在安寧緩和醫療等方面的話，就有很大的機率可以緩解痛苦、止吐及提高食慾，而其他的單一藥物不可能產生如此卓越的效果。今後我們要如何使用大麻，如果還不開始對此進行討論和研究的話，我認為是很愚蠢的一件事。」

人類的體內具有內源性大麻素系統的功能，它負責控制著我們的食慾、運動、情緒等方面。據說大麻就是在此系統發揮作用。福田醫生告訴我們，國外從多方面針對於各種症狀的有效機制進行研究，有一定的根據。

「藥物本來就會對人體發揮效用，除非使用不當，才會出現意想不到的副作用。舉例來說，服用抑制痙攣的藥物，有時也會出現身體動作遲緩這類症狀。即使是醫療用大麻，如果使用方法錯誤也有可能產生副作用。但現在已有大量的正面研究成果，日本卻連相關研究都沒做過，不是很奇怪嗎？從現狀來看，因法律限制而認定大麻是毒品，實在是過於輕率。」

自1979年以來，大麻就一直在荷蘭首都阿姆斯特丹名為「coffeeshop」的地方合法販售。

癌症末期患者的吶喊

2015年，被告山本正光以持有大麻的罪嫌遭到逮捕起訴。患有肝癌的山本先生曾向厚生勞動省等部門訴請使用大麻，在未能如願獲准下，他只好在自己家中栽培。使用大麻之後，儘管腫瘤標記的數值果真減少了1/20，卻依舊無法戰勝法律的障礙。最終，山本先生在訴請「行使生存權」的過程中離世。不知現在身處天國的山本先生，對於日本的現狀有什麼樣的感受呢？

6 酒精算不算毒品？

從精神上、肉體上的依賴性，以及對身體造成的強烈傷害等觀點來看，有越來越多的國家和地區都把香菸視為忌諱的毒品。此外，世界各國的研究也證實，過量飲酒同樣會對人體產生不良影響，精神上、肉體上的依賴性也比大麻等毒品還要高。福田醫生對於香菸和酒精有以下見解。

「全球各地有數不清的人因為酒駕而毀了一生吧，酒後施暴的案例也不勝枚舉，甚至有人酒精中毒。從這些角度來思考，酒精應該算是一種毒品吧。另外，有很多國家和醫生都一致認為應該讓香菸從社會上消失，其毒性和中毒性顯而易見；我認為讓香菸實際從世界上消失才是正確的。」

在104頁中登場的毒品專家船田正彥先生也提出如下見解。

「短時間內大量攝取酒精，會對循環系統造成影響，甚至導致死亡。長期飲酒也會對內臟產生影響，因此不能斷言酒精對人體帶來的負面影響很小。另外，我們必須時常意識到酒精作為物質會成癮的事實。例如，國外有些地區至今仍有嚴重的稀釋液濫用情況。酒等同於乙醇，和稀釋液等有機溶劑在某種意義上可算是同類，作用也有許多相似之處，比如會產生酩酊大醉的感覺。雖然還不至於把酒說成毒品，但也可以說這是一種需要妥善處理的物質。」

毒品與藥物的專家船山信次老師是怎麼看的呢？針對酒精和尼古丁是否為毒品一事，我們徵詢他的意見。

「尼古丁的毒性極高，少量就有可能致命。吸菸是否會給別人帶來困擾，這一點也必須納入考量。酒精確實有讓人失去身體控制能力的一面，血液濃度含有超過一定程度的酒精，肯定會導致死亡，這也是事實；然而，在悠久的歷史中，酒在社會中發揮潤滑劑的作用也是不爭的事實，所以我認為不能把文化根深蒂固的酒視為應該排除的毒品。」

使用者的依賴性	尼古丁＞海洛因＞古柯鹼＞酒精＞咖啡因
停止使用困難度	（尼古丁＝酒精＝古柯鹼－海洛因）
耐性	（尼古丁＝酒精＝海洛因）＞古柯鹼＞咖啡因
戒斷症狀	酒精＞海洛因＞尼古丁＞古柯鹼＞咖啡因
急性毒性	酒精＞（古柯鹼＝海洛因）＞尼古丁
過量死亡	尼古丁＞酒精＞（古柯鹼＝海洛因）＞咖啡因

針對尼古丁和其他成癮藥物進行比較，從表格中可以看出尼古丁是一種極其危險的毒品。資料：摘自「英國皇家內科學會報告書2000」

無論是否為毒品，菸酒都是人類永遠的娛樂品嗎？

7 中毒事件最常登場的家中化學製品

即使生活在都市，我們的生活周遭也存在著大量毒物風險。
若不慎誤食這些毒藥的話，應該怎麼辦才好？
這裡以「日本中毒情報中心」的資料為基礎，彙整出發生中毒事故時的應對措施。

摘自日本中毒情報中心官網「最常諮詢中毒事故的家中化學製品」的部分內容

生石灰

生石灰具有很強的吸溼效果，因此常被拿來作為仙貝、紫菜等容易受潮的食品的乾燥劑。利用它接觸水分會發熱的性質，也被用於日本酒和便當的簡易加熱上。

毒性 一旦接觸水分就會發熱，因此當接觸到口腔、喉嚨、食道等部位的時候，有可能會造成灼傷。越新的生石灰越危險。

症狀 若不慎誤食，可能會導致口腔或喉嚨潰爛，無法吞嚥食物，甚至還會引起胃部灼熱、潰瘍、出血等症狀。接觸到眼睛會引發疼痛和潰爛，甚至有可能失明。

意外對策 即使少量誤食，也要充分漱口清潔。讓患者飲用牛奶或蛋白水（一顆蛋白溶於一杯左右的水），去醫院就診，絕不能採用催吐的方式。如果只是稍微舔到一些，那就進行應急處理後再觀察患者的情況。一旦口腔出現潰爛或疼痛的情況時，就要馬上就醫。萬一接觸到眼睛，就立即用水沖洗眼睛15分鐘，然後就醫。如果沾到皮膚上，就要立即將粉末拍掉，用水沖洗乾淨，出現疼痛或發紅的症狀時便即刻就醫。

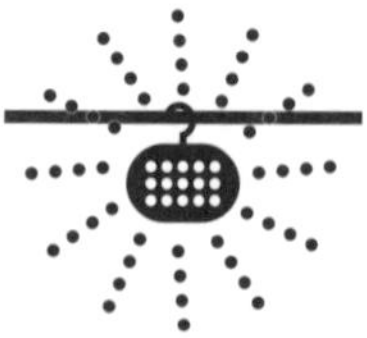

防蟲劑

衣物的防蟲劑中，棋子大小的產品成分為對二氯苯、萘、樟腦其中之一。

1 對二氯苯

毒性 只有小碎屑的話問題不大。

症狀 食用1～2小時後出現噁心、嘔吐、腹痛或腹瀉。大量誤食有可能造成肝臟受損。

意外對策 若兒童誤食約1/4顆棋子大小的產品，可以先在家中觀察情況，這時千萬別喝牛奶。如果大量誤食，就要馬上就醫。

2 萘

毒性 毒性高，即使只有碎屑也很危險。

症狀 噁心、嘔吐、腹痛、腹瀉、發燒、盜汗及面部潮紅。大量誤食會對血液和腎臟造成損傷。有時症狀會晚1～2天才出現。

意外對策 只是舔到的話不妨先觀察情況，千萬別喝牛奶。即使只有吃到碎屑，也要馬上就醫。

3 樟腦

毒性 毒性最高最危險。

症狀 食用5～90分鐘後出現噁心、嘔吐、興奮或頭暈。大量誤食會出現突發性痙攣，對腎臟或肝臟造成損傷。

意外對策 只是舔到的話不妨先觀察情況，千萬別喝牛奶。即使只有誤食碎屑，也要立刻就醫。千萬不能催吐，因為有可能誘發痙攣。

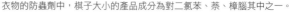

氯系漂白劑

漂白劑分為氯系和氧系兩種類型。一般家庭的衣物和廚房用品，使用較多的是含有次氯酸鈉（強鹼性液體）的氯系漂白劑。

毒性 對組織有強烈的腐蝕作用，因此會導致皮膚或黏膜潰爛。即使喝下極少量未稀釋的溶液也很危險。就算經過稀釋也必須多加注意。

症狀 誤食可能導致口腔、喉嚨到胃部附近潰爛疼痛，最終甚至無法吞嚥食物。有時也會引發噁心或嘔吐。若眼睛不慎接觸未稀釋或濃縮的漂白劑，嚴重時甚至會造成失明。

意外對策 即使誤食少量未稀釋或濃縮的漂白劑，也絕不能催吐。徹底漱口清潔，喝牛奶或蛋白，立即就醫。若不小心誤食稀釋數百倍的漂白劑，就進行應急處理，之後觀察情況。如果口腔內出現潰爛、疼痛、噁心等異常情況，就立即去醫院就診。不慎接觸到皮膚時，便用大量的水沖洗，如果感到疼痛就馬上就醫。萬一接觸到眼睛，就以小水沖洗10分鐘以上，立即找眼科醫生求助。

化妝水

化妝水（Lotion）具有皮膚的殺菌及收斂作用、帶來清涼感等優點，含有酒精成分乙醇。

毒性 具有引發酒精中毒的可能性。

症狀 一旦大量誤食，就會像喝醉酒的時候一樣出現臉紅、頭暈、嘔吐等症狀。跑進眼睛會出現疼痛和刺激感。

意外對策 如果是舔或喝一口的程度，就攝取水分觀察情況。若出現嘔吐、臉紅、身體難受的情況，就立刻就醫。大量誤食也要就醫。不慎跑進眼睛時，用水充分沖洗，若沖洗後眼睛仍有疼痛和充血的情況，就要即刻就醫。

鈕扣電池

6個月到2歲的幼兒經常發生誤食鈕扣電池的事故，年齡稍大一些的兒童也會發生把鈕扣電池放進鼻子或耳朵裡的事故。

毒性 吞嚥後卡在食道或鼻子裡，一旦電池停留在體內產生電流的話，就會破壞周圍的身體組織（黏膜）。倘若電池卡在食道內，或者停留在鼻子和耳朵裡而沒有及時發現的話，就有症狀加重的危險。即使是廢棄電池也會有電流通過的危險，尤其是直徑約2公分的硬幣型鋰電池，其電力是鈕扣型電池的兩倍，吞食後更容易卡在體內造成傷害。

症狀 吞嚥時偶爾會出現嘔吐、胸痛、咳嗽、腹痛、腹瀉等症狀。症狀嚴重時，食道或胃黏膜甚至會出現腐蝕（類似灼傷的狀態）或穿孔（破洞的狀態）。

意外對策 誤食或進入鼻子或耳朵時，應立即就診。就診時告知醫生電池的種類，或者把相同種類的電池帶去給醫生參考。就算無法確定是否吞進體內，也要立即就診。

香菸

兒童誤食香菸是最常見的事故。喝掉成人用來代替煙灰缸的果汁或啤酒空罐中殘留的液體，像這樣的事故屢見不鮮。

毒性 對嬰幼兒來說，一根香菸中含有的尼古丁量就足以致命。成人的致死量相當於兩根香菸。乾燥的香菸所含有的尼古丁量不太容易受到吸收，但浸泡在水裡的香菸及其液體中所溶解的尼古丁很容易被吸收，即使只有少量也相當危險。

症狀 臉色蒼白、嘔吐、疲倦。有時也會出現腹痛、腹瀉、流口水、脈搏加速等症狀。嚴重時會失去意識，或者因為痙攣而無法呼吸。

意外對策 如果誤食浸泡在水裡的香菸或其中的液體，又或者吃下大量乾燥的香菸，就應馬上就醫。如果確認誤食少量（嬰幼兒約2公分以下）或吐出大部分的乾燥香菸的話，最好數小時內仔細觀察是否出現臉色異常或噁心等症狀。要是超過四小時都沒有異常，就能暫時鬆一口氣。

迷你專欄

6

如何杜絕校園霸凌問題？

不僅日本，「霸凌」在國外也是重大的社會問題。

生活在現代社會，霸凌這個問題對任何人來說都有可能成為巨大的阻礙和痛苦根源。根據文部科學省的統計，2019年度日本全國的國公私立小學、國中、高中的霸凌事件就有612,496件。自2013年實施「霸凌防止對策推進法」以來，案件數已經連續六年持續增加，現在平均每1,000名兒童和學生當中至少就會出現46.5件霸凌案件（2019年度統計調查），實際上這是一個相當高的數字。

當今社會究竟該如何杜絕這類霸凌問題？我們詢問本書第1章到第3章的導覽員，也就是田村裝備開發的五島先生，針對這個問題有什麼見解。

「我認為第一個重點在於，在受害者被捉弄或欺負的初期階段就要介入阻止，這個行動非常重要。無論是加害者本身、加害者的父母、老師，還是受害者的父母或其他朋友等等，視情況尋找合適的人商量，初期介入有時候能得到很好的效果。」

但若是這麼做仍無法阻止，甚至導致霸凌行為進一步升級的話，那麼就記住第二個重點。五島先生告訴我們，「記錄」可以成為一大武器。

「把霸凌的內容鉅細靡遺、持續地記錄下來。為了防止日後遭人篡改，親筆寫下日記之類的東西，這樣一來就會成為有效的紀錄。在親筆寫的日記中詳細記錄霸凌的內容，就有機會作為判決時的一項證據。儘管也可以用手機偷偷地錄下聲音或影片，但在霸凌的過程中進行錄音或錄影不免有些強人所難。」

為了避免自己遭到孤立，結交值得信賴的夥伴也是有效的策略。若能在加害者群體以外的地方構築值得信賴的人際關係，或許就會成為解決霸凌問題的強力支援。依賴他人既不是失敗，也不是逃避。五島先生最後強調，希望霸凌受害者千萬不能像等待暴風雨過去一樣「一味地容忍壓抑」。要是現在正處於霸凌的環境，絕不能輕易向命運低頭。希望有更多的人能夠透過紀錄和結交夥伴等武器，將霸凌這個陰暗的敵人從生活中驅逐出去。

日記可說是一項自我鑽研的工具。若將霸凌的情況鉅細靡遺地記錄下來的話，有時也會成為強力的武器。

[KNOWLEDGE]

記錄霸凌的筆記成為判決的關鍵

2014年福井地方法院曾針對勞工因上司的言論而自殺的案件，判處上司及公司必須負擔損害賠償責任。當時，受害者寫在筆記本上的上司言論就成為決定性的證據。由此可見，「記錄」也能成為向第三者展示霸凌狀況和過程的一項證據。

第8章

地震和落雷的因應對策

頻繁發生的地震和落雷事件，我們該如何確保全身而退？
接著就來驗證這個壯觀自然現象的機制及生存之術。

插畫：岡本倫幸

1 地震是什麼？

Navigator

井出哲

東京大學研究所理學系研究科理學部教授。長年解析地震觀測紀錄，研究破壞過程和破壞條件，以及世界各地的地震多樣性，對於近年來備受關注的「慢地震」也瞭若指掌。著作有《圖解地震科學》（暫譯）。

地震和打雷可說是不知何時突襲都市生活者的巨大威脅。為了從這些威脅中保護自己，首先必須瞭解地震和打雷的原理，想像如何具體地進行避難和回避。首先從地震開始介紹，這是一種感覺似乎瞭解，卻又難以解釋的現象，所以這裡先向大家確認一下什麼是地震。

一般人對地震的認識大致如下。地球表面有板塊狀的岩盤，這些岩盤在地球內部對流的地函上不斷移動，因此會出現一個板塊下沉到另一個板塊之下，或者相互碰撞的現象，使得板塊之間開始累積應力，這股應力就是地震的能量，這種說法是比較簡單的理論。然而，這樣的解釋真的足以說明地震的成因嗎？在東京大學研究所專門研究地震學和地震發生物理學的井出哲教授首先說道：

「這種說法大致來說並沒有錯，但地震的成因沒有那麼簡單。事實上是很多現象在地下交互重疊，根據這些現象的組合，引發不同的地震規模和搖晃方式，所以不能用簡單的加法和減法來解釋地震。這些現象包含地下岩盤的錯位、由此產生的熱量、地下水的沸騰和蒸發、水的膨脹對岩盤的破壞等等，事實上是交雜著許多錯綜複雜的要素，才導致地震發生。因為一些條件上的不同，造成結果出現巨大

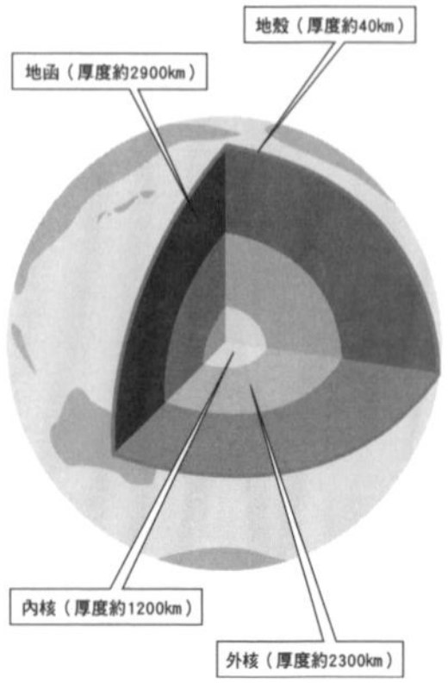
地殼（厚度約40km）
地函（厚度約2900km）
內核（厚度約1200km）
外核（厚度約2300km）

地球內部的結構就有如圖示的這種能量塊，延伸到地殼和地函最上面的「岩石圈」（Lithosphere）稱為板塊，板塊與地震息息相關。

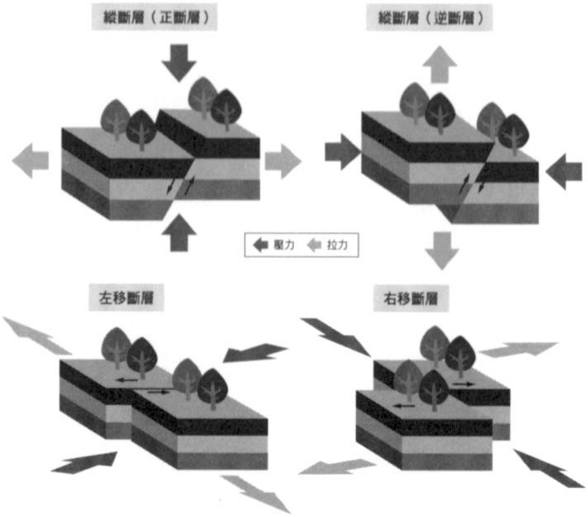
縱斷層（正斷層）
縱斷層（逆斷層）
壓力
拉力
左移斷層
右移斷層

兩邊的板塊遠離時，比較常出現正斷層；兩邊的板塊靠近時，比較常出現逆斷層。如果板塊交錯的話，就會形成平移斷層。

的差異，像這樣的情況並不罕見，實際上我們不可能分析每個要素，將其作為模式來理解。」

理解地震的重要現象「破壞滑移」是什麼？

地震在專家的眼中是相當複雜的現象，而「破壞滑移」就是理解這個現象的一個重要關鍵詞。簡單地說，震源並非一點，而是具備空間擴散的形象。在擴散的過程中，岩盤破裂，伴隨著摩擦進行「滑移運動」。於是，周圍通過岩盤而引發地震波，慢慢地傳遞到遠方。這個伴隨岩盤破壞的摩擦滑移就稱為「破壞滑移」。

「地下的岩盤在數百度的高溫下承受著極大壓力，在這種狀態下，能量受到長時間的累積，巨大的力量作用在岩盤上，使得一部分的斷層面遭到破壞。此時，一開始被破壞的地方幾乎可以視為一點，稱為破壞開始點；附帶一提，新聞報導的震源位置就是指這個破壞開始點。在這個地點，岩盤之間以斷層面為界進行滑移，而後產生地震波。視情況不同，有時還會產生連鎖性的破壞滑移，形成更強烈的地震波。」

在我們提出的簡單介紹要求之下，井出教授非常親切地努力說明。即便如此，從教授的評論中也能看出，地震現象著實複雜，不精通地質學和物理學的話應該很難理解吧。那麼，關於複雜機制的話題就言盡於此，從下一節開始，我們將探討預測地震的方法和預知的可能性這類有趣的話題。

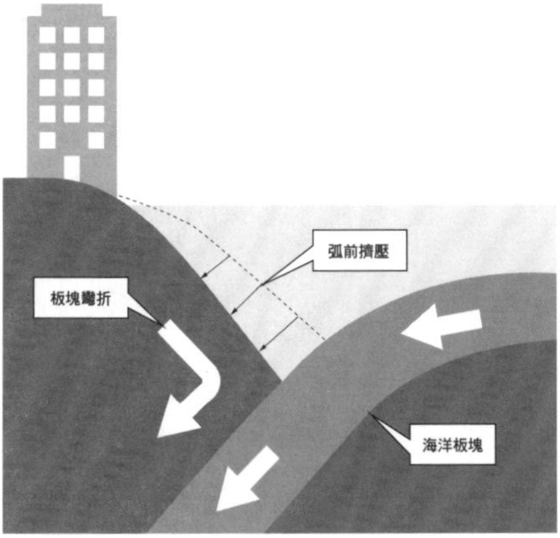

海洋板塊一旦因海溝而下沉，大陸板塊的邊緣就會被捲入其中。這種彈跳所引發的地震就稱為海溝型地震。

[KNOWLEDGE]

地震規模其實不夠準確？

「震度」是用來表示哪個地方搖晃的程度，「地震規模」則是用來呈現能量源的震源大小。地震規模增加1，能量增加約30倍；增加2，能量增加約1,000倍。然而，全球常見的地震規模定義就多達5種以上，所以不能說某個地方公布的數值就是全球一體適用且正確的數值。人類要以準確的數值來表示複雜的地下活動可以說難如登天。

數十萬年前以後反覆活動，未來也會持續活動，這樣的斷層就是活斷層。光在日本就發現了超過2,000萬個活斷層。

2 有辦法預測地震嗎？

多種物理現象在地下錯綜複雜地交織在一起，從引發破壞滑移的一點產生地震波。雖然要追蹤這一系列的過程非常困難，但如果追蹤這個現象到某種程度，是否就能夠進行預測呢？上一節為我們介紹地震機制的井出先生對於這個假設給予下列評論。

「儘管並非完全錯誤，但單憑物理學實在難以預測地震，因為這個假設欠缺統計學方面的觀點。換句話說，從某個特定的預測開始，只能像擲骰子一樣，從機率的角度來解讀。透過物理程序，根據在什麼地方發生哪些類型的地震，發生過幾次，如何發生這類統計數據來估計機率，這對於預測地震相當重要。」

與板塊、斷層、岩漿、地下水等情報沒有直接關係，而是試著從統計的角度來掌握地震。以有別於物理或地球科學的方法來觀察地震，或許讓人感覺有股新鮮感，但實際上日本在很久以前，就是以統計學作為地震研究的核心方法。例如在一八九一年發生的濃尾地震，明治時期的地震大師大森房吉先生就曾經針對主震之後的餘震進行仔細的測量。雖然測量只在發生地震後的那一年進行，但人們卻從統計結果中發現一件與後來的時代相關的有趣內容。

「如果把每天出現多少次餘震的次數繪製成圖表（雙對數座標圖〔Log-log plot〕），可處理極大範圍的數據），可以畫出漂亮的右斜下分布。從這張圖可以看出，發生主震的天數越長，餘震的次數就越少。無論是經過一年、一百年，餘震仍會持續減少。有些人或許會認為這不是理所當然的嗎？但這是統計所呈現出來的重要地震性質。」

我們經常會在新聞報導中聽到「請注意這幾天發生的餘震」這類警語，這項依據正是來自濃尾地震的統計。我們也可以認為，統計不斷指出這些隱藏事實的未來確實存在。井出先生告訴我們，地震意外地也能根據統計學進行預測，甚至可以得到地球哪些地方每年會發生幾次大地震的答案。

地震發生有其「慣例」？

「任何現象都有慣例，而地震也不

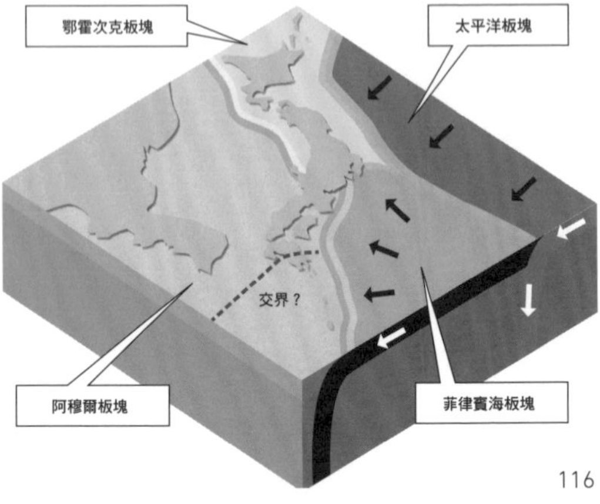

現代的觀點普遍認為東日本位於鄂霍次克板塊、西日本位於阿穆爾板塊之上。地震是由於這些板塊的相對運動而產生的。

	名稱	發生日期	死亡和失蹤人數	地震規模
1	關東大地震	1923年9月1日	105385	7.9
2	東日本大地震	2011年3月11日	22199	9
3	明治三陸地震	1896年6月15日	21959	8.2
4	濃尾地震	1891年10月28日	7273	8
5	兵庫縣南部地震	1995年1月17日	6437	7.3
6	福井地震	1948年6月28日	3769	7.1
7	昭和三陸地震	1933年3月3日	3064	8.1
8	北丹後地震	1927年3月7日	2912	7.3
9	三河地震	1945年1月13日	1961	6.8
10	昭和南海地震	1946年12月21日	1443	8

這是日本發生的地震中，按照死亡和失蹤人數由多至少排列的表格。我們可以由此重新認識東日本大地震是多麼具有衝擊性的地震。

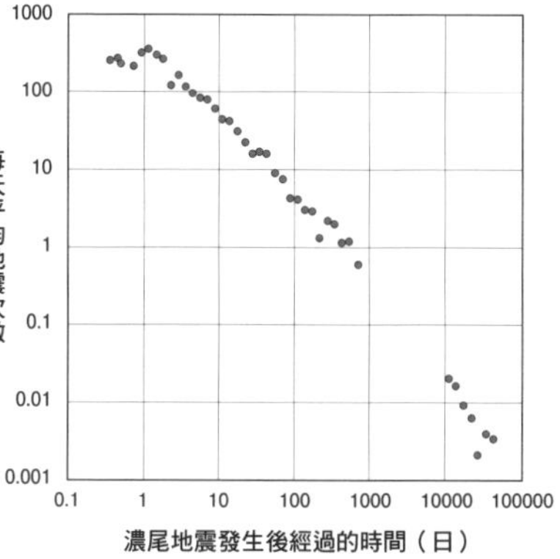

這是表示濃尾地震餘震次數的對數圖。漂亮的右斜下分布反映出餘震次數逐漸遞減。（千日以內的數據取自大森的目錄［Omori，1894］，萬日以後取自氣象廳的目錄）

例外。眾所皆知，地震通常都會發生很多次，但次數究竟有多少呢？明明大家都很清楚，其實地震的次數也有例可循，但這項資訊卻很少被分享出來。在地震規模（以下簡稱M）中，M9歸類為超巨大地震，M8為巨大地震，M7為大地震。每年都會發生數次大大小小的地震，這些我們都能根據一百年以來的統計推測出來。例如，全球每年平均會發生一次M8（巨大地震）規模的地震，這項預測極為準確。還有統計顯示，M每減少一，發生的機率就會增加十倍。平均每年有十次M7（與二〇一六年熊本地震同等級的地震）會發生在地球的某個地方。M6平均每年會發生一百次。這些真實數據令人意外地並沒有被分享出來。」

每年會發生一千次M5地震，每十年發生一次M9地震。更重要的是，全球有一～二成地震會發生在日本，因此可以預測日本每年都會發生一次左右的M7地震。M7地震是相當大的地震，但由於「日本」還包括日本海等地，因此大部分首都圈的居民都不會注意到。實際上，這樣的大地震正如數字一般在日本的附近發生。

「照此規律看，日本每個月有M6地震，這是不可動搖的事實。」

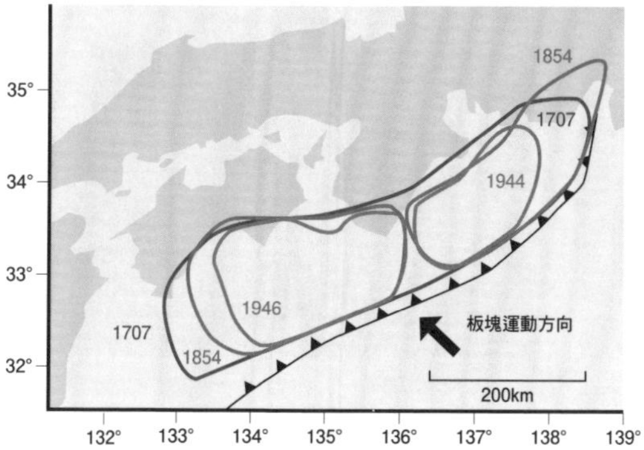

南海海溝的巨大地震重複發生，這個區域短則100年內、長則超過200年會發生大規模地震。

3 在地震中求生

Navigator

國崎信江

危機管理教育研究所代表。自1997年開始投入保護兒童的研究工作，2006年就任內閣府「中央防災會議首都直下地震避難對策等專門調查會」專門委員，2007年擔任文部科學省「地震調查研究推進本部政策委員會」委員。持續針對防災從事廣泛研究。

接下來讓我們思考一下應該如何面對地震這個不可思議的現象吧。國崎信江小姐針對日本全國的地震災害進行詳細分析，對於保護生命的方法反覆研究，可說是防災方面的專家。

國崎小姐告訴我們，首先在腦中做好隨時可能發生地震的心理準備，思考地震來襲時該怎麼做，如何準備。此外，知道自己的體力和技術能夠做到哪些事也很重要。當我們向國崎小姐請教關於地震的準備工作時，她最先提到的重點就是「非結構部材」的可怕之處。非結構部材是指天花板材料、外牆、照明器具等，而非建築物的柱、梁、地板這類結構體。近年來，人們普遍認為建築物只要具備「抗震性」就安全無虞，但這樣的認知可說是大錯特錯。建築物本身擁有萬全的抗震性，非結構部材卻不具備抗震性，這樣在發生地震時也會帶來巨大的損失。

「非結構部材中首先要注意的是玻璃帶來的風險，在驗證各種地震災害的時候，我從不認為裝上強化玻璃就安全無虞。無論室內或室外，都應該特別注意玻璃碎裂帶來的危險。提到非結構部材，還有一點就是天花板材料也必須注意。遇到大地震時，躲到體育館固然安全，但天花板材料一旦崩塌也有可能當場喪命。儘管車站導覽板、電動手扶梯這類非結構部材中隱藏著與建築物的抗震性不同層次的

這些玻璃並非特別老舊脆弱。希望大家能從這張照片中意識到玻璃在地震中是多大的威脅。
照片／熊本產業文化振興（股）

2016年熊本地震時，也明顯造成玻璃飛散的災害。
照片／熊本產業文化振興（股）

風險，但地震大國日本的應對措施卻處於無人聞問的狀態，所以為了保護自己，請務必注意一下避難場所的非結構部材。」

幾乎每個地方都會指定學校或公營體育館作為避難場所，但國崎小姐卻提醒我們注意，光按照別人的指示進行避難是無法保護自己的。這裡應該學到的是自行檢查避難的場所。一定要避免完全聽信不知道從哪裡聽到的消息，反而讓自己陷入危險的境地。

此外，假設在建築物中遇到地震的時候，必須記住高樓層的危險性。眾所皆知，同樣的地震，高樓層的搖晃程度是低樓層的好幾倍。假設位在高樓層的話，就要盡快移往下面的樓層，這是因應地震的鐵則之一。

地震中的求生守則，下一步要注意的是如何保護自己的方法。面臨緊急情況時，只要記得應該用什麼樣的姿勢來保護自己，就能多少提高生存的機率。

「最好在心中想像一下有什麼東西會在地震的時候飛來。這時當然應該優先保護自己的『頭部』。如果帶著包包，就用它來保護自己；如果沒有的話，那就交叉手臂保護頭部。這時，一定要記得手背朝上，在雙手握拳的狀態下交叉雙臂，這一點非常重要。與柔軟的手腕內側相比，這麼做能夠多少提高防禦能力，也可以減輕受傷的程度。在緊急情況下，抱持一絲希望的動作和姿勢往往能帶來莫大的效果。」

國崎小姐另外還強調「準備」的重要性，她告訴我們平時也要不忘訓練。比如，光線變暗時別急著找手電筒，而是等眼睛慢慢適應。平時最好找個黑暗的環境練習一下。

「把自己家中所有的維生管線停止一段時間，這樣的訓練也非常有效。既能訓練哪些工具如何使用，也可以模擬緊急情況，發生地震時就無需慌張。平時從未練習過的事，遇到突發狀況時突然被要求去做，執行起來必定有一定的難度。」

熊本地震時，體育館的景象如照片所示，有大量的天花板材料崩落。即使建築物本身具備抗震性，也應該注意非結構部材帶來的危險。照片／熊本YMCA

國崎小姐說，在室內可以有效地利用帳篷。發生災害時，帳篷可以保護兒童遠離粉塵，吃飯時也很有幫助。

做哪些事有助於在地震中求生

❶ 練習讓眼睛盡快適應漆黑環境

首先將焦點放在人類的潛在能力。在漆黑的環境中閉上眼睛（約3秒），隨後猛然睜開，或持續左右交替眨眼，或抬起下巴向下看。不斷重複這些練習，以加快眼睛適應黑暗的速度。

❷ 說出避難的行動

遇到地震時，把自己的行動大聲說出來，例如「遠離危險物品」、「抓緊扶手」等，就能帶給周圍的人啟發。陷入思考停滯的人會因為聽見這些聲音而做出反射性的行動，持續重複下去說不定有助於讓自己保住一命。

❸ 練習鼠婦的姿勢

被倒下的物品襲擊時，受害程度會因採取什麼樣的姿勢而改變。仰面朝天被壓在下方是無法保住性命的，因此要毫不猶豫地低頭趴在地上。四肢緊趴在地比較容易靠自己的力量脫身。記住地震時採取右下圖的鼠婦姿勢就對了。

❹ 關閉維生管線，進行地震訓練

為了避免在緊急情況下手忙腳亂，不妨試著一定時間不使用電氣、瓦斯、自來水生活，這樣的話就能發現有哪些地方不方便，哪些工具有效，缺少哪些物品，而且還能積累「習慣」的經驗。

❺ 聆聽聲音、感受氣味的意識

發生土石流前，有時會聽見小石子摩擦的聲音或類似地鳴的聲音；此外，據說有時也會因為土壤崩毀，而飄散出腐爛泥土的味道。平時不光是視覺，還要注意充分活用聽覺和嗅覺。

❻ 練習交叉姿勢

當危機逼近的時候，人類習慣將手腕內側朝外，以保護身體，但這樣的動作是錯誤的。像左下圖那樣將手腕內側朝著自己交叉，才有機會避免受到致命傷。若想在無意識下也能做出這個動作，最好經常練習。

4 野外發生地震時，該怎麼辦？

Navigator
安藤里須

熟悉戶外防災。活用阪神大地震的受災經驗和戶外活動的知識，2003年巡迴日本全國展開演講活動，致力防災知識的啟蒙。兼顧育兒用品和防災用品的創意，像這類對家庭友善的防災對策廣受好評。多次受邀參與電視、報紙、廣播等媒體。

在戶外遭遇地震的時候，應該採取什麼樣的行動，這是大家比較在意的地方。雖說本書主要研究都市生活的風險，但在室外採取什麼樣的行動，想必對於逃生也很有幫助。為此，我們詢問有「戶外流防災指南」之美譽的安藤里須小姐的意見。安藤小姐強調，防災的智慧和野外生存的智慧幾乎可以說一體適用，平時的休閒娛樂會成為緊急情況下的救命索。

「熟悉戶外活動的人，在做任何事情的時候，都會以最小限度的必要工具來應對，這種思想和技術在面對地震等災害時很有幫助。更進一步說，通過多多親近戶外，可以在享受樂趣之餘鍛鍊防災的技能和智慧。我平時就再三強調，在日常生活中巧妙地融入防災意識是很重要的一件事。」

遠離地震災害的方法是否有什麼理論，我們首先就這點請教安藤小姐。

「首先要事先掌握自己正處於什麼樣的位置。例如容易坍塌的地質、因前日降雨而積水的狀態、是否靠近河川、是否有積雪等等。像是以填土方式復原的山谷，土壤當然比較容易塌陷。此外，思考一下為何此處會出現這樣的岩石，想必就能加深對這片土地狀況的理解，比方那裡原本是海底，或者是從上方滾落的巨大岩石等等。根據這些情報，我們可以判斷出這裡可能會出現土石流、大量石頭滾落、地基鬆動等危險，一旦發生地震，可能會有性命之虞。」

安藤小姐更指出，日本人在避難時總是拖拖拉拉。有不少人都以鄰居尚未避難為由，自認沒有安全疑慮；換言之，這些人都不具備獨立判斷狀況的情報處理能力。再加上，也有很多人被自認安全（正常化偏誤）這種毫無根據的先入觀念所支配。

「盲目地相信他人的判斷，等到大禍臨頭，後悔也來不及了。不過，平時經常從事戶外活動的人，不僅具備敏銳的危機感，也很有決斷力。遇到災難的時候，在戶外活動中獲得的感

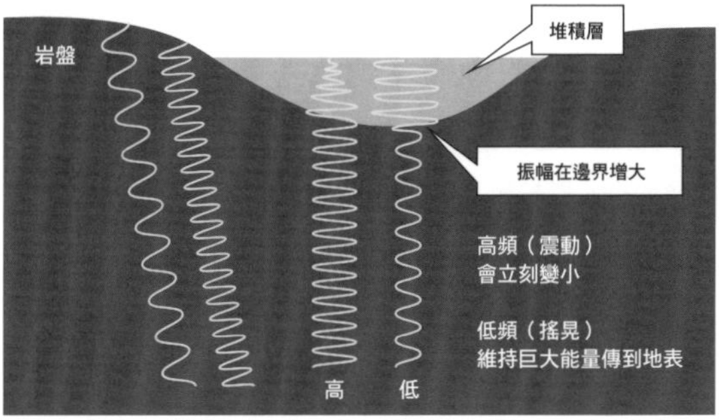
岩盤
堆積層
振幅在邊界增大
高頻（震動）
會立刻變小
低頻（搖晃）
維持巨大能量傳到地表
高
低

低頻的搖晃具有振幅在堆積層中增大的特徵。重要的是瞭解自己的所在位置和居住的地方是否為泥沙堆積而成的土地。

覺還是能派上用場。」

安藤小姐推薦我們進行防災準備的時候，也能活用戶外裝備。例如搭帳篷所使用的隔熱墊，在避難時就可以發揮其威力。

「我們經常看見在避難所裹著毛毯睡覺的場景，但這時如果有隔熱墊的話就會更加舒適。也有像坐墊那麼大的隔熱墊，幫嬰兒換尿布的時候就是很方便的工具。另外，從事戶外運動的人應該都知道，在身體周圍保留一層空氣，有助於維持體溫。因此，即便身邊沒有合適的防寒衣，只要在衣服之間夾著報紙製造出空氣層，就能夠保持溫暖。像這樣利用報紙形成的空氣層，也能暖呼呼地睡上一覺。這些戶外活動的知識與原則，在避難的時候非常受用。」

另外，在野外遇災時，觀看星星的技術、感受風的感覺等都有助於求生。如果是冬季的話，確認獵戶座的位置就能得知東南西北。要是遇到森林火災，一定要記得盡快朝起火點的上風處，或者與風呈九十度角的方向逃生。無論如何千萬別慌張，重要的是讓五感更敏銳。

充分地利用手機應用程式，也不失為一種求生的重要對策。安藤小姐首先推薦給我們的是「地基支援地圖」這個手機應用程式。只要在應用程式內輸入地址，就能即時確認該地區的地耐力（耐震強度）和防災情報等資訊，相當方便。能夠從地圖上檢視最適合的避難場所也是它的一大優點。此外，「地震呼叫」（ゆれくるコール）也是廣受好評的著名地震速報應用程式。根據設定，能夠準確地提前幾秒通知使用者地震的震度和規模等情報。

「另外也必須對洪水保持警戒。例如日本氣象廳營運的『今後降雨』網站，每小時都會更新後面十五個小時的降雨量，前往山上或河邊時最好事先確認一下。」

[KNOWLEDGE]

地震頻率會因人類的行為而改變？

美國的奧克拉荷馬州自2010年開始突然搖身一變，成為全美少數經常發生地震的地區之一，其起因在於急劇活躍的頁岩氣鑽探。大規模的地下開採，導致地下水的變化，使得岩石強度改變，最終發展至引發地震這種難以收拾的狀況。

[KNOWLEDGE]

平時使用的工具＝育兒＆避難用品

「防水袋」對於災害時的育兒非常實用，也能用來放垃圾、髒衣服等，視情況還可以拿來代替水桶或救生圈。此外，日本的傳統布料「和晒」既能作為尿布，也可以變成嬰兒揹巾。自行車安全帽等裝備也能在防災時發揮作用。

在長瀞，以下同，我們可以享受划獨木舟或泛舟的樂趣，同時欣賞河岸上的天然紀念物岩疊。這裡可見名為三波川變質帶的變質岩帶露出地表。照片／永野海

冰川從古富士山的山頂以火山泥流的形式傾瀉而下，留下如照片中的岩層痕跡。在郊外散步的時候，經常能感受到這類大自然的神奇力量。
照片／永野海

若冰川沒有對地表施加無窮的壓力，不可能形成這種岩石裂縫。這裡是長瀞附近的「秩父赤壁」。照片／永野海

長瀞也被譽為日本地質學的發祥地。在這裡可以看見在地下深處受到強大壓力擠壓而變形的結晶片岩，堪稱隨處都能感受到地球力量的觀光勝地。
照片／永野海

在戶外遇到地震時，注意水源的位置是很重要的一點。不僅要避開洪水或山洪爆發的危險，同時也必須研究確保水分的方案。

5 關於打雷這種現象

這裡應該有不少讀者都曾有過被落雷聲和電光嚇得不知所措的經驗吧。地震、海嘯、颱風對我們的生活造成威脅，雷電的威力同樣也不容小覷。實際上，在一九九九年到二〇〇八年間，日本國內就有三十人因雷擊事故而喪生※。再者，也有數據顯示，人類一旦遭受雷擊，約有七〇％的人會死亡。過去在北阿爾卑斯的西穗高岳就曾發生一群高中生遭遇雷雨，導致十一人死亡、十三人輕重傷的重大事故；非洲剛果也發生過足球比賽中落雷導致十一名選手死亡的案例。以前者為例，雷電的電流流經岩石表面，接連襲擊站在岩石上方的人，才導致如此慘重的傷亡。即使雷電沒有直接擊中人體，也會因為地面或水面傳遞的電流而造成傷亡，像這樣的例子比比皆是。聲音的速度約為每秒三四〇公尺，光速約為每秒三〇萬公里。這表示聽到聲音後再採取因應對策為時已晚，看起來人類似乎對雷電束手無策。然而，長期致力研究電力設備產生雷電的災害和對策，電力中央研究所的淺川聰先生是這麼說的。

「只要充分瞭解打雷的原理和防禦方法，遇到緊急情況時，保住一命的機率就會提高。所以必須重新意識到雷電具有相當的危險性，並學習相關的知識。」

首先要瞭解雷電的原理。我們就這一點請教淺川先生。

「大氣不穩定，這意味著含有大量溼氣的高溫空氣位於低層，同時低溫的空氣跑到上層。上層和下層空氣的溫差造成強烈的上升氣流，繼而形成雷雨雲。此外，當上空的氣溫低於零下十度時，就很有可能引發打雷的現象。」

這些條件重疊在一起，便會產生強

Navigator
淺川聰

一般財團法人電力中央研究所鹽原實驗廠廠長，高級研究員。長年從事電力設備避雷對策等研究，在日本電力的穩定供應方面頗具貢獻，為研究雷電的專家。

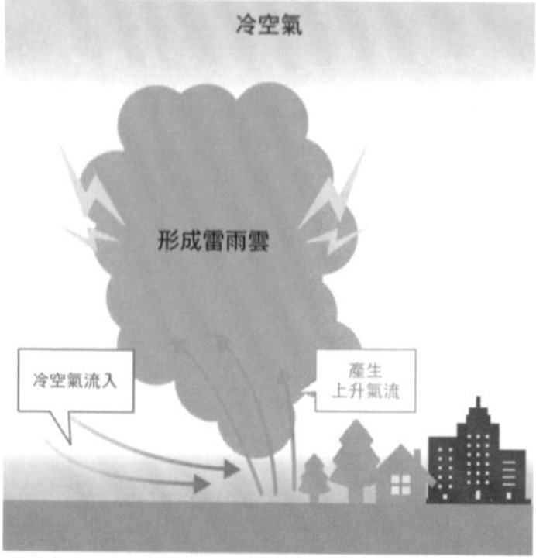
冷空氣
形成雷雨雲
冷空氣流入
產生
上升氣流

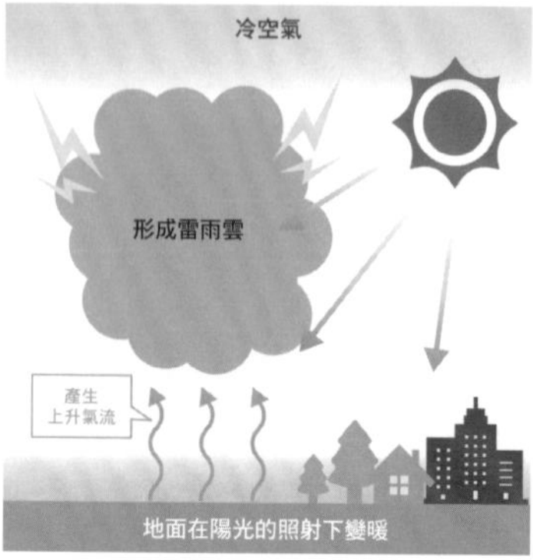
冷空氣
形成雷雨雲
產生
上升氣流
地面在陽光的照射下變暖

地表的空氣升溫蒸發，產生上升氣流，形成雷雨雲（熱雷）。另一種是冷空氣下沉流入地表附近，將地表的暖空氣抬升，最終形成雷雨雲（界雷）。

※摘自「警察白皮書統計資料」

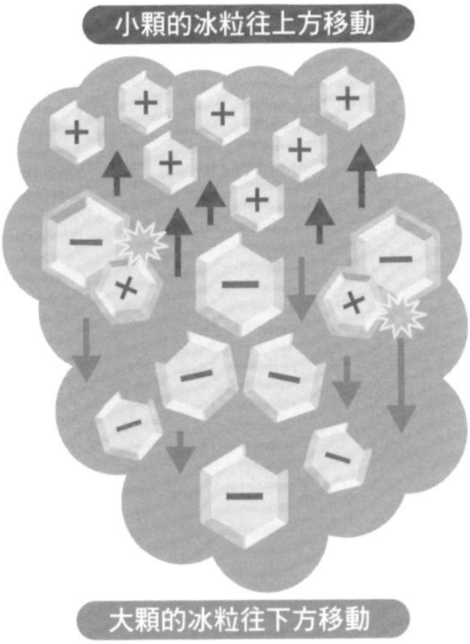
小顆的冰粒往上方移動
冷空氣
大顆的冰粒往下方移動

如圖所示，冰粒在雲層中相互碰撞產生電力，因而形成雷雨雲。這些電在雲層中或雲與地面之間放電，就是所謂的打雷。

雷電的基礎知識

發光時間	1/1000秒～1秒
長度	數公里
電流	1000Ａ～20萬Ａ
電壓	約1億Ｖ

烈的上升氣流，形成有積亂雲之稱的雷雨雲，而上空的冷空氣會在冷卻的雲層中形成大大小小的冰粒。這些冰粒在上升氣流中相互碰撞或摩擦，從而產生負電或正電。

「大顆的冰粒容易附著負電，小顆的冰粒容易附著正電。負電往雲下聚集，正電往雲上聚集。這些電在雲層中、雲與雲之間、雲與地面之間進行放電，便成為我們知道的雷電。」

如此形成的雷電能量約在一〇千瓦時～五〇〇千瓦時之間。這個巨大的能量在一瞬間化為電波、光及聲音，並散布到大氣之中，這就是引發雷電的過程。不過，淺川先生又告訴我們，雷電的原理尚未完全解開。

「在理論上不難想像，卻沒人能夠證明這一點，所以我才會說，人類對於自然現象並不能完全解釋清楚。舉例來說，既然雲層中同時存在著正電和負電，那麼應該會被中和為零才是。然而，電力卻特地傳到遙遠的地面上，引發落雷現象。」

說到這裡，我們想知道人類能夠預測雷電到何種地步。連颱風都能預測得非常準確，難道打雷就無法進行預測嗎？只要能夠得知會在何時何地發生打雷，應該就能降低造成事故的機率。

「最好先取得氣象廳等單位發布的雷電警報等天氣預報，把打雷的可能性記在腦中。要在十到二十年後做到能夠準確預測明後天哪裡會出現落雷，恐怕不是一件容易的事。不過電力公司有一種名為ＬＬＳ（落雷位置標記系統）的系統，這個系統能夠透過測量落雷產生的電磁波，以掌握大致的落雷位置。只要把落雷地點連接起來，就能大致預測出移動的雷雨雲接下來的動向。」

位於那須鹽原市電力中央研究所的巨大實驗場。這裡正在進行全球最大的12MV衝擊電壓產生裝置等實驗。持續研究如何保護電力設備不受雷電的威脅，進行支援電力穩定供應的各種活動，以及提供建議。

6 保護自己不受雷擊的方法

雷聲大作，看似即將落在附近的地面，這時我們應該如何防禦呢？需要注意的重點，果然離不開「高與低」。我們麻煩淺川先生模擬在山林的情況。

「雷電容易落在高處是眾所皆知的事實。如果附近有高樹和低樹的話，擊中高樹的可能性比較高。不過，關鍵在於樹木不容易導電這一點。換言之，即便雷電擊中樹木，而旁邊有更容易導電的物體，那麼電流就會轉移到該物體上。人類的身體是水組成的，其實比樹木更容易導電。因此要是離樹木太近，擊中高樹的落雷就有很大的機率轉移到旁邊的人身上，這種現象稱為側擊。」

由此可以看出，高樹及其周圍都是非常危險的地方。但這不表示遠離樹木，走到開闊的平地就安然無恙，因為雷隨時都有可能打在平地一帶的任何地點上。

「避難的重點既非開闊的平地，也不是樹木旁邊。換句話說，距離樹木三公尺左右，躲在高大樹木的陰影後面，就是最理想的位置。雷電是在一瞬間到達地面，擊落的瞬間才會決定落在哪個位置。這時最好瞭解一下屏蔽角（shielding angle）的觀念。如圖所示，從樹木的最高處以約四十五度的角度畫一條虛擬的線到地面，便形成一個三角形。只要躲到三角形裡面，就有很大的機會利用屏蔽效應（Shielding effect）保住一命。進入這個三角形內，蹲下來將身體壓低，這是最不容易遭受雷擊的躲避方法。」

那麼，如果位於沒有高大樹木的空曠原野上，這時又該怎麼做呢？如

這是側擊實驗的景象。從照片中可以看出，打在樹上的雷，會轉移到更容易導電的人體身上。由此可知，待在樹木旁邊是非常危險的舉動。

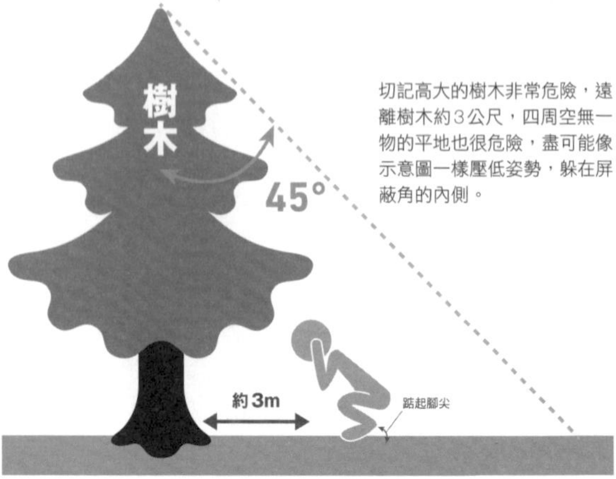

切記高大的樹木非常危險，遠離樹木約3公尺，四周空無一物的平地也很危險，盡可能像示意圖一樣壓低姿勢，躲在屏蔽角的內側。

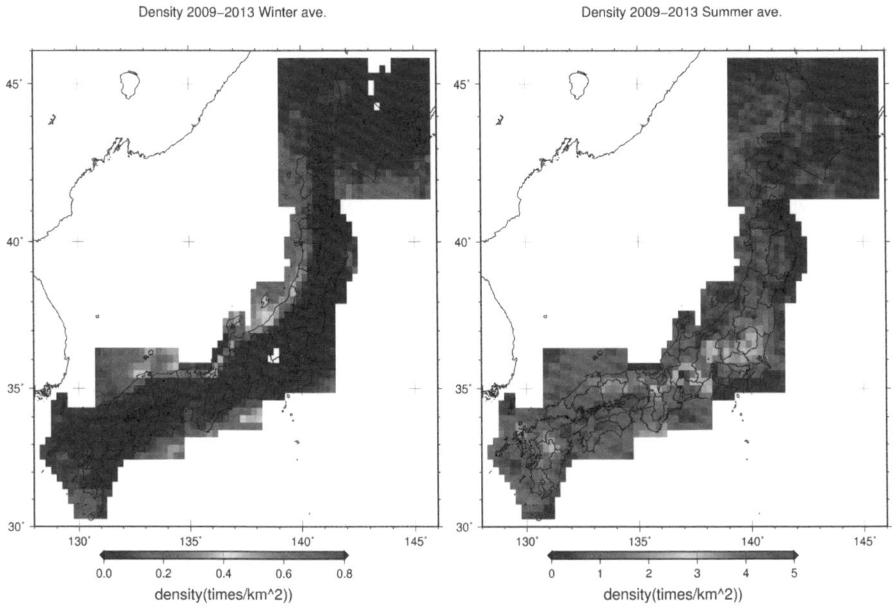
Density 2009-2013 Winter ave.
45°
40°
35°
30°
130°
135°
140°
145°
0.0 0.2 0.4 0.6 0.8
density(times/km^2))
Density 2009-2013 Summer ave.
0 1 2 3 4 5
density(times/km^2))

左邊是用顏色表示夏季（4～10月）落雷數量的圖，右邊是冬季（11～3月）的落雷數量。可以看出落雷位置會隨季節的不同而改變。冬季的日本海沿岸比較容易引發強大雷電。
資料提供／電力中央研究所（根據2009～2013年的平均值製作）

果是斜坡的話，千萬別忘了注意「高度」，最好趕緊往低處移動。地勢高的平地和地勢低的平地，從機率來看，雷電落在高處的可能性較高。

「如果車子停在附近停車場的話，進入車內是相當有效的躲避方式。車內形成法拉第籠（導體圍成的空間）的狀態，可保護自己免受雷電傷害。只不過要注意的是，上車後盡量別觸碰車內的任何部位。」

和洪水一樣，如果附近有鋼筋混凝土結構的建築物的話，就躲在建築物內部中央，保持蹲姿等待雷電停止，像這樣的方法也很有效，因為我們可以透過電流通過混凝土中的金屬來保護自己。

「附近有木造建築物和鋼筋混凝土建築物時，最好不要選擇到木造建築物避難。因為木造的建築物和樹木一樣，有可能讓我們遭受側擊。」

在雷電中求生的五條法則

1. 高大樹木、地勢高的地方不安全
2. 木材、石頭和水面也會遭受雷擊
3. 瞭解屏蔽角的原理
4. 四周空無一物的平地也會遭受雷擊
5. 車內和鋼筋建築物內相對安全

迷你專欄

7

電車通勤時也能做的鍛鍊

強化身體能力可說是現代求生的基本要求。因此，這裡介紹三種在電車內、上課或工作時也能進行的肌肉鍛鍊法。在許多人利用的通勤電車內，別顧著忍受擠得像沙丁魚的狀態，這個時候正好適合集中精神鍛鍊身體。應該沒人料到，搖搖晃晃的電車內居然是鍛鍊身體平衡能力的絕佳場所。無論站著或坐著，都能鍛鍊肌肉。若能練出肌肉，說不定搭乘電車就會變成一件快樂的事。

抓著車內吊環時，一定要記得踮起腳尖。在搖晃的車內保持平衡需要用到大腿內側的內轉肌，這是意外有效的訓練方式。習慣之後不妨試著不抓吊環踮起腳尖。

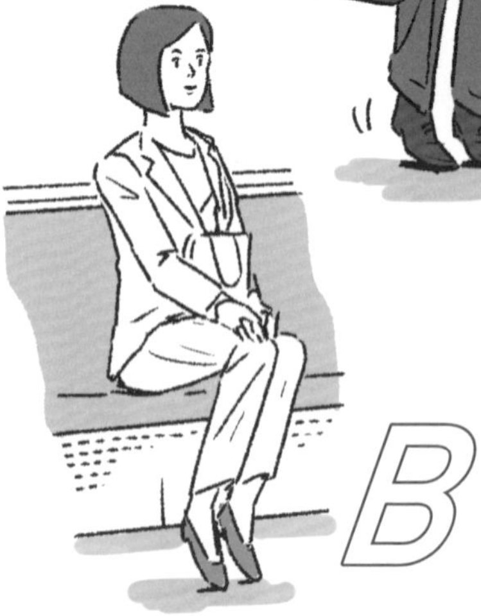

無論在電車內、上班或上課時，只要坐在椅子上就能夠進行這項訓練。雙手撐在椅子上，讓身體向上抬起。以這樣的姿勢上下活動身體，效果更佳。可以在無人發現的情況下悄悄地鍛鍊胸大肌。

這招坐著也能練習。雙腿併攏，挺直背部，把椅子坐滿。讓腳尖貼著地板，腳跟上下移動。只要堅持下去，就能鍛鍊小腿，感覺下半身的肌肉變得更加緊實。

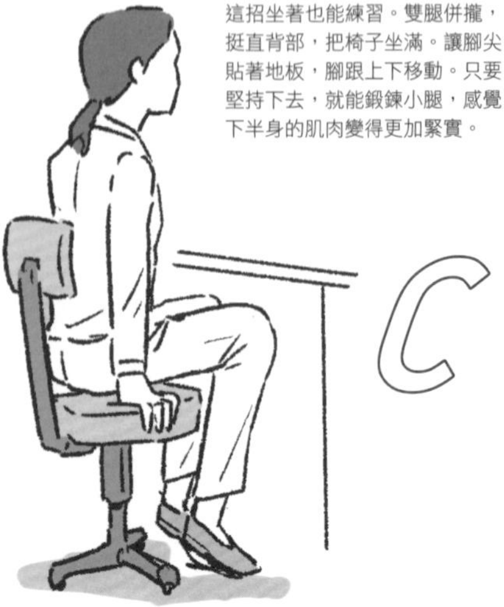

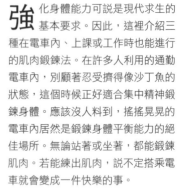

第 9 章

病毒的威脅與防護措施

2020年，新型冠狀病毒席捲全球。
本章將針對所有病毒的基本應對方式加以驗證。

插畫：鈴木健太郎

1 病毒和細菌有什麼不同？

Navigator
佐藤昭裕

KARADA內科診所院長，醫學博士。日本傳染病學會專科醫師，日本內科學會認證醫師。東京醫科大學畢業後，於東京醫科大學醫院、東京醫科大學茨城醫療中心等地從事傳染病醫療工作。曾參與《東京都傳染病手冊2018》的製作，長年致力於傳染病的研究和治療。經常在媒體露面，其著作《傳染病自衛手冊》（暫譯）也蔚為話題。

病毒無法靠本身的力量自行增殖？

當前對全世界構成真正威脅的正是新型冠狀病毒。儘管大部分的真相已被解開，但冠狀病毒依然隱藏著不少人類未知的領域。因此，希望能透過接下來的內容，帶讀者深入瞭解如何保護自己，免受冠狀病毒這類病毒造成的傳染病知識。

在認識傳染病之前，首先介紹一下病毒和細菌的區別。《傳染病自衛手冊》的作者、傳染病專科醫師佐藤昭裕醫生的說明如下。

「說白一點，細菌是生物，但病毒很難斷定是否為生物。其決定性的差異在於，細菌可以通過細胞分裂自行增殖，而病毒沒有細胞，所以無法自行增殖。因此，假如以靠自己的力量增殖的作為生物的判斷標準，那麼病毒就不能稱為生物了。話雖如此，病毒也會增殖，只不過方法與細菌不同。實際上，病毒也擁有增殖所需的基因情報。」

也就是說，細菌能夠自行增殖，而病毒會利用人類細胞進行增殖，以製

真菌

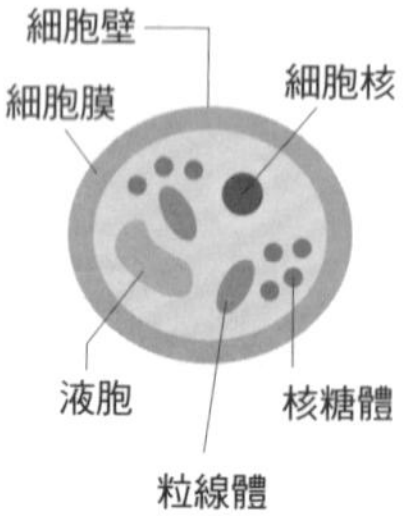

細胞壁
細胞膜
細胞核
液胞
核糖體
粒線體

白癬菌、念珠菌、麴菌等。真菌是黴菌類的總稱。真菌之一的酵母細胞會寄生在人類細胞中，菌絲經過生長和分枝不斷發育，透過出芽和分裂來增殖。

細菌

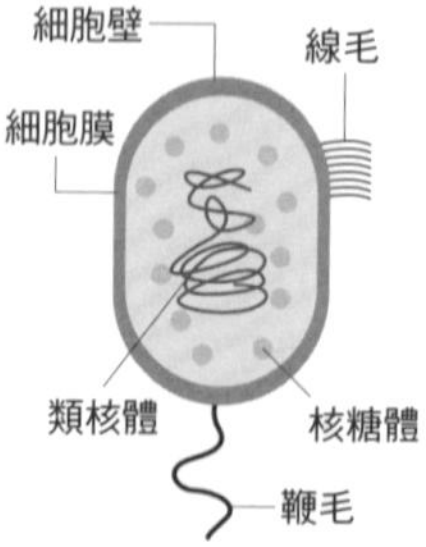

細胞壁
線毛
細胞膜
類核體
核糖體
鞭毛

葡萄球菌、大腸桿菌、沙門氏菌等。進入體內後寄生，通過細胞分裂自我增殖，同時入侵人體細胞釋放毒素，危害細胞。

病毒

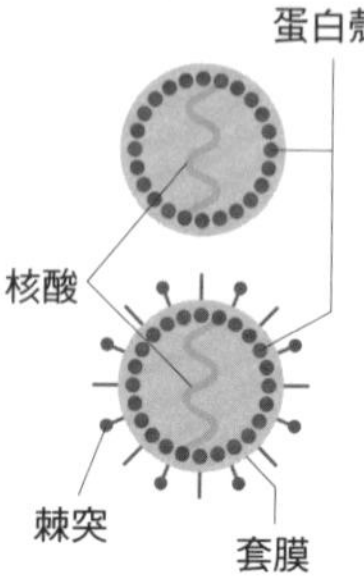

蛋白殼
核酸
棘突
套膜

被蛋白質外殼覆蓋的無套膜病毒（左圖上），與外側有脂質膜「套膜」和棘突的套膜病毒（左圖下）。

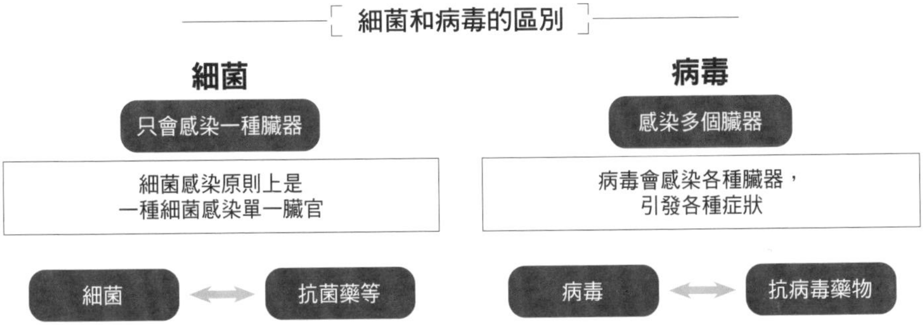
細菌和病毒的區別
細菌
只會感染一種臟器
細菌感染原則上是
一種細菌感染單一臟官
細菌
抗菌藥等
病毒
感染多個臟器
病毒會感染各種臟器，
引發各種症狀
病毒
抗病毒藥物

試著彙整一下細菌和病毒的區別。根據已知的資訊，新型冠狀病毒不僅攻擊肺部，也對腎臟、肝臟、大腦等處帶來不良影響。

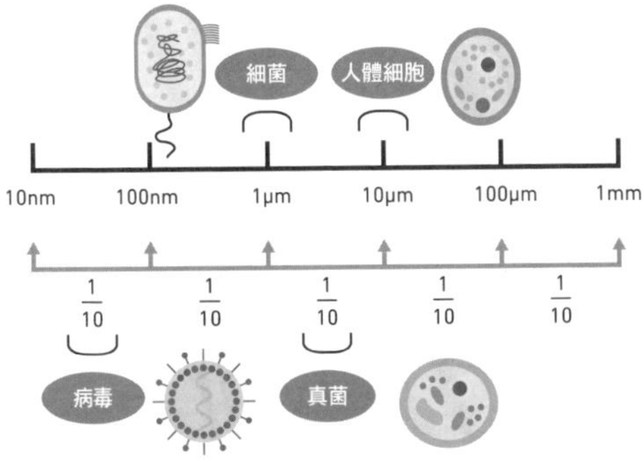
細菌
人體細胞
10nm
100nm
1μm
10μm
100μm
1mm
1/10
1/10
1/10
1/10
1/10
病毒
真菌

比較各自的大小，大概就能理解病毒的體積是多麼微不足道了。比方流感病毒的直徑為0.1微米（※），紅血球為6～8微米。
※微米為百萬分之一公尺。

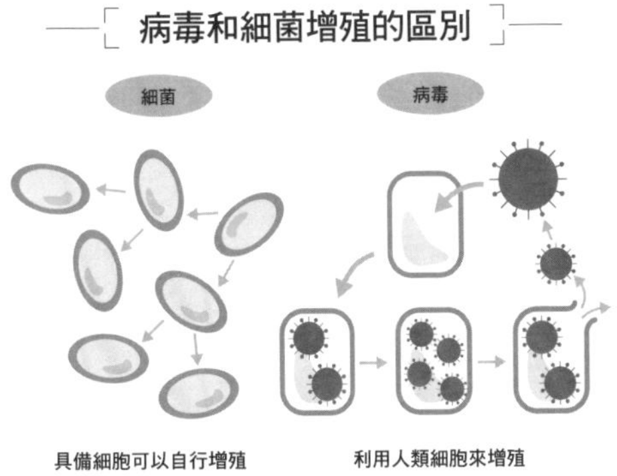
病毒和細菌增殖的區別
細菌
病毒
具備細胞可以自行增殖
利用人類細胞來增殖

由於無法依靠自身的力量增殖，因此不能將病毒稱之為生物。有數據顯示，1個病毒會在16小時後增殖到1萬、24小時後增殖到100萬個，可見其增殖速度之快。

造出自己的複製品。細胞原本就是通過受體（類似於鑰匙孔）來吸收神經傳導物質或荷爾蒙這類維持生命不可缺少的物質。病毒周圍附有突起（稱為棘突），以便附著在受體上。利用棘突進入細胞中的病毒，會利用細胞的功能製造出自己的複製品，再將複製品釋放到細胞外，從而增殖病毒。

由於具有這樣的性質，只要病毒和受體相容，就能感染體內的任何器官或臟器，這就是感染病毒為何會引發多種症狀的原因。反過來看，一種細菌只能感染單一臟器。此外，由於細菌具備細胞，投用能夠破壞細胞膜和細胞壁的藥物（抗生素）就可以有效殺死細菌，但病毒必須在進入細胞的狀態下進行處理，必須使用與細菌不同的藥物。

2 傳染病的定義與分類

人與人之間的感染鏈 傳染病的威脅何在？

當問起什麼是傳染病時，佐藤醫師以「微生物引起的疾病」這一句話來回答。

「潛伏在我們身邊的細菌、病毒、真菌（黴菌）、寄生蟲等皆屬於微生物，其中對人體有害的會成為傳染病的誘因。冠狀病毒引起的肺炎、流感、感冒、急性腸胃炎、食物中毒、HIV等皆為傳染病，其中天花是人類迄今為止唯一消滅的傳染病。每年全球都有無數人得到感冒，像感冒這種傳染病就無法消滅。」

當有害微生物企圖進入人體時，人體的免疫系統就會發揮功能。然而，有時會因為微生物種類或免疫功能下降等原因，導致有害的微生物入侵體內並引發感染。而且更麻煩的是，細菌和病毒這類導致疾病的元凶會從體內跑出體外，然後通過數種方式，從人體傳染給人體，有時則是從動物傳染到人體（例如豬流感），這樣的傳播力無疑是傳染病最可怕的特徵。

「傳染病的傳播途徑有接觸傳播、飛沫傳播、空氣傳播這三種。在新型冠狀病毒的相關報導中，我們也經常聽到所謂的「氣溶膠傳播」，其途徑正好介於飛沫傳播和空氣傳播之間。一旦感染者咳嗽或打噴嚏，飛沫就會四濺飛散，與此同時，比飛沫更細小的粒子也隨之噴濺開來，不小心吸入這些粒子，就會引發氣溶膠感染。此外，受到地球暖化的影響，未來日本

傳染病的分類

	傳染病	可採取的措施
第一類	伊波拉出血熱、痘瘡（天花）、黑死病、克里米亞－剛果出血熱等	●住院 ●消毒等 ●可以限制交通
第二類	小兒麻痺、SARS、結核病、MERS、禽流感（H5N1）等	●住院 ●消毒等
第三類	腸道出血性大腸桿菌感染症、霍亂、桿菌性痢疾、傷寒等	●就業限制 ●消毒等
第四類	E型肝炎、A型肝炎、黃熱病、狂犬病、瘧疾、登革熱等	●消毒等
第五類	流感（禽流感、新型流感除外）、梅毒、麻疹、德國麻疹等	●疫調
法定傳染病	**新型冠狀病毒相關肺炎（2020年2月1日～）**	**●按照1～3類的標準**

日本自1999年起，實施了預防傳染病的各項措施及兼顧病患人權的「感染症法」。根據這個法律，將傳染病分為以上幾大類，並制定相應的機制，方便政府單位採取適當的應對措施。

飛沫傳播的主要傳染病

種類	病原體	疾病
細菌	流感嗜血桿菌	流感嗜血桿菌中病原性最強的B型血清型細菌引起的腦膜炎、肺炎、咽喉炎、敗血症
	腦膜炎雙球菌	腦膜炎、敗血症
	白喉棒狀桿菌	白喉
	百日咳菌	百日咳
	鼠疫桿菌	肺炎性鼠疫
	A組β溶血性鏈球菌	咽喉炎、肺炎、猩紅熱
病毒	腺病毒	嬰幼兒肺炎、咽喉炎
	流感病毒	流感
	腮腺炎病毒	流行性腮腺炎
	德國麻疹病毒	德國麻疹
其他	黴漿菌	黴漿菌肺炎、支氣管炎

這裡試著將飛沫傳播為主的傳染病整理成表格。看到這些，不禁讓人感受到平時戴好口罩是多麼重要的事。

經由咳嗽或對話感染病毒

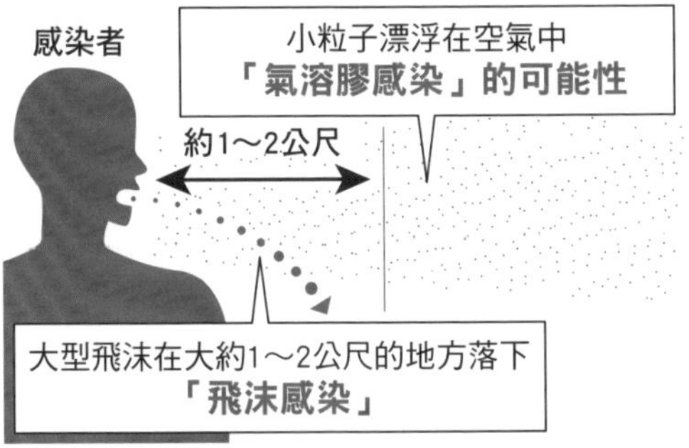
感染者
小粒子漂浮在空氣中
「氣溶膠感染」的可能性
約1～2公尺
大型飛沫在大約1～2公尺的地方落下
「飛沫感染」

如圖所示，即使大型飛沫落在1～2公尺的距離，小粒子仍會持續飄浮在空氣中，有機會再度傳染給其他人。新型冠狀病毒也因為氣溶膠傳播而廣為人知。

感冒和流感症狀的區別

	感冒（一般感冒）	流感
發病時期	一整年零星出現	冬季流行
症狀進程	緩慢	急劇
發燒	通常是微燒（37～38℃）	高燒（38℃以上）
主要症狀（發熱以外）	●打噴嚏 ●喉嚨痛 ●流鼻水、鼻塞等	●咳嗽 ●喉嚨痛 ●流鼻水 ●全身倦怠感、食慾不振 ●關節痠痛、肌肉痠痛、頭痛等
致病病毒	鼻病毒、腺病毒等	流感病毒

流感和感冒雖然很容易混淆，但希望大家知道兩者也有上述的區別。流感引發各種併發症的風險較高，症狀也比一般感冒嚴重得多，況且流感的傳染力也比一般感冒還要強。

也需要注意蚊媒傳染病。眾所周知，瘧疾和登革熱是通過蚊子進行傳播，隨著氣候變遷，不難想像傳播這類傳染病的蚊子也會北上來到日本。」

輪狀病毒、皰疹、伊波拉病毒的傳染途徑為接觸傳播，流感嗜血桿菌、鼠疫桿菌、德國麻疹病毒的傳染途徑為飛沫傳播，白喉棒狀桿菌、冠狀病毒的傳染途徑包括接觸、飛沫傳播等。各種微生物的傳染途徑迥異，成為人類難以因應的主要原因。值得一提的是，最近日本提倡「避免三密」（密閉、密集、密切）的行動模式，對於飛沫傳播和接觸傳播都很有效，這是目前日本對抗新型冠狀病毒的最主要手段。

3 新冠病毒的特徵

重症和死亡率偏低
潛伏期較長的未知病毒

接下來介紹目前最受全球矚目的新冠病毒。讓我們整理一下有關這個病毒的已知內容吧。它的全名為新型冠狀病毒（國際正式名稱：COVID-19），是繼SARS、MERS等冠狀病毒之後出現的第七個全新冠狀病毒。萬一不幸遭到感染，在咳嗽、流鼻涕、喉嚨痛等類似感冒的症狀中，咳嗽症狀最為明顯，即使是輕症，咳嗽也多半會持續好幾天。此外，腹瀉、結膜炎、喪失味覺和嗅覺等，也是常見的特徵性症狀。也有報告指出，在某些情況下，它對腦膜炎或失智症也有嚴重的影響，但目前尚未完全解開其中的機制。佐藤醫生向我們坦承，目前的結論是仍無法得知確切會發生哪些症狀。另一方面，為了讓我們放心，佐藤醫生如此說明新型冠狀病毒的特徵。

「就現狀來看，大約有八成的患者是從輕症走向康復。換言之，其最大特徵在於重症化和死亡的機率較低。其餘兩成患者會發展成重症，出現肺炎等症狀。此外，重症化的兩成患者中，有一小部分會危及生命，甚至必須使用人工呼吸器，這也是事實。新型冠狀病毒的特徵就這樣慢慢地逐漸明朗化。」

另外，這種病毒還有一點很難纏，那就是從感染到發病的潛伏期相當長。舉例來說，流感通常會在感染後約一天出現症狀，反觀感染新型冠狀病毒的人，短則平均五天左右、長則兩週之後才會出現症狀。就是因為這種病毒能在潛伏期間傳染給其他人，才會對人類造成如此重大的危害。

除此之外，人們也逐漸發現，這種病毒在空氣中存活的時間出乎意料地長，還有可能在血管中形成血栓，只是它的特性至今仍然籠罩在神祕的面紗之下。

「不難推斷，老年人之所以重症化和死亡機率偏高，原因在於心肺功能比年輕人差，大部分的人免疫功能下降的緣故。另外也有報告指出，吸煙者、腎臟病、糖尿病、肥胖者等上述族群，感染新型冠狀病毒後會有重症化的風險。」

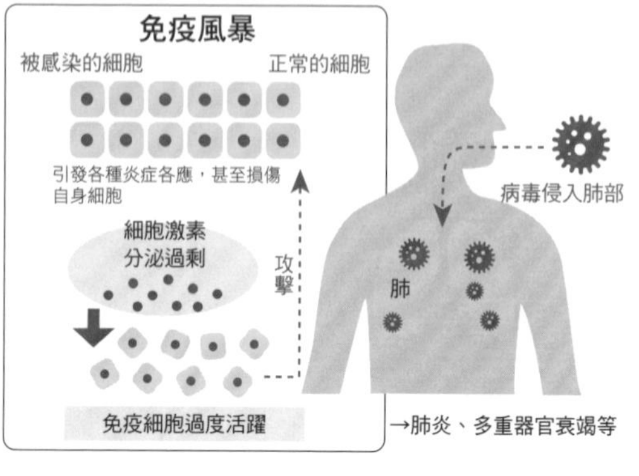
免疫風暴
被感染的細胞
正常的細胞
引發各種炎症反應，甚至損傷自身細胞
細胞激素
分泌過剩
攻擊
免疫細胞過度活躍
病毒侵入肺部
肺
→肺炎、多重器官衰竭等

當人體的免疫細胞試圖對抗病毒的時候，會產生一種名為細胞激素（Cytokine）的物質。然而，一旦因為某些原因而失控，導致細胞激素持續釋放時，就會傷害原本健康的細胞，這就是所謂的免疫風暴。有些專家強烈指出，感染新型冠狀病毒有陷入這種狀態的風險。

新型冠狀病毒的感染原理

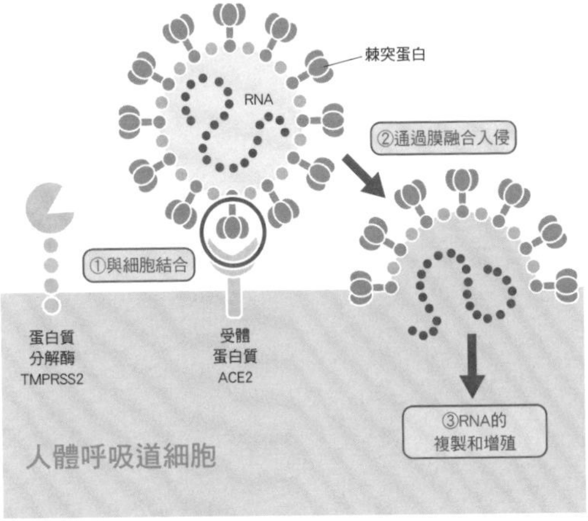
棘突蛋白
RNA
②通過膜融合入侵
①與細胞結合
蛋白質
分解酶
TMPRSS2
受體
蛋白質
ACE2
③RNA的
複製和增殖
人體呼吸道細胞

新型冠狀病毒就是用這樣的方式侵入人體。棘突部分與受體結合就是感染的元凶。RNA（基因組）是與DNA相同的核酸，以一部分的DNA序列作為模板，通過轉錄的方式進行合成。

新型冠狀病毒的基本結構

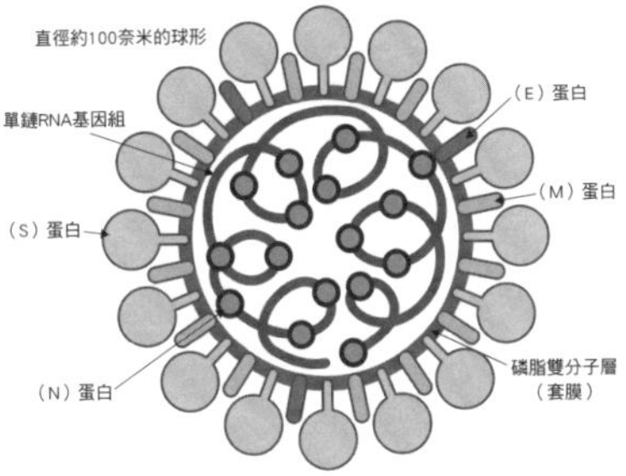
直徑約100奈米的球形
單鏈RNA基因組
（E）蛋白
（M）蛋白
（S）蛋白
磷脂雙分子層
（套膜）
（N）蛋白

新型冠狀病毒的結構如圖所示。表面的棘突蛋白質狀似王冠，因此被命名為冠狀病毒。

認識新型冠狀病毒令人意外的一面

存活時間超乎預期	專家指出，感染的威脅不僅來自咳嗽、打噴嚏或日常對話所產生的「飛沫」，也包括細小的粒子「氣溶膠」。氣溶膠不僅能在空氣中停留很長的時間，還能將病毒散播到很遠的地方。這是讓預防感染變得很困難的一大因素。
即使距離2公尺也很危險	為了大大降低飛沫傳染的風險，建議與對方保持2公尺的距離，但這樣的距離無法防止氣溶膠傳播。據說有些氣溶膠甚至會隨著空氣飄到數十公尺以外的地方。
許多感染者可能毫無症狀	輕症或無症狀的患者比例比一開始估計的還要多，這是新型冠狀病毒特別值得一提的特徵。也有專家認為，有可能是因為小時候接種的疫苗或免疫功能抑制了症狀發生。
一旦重症化，血液黏度就會增加	有研究顯示，新型冠狀病毒會讓白血球和紅血球相反反應，進而引發血栓。有人因此擔心會出現意外的臟器受損。
也對心理健康帶來莫大的影響	根據英國國家統計局的調查，新型冠狀病毒擴大流行後，罹患憂鬱症的患者倍增。據說對年輕人、婦女、殘障人士的影響很大。帶來嚴重的心理問題也是一大特徵。

新型冠狀病毒在哪些地方能存活多久

素材	新型冠狀病毒的存活時間
面紙	3小時
銅	4小時
紙箱	24小時
木材	2天
布	2天
不鏽鋼	2～3天
塑膠	3天
玻璃	4天
口罩外側	7天
紙鈔	4週

將新型冠狀病毒在哪些地方能存活多久的時間整理成表格。病毒在口罩外側能存活7天，在紙鈔上能存活4週，這個事實著實令人訝異。
（出處／摘自N Engl J Med 382：2020.）

4 預防傳染病的方法

搭乘電車時 盡量往車廂內部移動

全球各地的新聞每天都在報導如何保護自己不受病毒的威脅。毫無疑問，最有效的自衛手段是貫徹「洗手」和「消毒」，讓最容易附著病毒的手保持清潔，以防止病毒經由口鼻感染。關於洗手的具體步驟，將在第140～141頁逐一詳細介紹。還有就是避免三密，常戴口罩。世界各地都有人對於口罩的必要性抱持懷疑態度，我們在這裡請教佐藤醫生的意見。

「有越來越多的證據顯示，口罩能夠有效地預防感染。新型冠狀病毒在出現症狀的兩、三天前就有傳染其他人的風險，所以必須從尚未出現症狀時開始佩戴口罩。但是，病毒可以穿過口罩材質的網眼，這也是事實。考慮到飛沫傳播時病毒是包含在飛沫中的狀態，口罩能夠有效阻擋飛沫，可以說對於預防感染很有幫助。」

佐藤醫生解釋，在餐廳裡用餐的時候，為了避免飛沫傳播，兩人分別坐在斜對面也是一種有效的防禦策略。佐藤醫生為我們提供了這個大部分的人都不知道的感染預防措施。

「模擬流感病毒如何在電車內移動的報告指出，比起電車入口附近，車廂內部的病毒可能較少，這或許和與他人接觸的頻率和距離有關。此外，對於在電車內應該站著或坐著這個問題，考慮到接觸飛沫的可能性，一般認為站著相對安全。綜上所述，在搭乘公共交通工具時，在車廂內部站著對於降低感染風險大有幫助。」

佐藤醫生還說，公車或單軌電車這類座位較高的交通工具，也有接觸到飛沫的可能性，當位置越高、越靠裡面，就越能降低感染風險。另外，也要留意車廂內的換氣設備位置，如果可以識別風向，就盡量選擇上風處。透過上述方法，就能提高預防感染的可能性。總的來說，希望大家都能重新認識到高位置的感染風險，比低位置還要低這個事實。

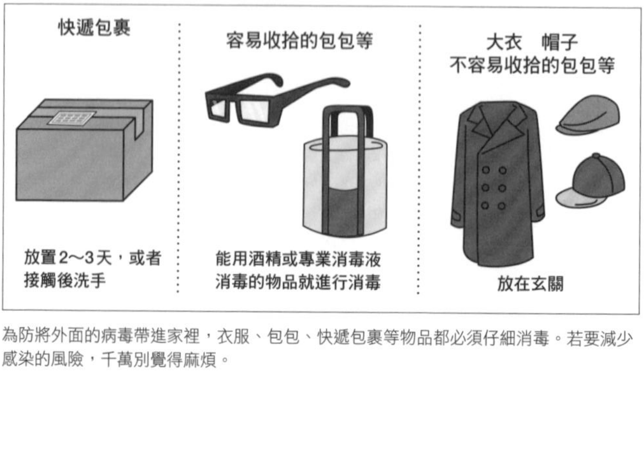
快遞包裹
放置2～3天，或者接觸後洗手
容易收拾的包包等
能用酒精或專業消毒液消毒的物品就進行消毒
大衣　帽子
不容易收拾的包包等
放在玄關

為防將外面的病毒帶進家裡，衣服、包包、快遞包裹等物品都必須仔細消毒。若要減少感染的風險，千萬別覺得麻煩。

不可不知的防禦重點

只要知道下面幾點，就能多少降低感染的風險。
下面針對傳染病的防禦重點做個整理。

避免搭乘大眾運輸時遭感染

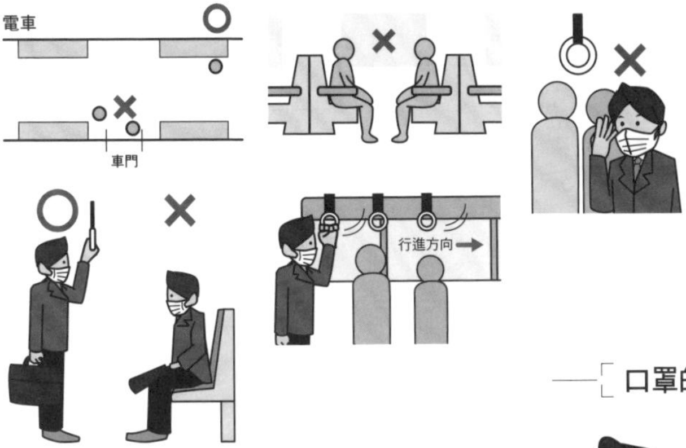

在電車或公車上，站著比坐著、車內比入口附近，更能降低飛沫傳染的風險。另外最好記住，面對行進方向時，從車窗後方進入的空氣比前方更新鮮。還有別在車內觸摸手或臉，避免面對面坐下，這些都很重要。

口罩的正確使用方法

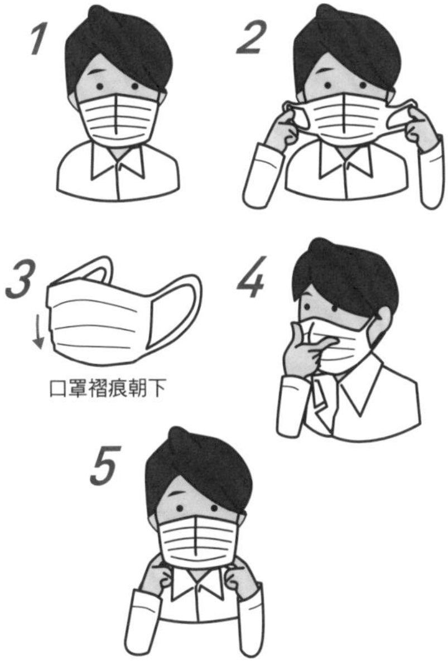

回到家後的注意事項

①從外面剛進家門，首先把包包和外套等物品放在玄關，完成洗手或消毒。②拿著掛在耳朵上的棉繩部分摘下口罩。③在浴室的更衣處脫掉衣服，將衣物扔進洗衣籃，如果可以的話最好馬上淋浴。④如果脫掉衣物後還不想沖澡的話，那就再次洗手或消毒，之後才換上家居服。

①口罩要挑選足以覆蓋鼻子到下巴的尺寸。②佩戴和拿掉時都拿著棉繩部分，③表面有摺痕的口罩，佩戴時要讓摺痕朝下。④口罩上方的壓條要沿著鼻子的形狀彎折服貼。⑤佩戴的時候將口罩下拉，完全覆蓋下巴。

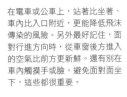

5 居家環境的消毒要點

廚房的中性清潔劑也可以用來消毒手指！

最受歡迎的消毒方法是使用酒精。

酒精具有破壞細菌和病毒的作用，只要雙手充分搓揉，就不必再用清水沖洗。這裡需要知道的是酒精的使用量。佐藤醫生的說明如下。

「如果是按壓式的酒精消毒液，請記住一次按壓到底就夠了。別去思考可惜或浪費這些問題，將適量的酒精噴在手上不斷搓揉，直至乾燥為止。重要的是讓酒精沾溼整個雙手。」

如果要消毒的東西不是手，而是其他物品時，別忘了也可以用熱進行消毒。假若手邊沒有酒精消毒液時，最好瞭解一下自行製作的方法。近年來備受關注的氯系消毒劑，當然也有不錯的消毒效果，但這種消毒劑有時會因為使用方式不同而產生有毒氣體，或是受到有機物的影響而降低消毒效果，希望大家都能知道這些酒精所不具備的特性。氯類漂白劑（次氯酸鈉制劑）可以拿來消毒物品，卻不適合用於手指的消毒和殺菌。另外還必須注意一點，次氯酸鈉和次氯酸水是完全不同的東西。

「或許有人會覺得有些意外，目前人們也得知廚房使用的中性清潔劑可讓新型冠狀病毒不活化。所以希望大家能夠瞭解，用加水稀釋的中性清潔劑擦拭想要殺菌的物品，也能達到消毒的效果。」

可以用酒精破壞的套膜病毒（包括新型冠狀病毒）

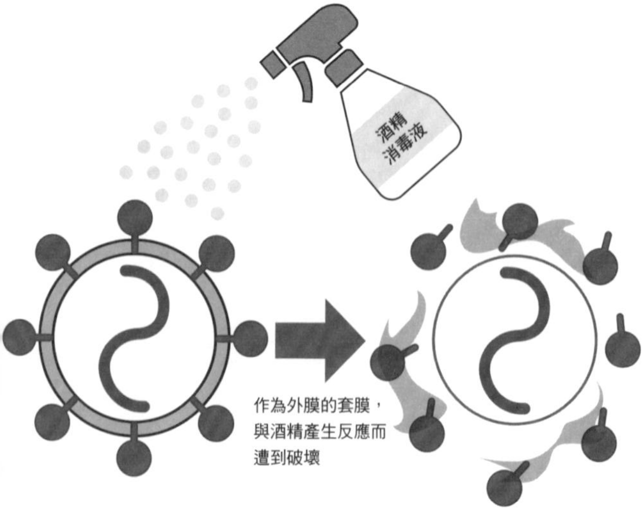
酒精消毒液
作為外膜的套膜，與酒精產生反應而遭到破壞

有資料顯示，用肥皂和清水沖洗手部30秒，附著在手指上的細菌量就會減少到1/100左右。若使用酒精消毒液的話，只要消毒15秒，細菌就會減少為1/1000，消毒效率極高。只要利用酒精破壞套膜病毒的膜，就等同破壞病毒本身。

有「熱」和「消毒藥」兩種消毒方式

用熱水消毒

碗筷等餐具在80℃的熱水中浸泡10分鐘

用氯系漂白劑消毒（次氯酸鈉）

把濃度稀釋為0.05%後擦拭

物品也可以像圖示那樣用熱水消毒。要是手邊沒有酒精消毒液的話，也可以自製氯系漂白劑。

用次氯酸鈉製作消毒液（0.05%以上）

表格中整理出用次氯酸鈉製作消毒液時的標準。這些都是非常有效的酒精替代品。濃度會隨著時間經過而降低，所以不要大量製作儲存，最好經常製作1、2公升左右來使用。

廠商	商品名	製作範例
花王	清潔劑	1L的水加入25mL（產品隨附瓶蓋1杯）
	廚房清潔劑	1L的水加入25mL（產品隨附瓶蓋1杯）
KANEYO香皂	KANEYO漂白劑	1L的水加入10mL（產品隨附瓶蓋1/2杯）
	KANEYO廚房漂白劑	1L的水加入10mL（產品隨附瓶蓋1/2杯）
Mitsuei美淨易	漂白劑	1L的水加入10mL（產品隨附瓶蓋1/2杯）
	廚房漂白劑	1L的水加入10mL（產品隨附瓶蓋1/2杯）

周遭環境的消毒方式

	氯系消毒劑（次氯酸鈉）	酒精類（消毒用乙醇等）
消毒的場所和物品	◦炊具及餐具（炊具、牙刷、奶瓶等） ◦室內環境（馬桶座、門把等） ◦衣服、床單、遊具等	◦手指 ◦遊具 ◦室內環境、家具等（馬桶座、廁所門把等）
消毒的濃度	0.02%（200ppm）～0.1%（1000ppm）	原液（產品濃度為70～80%時）
注意點	◦與酸性物質（廁所用清潔劑等）混合會產生有毒的氯氣，必須特別注意。 ◦金屬腐蝕性高，容易生鏽，不能用於金屬。 ◦污垢（有機物）會降低消毒效果，所以最好充分去除污垢後再行消毒。 嘔吐物→充分擦拭後 奶瓶→充分清洗後 ◦具有脫色（漂白）作用。	◦具刺激性，勿用於有傷口或粗糙的手指上。 ◦注意易燃性。 ◦勿長時間浸泡橡膠產品和合成樹脂等，以免變質。 ◦洗手後，用含有酒精的脫脂棉或溼紙巾擦拭，使其自然乾燥。
有效的病原體	所有微生物（諾羅病毒、輪狀病毒等）	一般細菌（MRSA等）、結核桿菌、真菌、病毒（包括HIV）等
難見效的病原體		諾羅病毒、輪狀病毒等。

氯系消毒液和酒精系消毒液具有不同的作用，最好瞭解一下表格上的差異。

6 酒精消毒和洗手的基本步驟

用酒精消毒手指的方法

1

按壓式酒精瓶要壓到最底，使手上有充分的酒精量。

2

手心合起來相互搓揉。

3

用指尖搓揉手心。

4

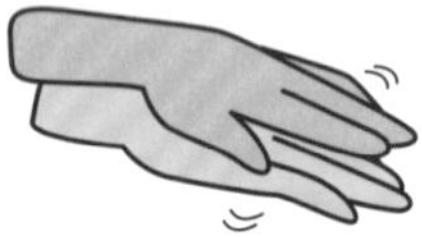

搓揉手背。

5

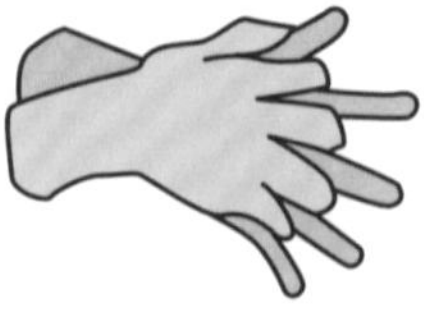

搓揉指縫。

6

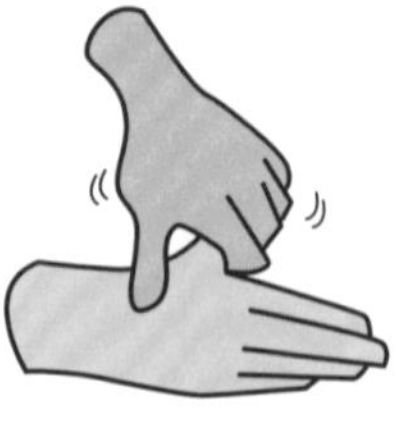

搓揉大拇指及虎口。

7

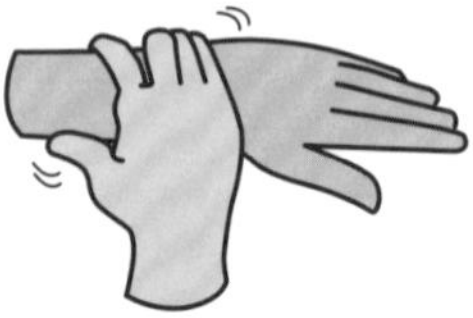

將酒精搓揉至手腕。

Point

2～3秒的消毒和洗手幾乎毫無意義。只要假設自己已經遭到感染，那麼在消毒和洗手的時候，應該就能收到不錯的效果。

正確的洗手方法

1

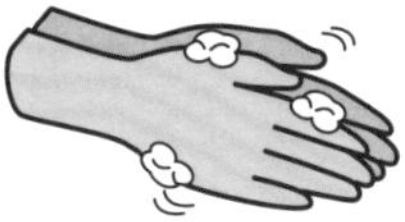

除了手心之外，手腕也要用水沖溼，接著用肥皂搓出泡泡，仔細地搓揉雙手。

2

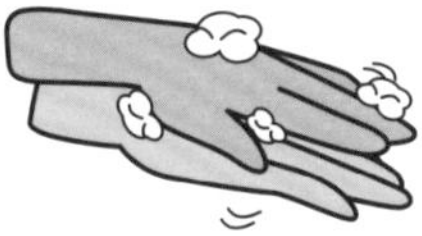

和搓洗手心一樣，別忘了清洗手背。

3

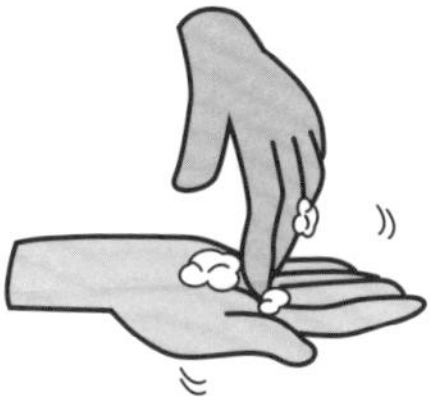

清洗指尖和指甲內側。手指放在手心上，在手心上畫圓，這樣就能清潔指甲。

4

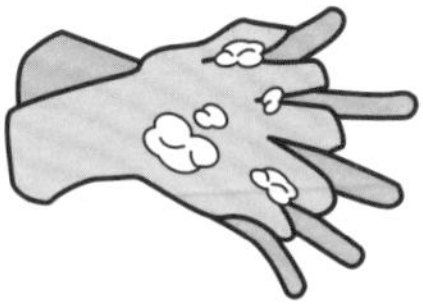

分別用左右手徹底清潔指間縫隙。

5

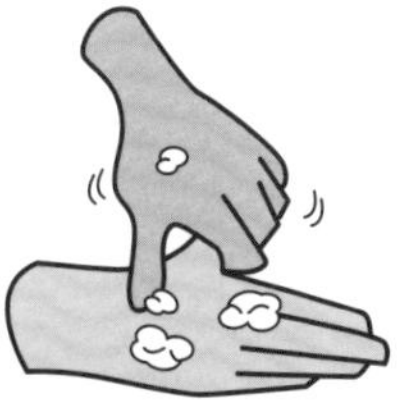

一手抓著另一手的大拇指不停扭轉來清洗乾淨。

6

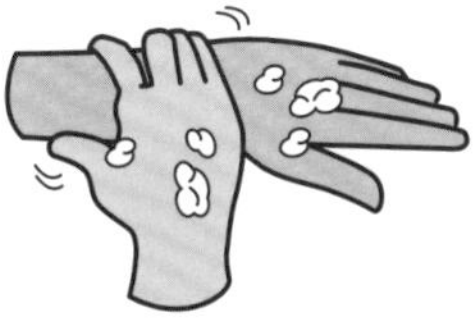

仔細搓揉手腕產生泡泡。

7

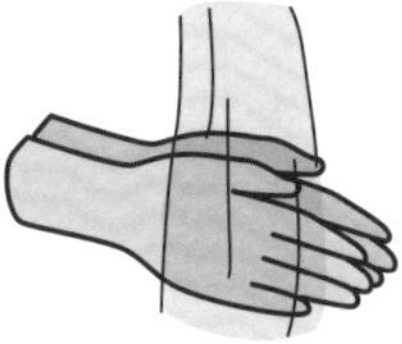

花兩倍的時間仔細沖洗，把肥皂徹底沖乾淨。

8

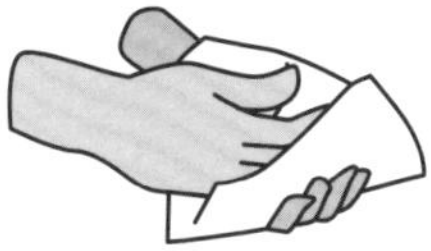

注意傳染給家人的可能性，別使用布毛巾，盡量用紙巾擦乾。

7 為什麼需要接種疫苗？

有疫苗就應及早接種！

疫苗是人類的智慧結晶，也是對抗傳染病最有力的防禦措施，這件事無庸置疑。雖說只有天花是人類唯一完全成功撲滅的傳染病，但事實上也有不少傳染病都是透過疫苗來控制住。另一方面，人們也對疫苗的副作用感到害怕。疫苗究竟是保護人類的救命丹，抑或帶來危害的洪水猛獸呢？佐藤醫生向我們如此說明。

「誠然疫苗產生副作用的可能性並非為零，但我認為因為害怕副作用而不接種疫苗絕非好的選擇。儘管各種疫苗的副作用各有不同，但接種疫苗後出現副作用的機率，和未接種疫苗而感染疾病的機率，可以說後者要高上許多。」

當接種疫苗的選擇權落到個人身上時，我們該從哪些方面來考量？

「基本上，不施打疫苗屬於個人自由，但若從國家整體的角度來看，這對該國的傳染病控制不啻為一大打擊。整個社會中需要多少比例的人具有免疫力才能防止感染擴大，這個數字就是所謂的群體免疫率；以新型冠狀病毒為例，一般認為大約需要達到六〇~七〇%。與流感約五〇~六七%相比，這個數字可以說相當高。這表示，需要七成以上的日本國民接種疫苗後獲得免疫力，才能避免新型冠狀病毒繼續在國內蔓延。換言之，做出不打疫苗的選擇，反而會給其他人添麻煩。」

養過小孩的人都很清楚，醫生建議的疫苗接種數量多得驚人。近年來開始頻頻出現是否有必要接種那麼多疫苗的質疑聲浪。我們究竟該如何理解這類疫苗接種的必要性呢？佐藤醫生是這麼說的。

「人類辛苦開發出來的各種疫苗，對我們來說都是珍貴的武器。傳染病的預防並不是自己一個人的問題，從這個角度來看，我認為有疫苗就打是正確無誤的判斷。」

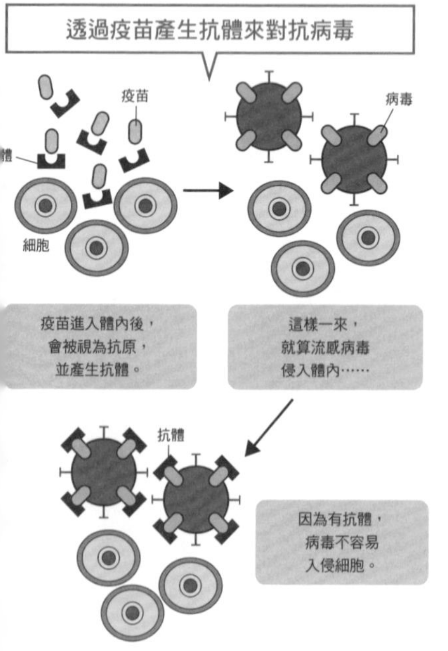
透過疫苗產生抗體來對抗病毒
疫苗
細胞
病毒
疫苗進入體內後，
會被視為抗原，
並產生抗體。
這樣一來，
就算流感病毒
侵入體內……
抗體
因為有抗體，
病毒不容易
入侵細胞。

施打疫苗的效果如圖所示，可以透過抗體防止病毒侵入細胞內。然而病毒還會產生變異。當病毒出現變異的時候，疫苗也不得不隨之改變，這是預防感染的一大難題。

疫苗開發競爭

英國倫敦大學衛生及熱帶醫學院所監測的259種候選疫苗開發情況
（截至2020年11月9日）

	非臨床試驗	臨床試驗第1期	第1/2期	第2期	第3期	核准
RNA	26	2	2	1	2	
DNA	15	1	5			
不可複製性	27	5			4	
可複製性	16	2	2			
不活性	8		3	1	3	
減毒	3	1				
蛋白質次單元	64	9	4	1	1	
類病毒顆粒	14	1	1			
其他／不明	32	3				

BioNTech／輝瑞／上海復星
莫德納／NIAID

牛津大學／阿斯特捷利康
楊森製藥／嬌生
康希諾生物／BIB
加馬列亞流行病與微生物研究所

BIB／中國國藥
武漢生物製品研究所／中國國藥
中國科興／布坦坦研究所

Novavax

臨床試驗的各個階段

非臨床試驗	第一期試驗	第二期試驗	第三期試驗	核准
●抗原鑑定 ●疫苗製劑 ●動物實驗	●對少數志願者（10～100人）進行第一次投藥 ●確認安全性、免疫反應強度和適當的劑量	●100人～1000人規模的投藥 ●注重安全性 ●免疫反應強度	●1000～10000人以上投藥 ●確認免疫反應的有效性 ●確認對更廣泛多樣的群體安全性	●大量生產 ●持續監視安全性和有效性

現在全世界都在研發疫苗，臨床試驗和核准正以人類史上前所未有的速度進行。希望全世界的人都能盡快獲得免疫。

日本人的疫苗接種列表

種類	可預防的疾病
流感	流感
麻疹	麻疹★
德國麻疹	德國麻疹★
水痘	水痘　帶狀皰疹
腮腺炎	腮腺炎
MR	麻疹★　德國麻疹
MMR	麻疹★　德國麻疹　腮腺炎
T-dap（成人用3種）	白喉★　破傷風★　百日咳★
肺炎	A型肝炎
肝炎	B型肝炎（2016年10月～）
Hib（B型流感嗜血桿菌）	流感桿菌
BCG	結核病
破傷風	破傷風★
日本腦炎	日本腦炎★
小兒麻痺	小兒麻痺★
腦膜炎	腦膜炎
肺炎鏈球菌	肺炎鏈球菌
HPV	子宮頸癌　肛門癌

★是日本國民有義務致力預防接種的對象。麻疹、MMR、MR則可視情況接種。

《傳染病專科醫生平時就會做的傳染病自衛手冊》（暫譯，SB Creative）

針對新型冠狀病毒、流感、食物中毒、登革熱等細菌和病毒引起的傳染病實際情況及預防手段詳細介紹。舉凡將病毒隔絕於屋外的方法、避免孩童遊玩時遭到感染的方法，書中不僅提出具體的預防措施，對於免受傳染病威脅的方法也有詳盡的解說，堪稱是受到新型冠狀病毒威脅的全體日本人必讀之書。

迷你專欄

8

非常時期的
緊急應對工具

平時應準備防災用品，以應付不可預期的災害。不過在此之前，第一步首先要思考自己和家人未來可能面臨哪些災害。只要參考國家政府公布的災害地圖、災害損失估計、當地的環境史和災害史等各種情報，就能大致預測未來的災害。根據這些預測，再將自己和家人的居住地與活動範圍（學校、工作地點、上學及上班的通勤路線）納入考量，就能制定出自家的災害損失估計，受災後的生活也可以基於這個假設，提前做好因應對策。例如，居住在可能因大地震而發生海嘯的沿岸地區的居民，和居住在內陸高地的居民，受災內容當然不能相提並論。受災情況不同，需要準備的物資優先順序自然不盡相同。但是，無論發生什麼樣的災害，食物和水這些首當其衝的生活必需品絕對是不可或缺。其他的物資和工具、攸關性命的物品、缺乏會造成麻煩的物品、有的話比較方便的物品，只要按照這樣的順序來準備即可。最後，也建議盡量多準備一些平時會用到的防災用品，以備不時之需。

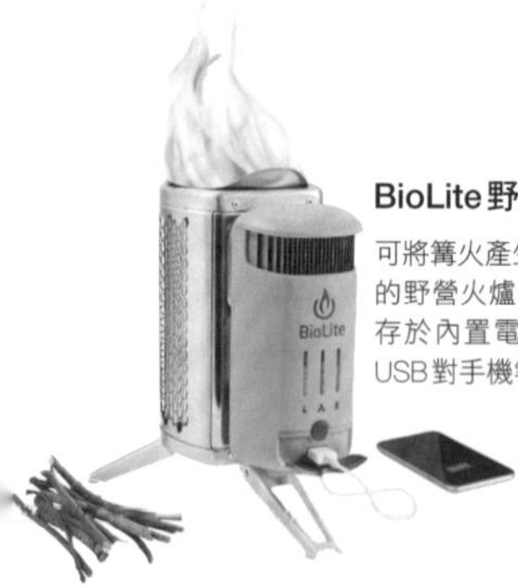

BioLite野營火爐

可將篝火產生的熱量轉換為電力的野營火爐（火力發電機）。儲存於內置電池的電力可以透過USB對手機等設備供電。

防災自行車

折疊式電動輔助自行車，配備有方便手機充電的移動電池，以及無需充氣的無氣輪胎。

JVC行動電源BN-RB10-C（容量1002 Wh）

通過JVC建伍株式會社的品質安全標準，超過1000 W的大容量行動蓄電機，可透過太陽能板發電。品質有值得信賴的日本廠商掛保證。

避難食品（保存期限25年的儲備糧食）

1978年發售的災害儲備糧食，日本大多數的政府機關和據點醫院所採用。常溫下的保存期限長達25年，味道和品質皆無可挑剔。

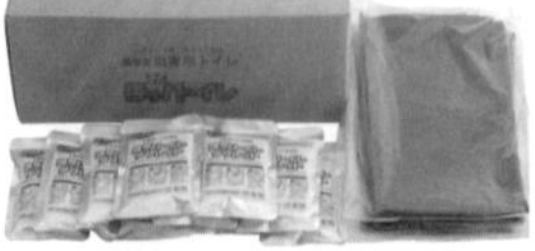

馬桶凝固錠（100袋）＋110枚處理塑膠袋

遇到斷水時，只要用塑膠袋套住馬桶，將錠劑形處理劑（1袋）倒入塑膠袋中，平時使用的馬桶就會立刻變成應急馬桶。

神泉麗水（15年保存水）2L 6瓶

取自北海道真狩村泉地區的湧泉，被當地的愛奴族奉為神之水。保存在保特瓶內的水，在常溫下的保存期限是日本目前飲用水最長的15年。

第10章

野外生物的防護對策

近年來，野生動物為了尋找食物和居所，其活動領域出現極大的變化。
本章將重新檢視與危險生物比鄰而居時，我們應該留意的生活風險。

插畫：鈴木智

1 持續升高的都市獸害

接下來將針對近年來都市生活者也不容忽視的「獸害」進行探討。為了尋求食物和安全，逃離山區和森林的動物們，正朝著人類居住的村落和都市遷徙。這種現象之所以變得如此顯著，其中一項重要原因就在於森林的荒廢。動物的棲息地和覓食地因為過度開發而持續減少，另一方面，日本全國人口稀少地區增加，是導致獸害的重要原因。首先，隨著進入山林的人數減少，動物們開始擺脫人類的威脅，使得棲息地逐漸擴大。再者，由於人口減少和林業的衰退，疏忽了山林的間伐和除草，山區和森林成為廣域的獵食場所，導致野獸數量不斷增加。沒過多久，食物被掠奪一空，野獸開始到人類的村落遊蕩。再加上，植物遭到鹿等動物啃食殆盡，導致山林的樹木逐漸減少。最終，幫助緊密土壤的大量植物根系減少，地基出現鬆動。近年來，日本各地接連發生土石流，主要就是因為山林的地基鬆動所造成的。這樣的惡性循環在山區速

日本全國（本州以南）的梅花鹿估計個體數的中位數約272萬頭（2018年），在農林業和生態系統的破壞等方面，已然成為嚴重的獸害問題。儘管對人類較無危害，但必須注意鹿和車輛的碰撞事故。

害獸的諮詢案件數增加

（主要種類案件數）

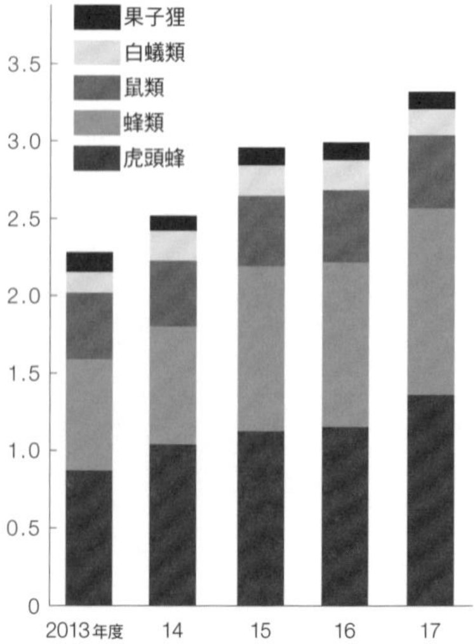

近年來關於果子狸和浣熊等害獸的諮詢越來越多。有些地方政府還會無償提供專門捕捉浣熊和果子狸的器具。

（摘自日本有害生物控制協會2017年資料）

度加劇，可是周邊地區的人類數量仍持續減少，野獸為了尋找棄耕地留下的食物，正不斷地將棲息地擴大。這個結果導致即便是人口稠密的都市，也經常能看到各式各樣的野獸。除此之外，外來種的威脅也是一個嚴重的問題。浣熊和擬鱷龜這類外來種，棲息在都市離人類居住地很近的地方，不僅闖進住家院子裡四處尋找食物，有時還會給人類帶來危害。人類沒有考慮到自然的循環，使得隨意引進的外來種在不知不覺中繁衍生息，並漸漸地侵蝕都市生活者的日常生活。

如今，我們能做的就是別將任何可能變成食物的東西擺在院子裡，時常修剪草木以保持整潔，視情況用防護柵欄將家中菜園圍起來。想當然，一定要避免餵食行為。為了有助於情報收集和驅除，千萬別忘了聯繫政府機構。目前社會對於減少這類獸害的態度和手段正提出質疑。

日本獼猴一旦仰賴人類的村落生存，營養狀態就會獲得改善，也更容易繁殖。不但是僅次於鹿和野豬的第三大害獸，在日本各地也造成生活上的危害。由於經常成群結隊行動，威嚇行動也很容易升級，人們需要格外小心。

基本上會對人類畏懼三分，一旦進入攻擊狀態，力量超乎想像。出現在人類村落的案例不斷增加，試著想像一下與熊對峙的時候該如何行動，多少能有所幫助。要是不幸與熊遭遇，首先要向牠證明自己不是敵人。 照片／PIXTA

2 威脅日常生活的其他生物

Navigator
今泉忠明

日本代表性的動物學家。不僅參與文部省國際生物計畫調查，也在上野動物園擔任解說員，經驗廣泛。在東京鼩鼱、西表山貓的研究中取得巨大成果，對於大部分野生動物的行為也非常熟悉。目前擔任「伊豆高原貓之博物館」的館長。

生物引發的危險種類形形色色，可以想見在某些情況下會對生命造成威脅，甚至有可能遭受重傷。舉例來說，日本各地都有遭遇硬蜱的危險，這種可怕的生物不僅會寄生在貓狗身上，也會寄生在人類身上吸血。人類一旦被咬，就有罹患發熱伴血小板減少綜合症（SFTS）的危險，可能導致發燒、全身倦怠和消化系統症狀等，也有很高的致命性。在市區周邊也能發現硬蜱，因此必須多加注意。此外，蜱蟲還是日本紅斑熱、萊姆病、蜱傳腦炎等多種疾病的元凶，對現代人來說無疑是一種威脅。在森林或山林有可能附著於上衣等衣物上，所以要注意別把它帶進家中。從事戶外活動後，可以透過淋浴等方式來檢查身體上是否附著蜱蟎，這樣多少可以降低罹患疾病的風險。吸血前的硬蜱大小約為三~四公釐，可以用肉眼進行確認，這點與其他蜱蟎不同。

除此之外，還有其他對生活造成威脅的生物潛藏在我們周圍。動物學家今泉忠明先生告訴我們：

「蝮蛇就是其中之一。蝮蛇在夏天怕熱，必須注意是否躲在溪流的岩縫間。與其他蛇類的不同之處在於，蝮

浣熊雖然長得一副可愛模樣，卻會帶來莫大的危害。今泉老師甚至將它排在日本國內最惡劣的外來生物第一名。

在日本廣泛棲息，含有兩種不同毒素，特徵罕見的虎斑頸槽蛇。毒蛋白用來注入獵物體內，另一種強心類固醇用於防禦敵人攻擊；一旦被這種可怕生物咬傷，可能會有生命危險。

紅背蜘蛛是原本棲息於澳洲一帶的物種。日本是在1995年首度證實出現在大阪，現在是以近畿為中心向外擴散。透過毒牙注入毒液，不過據說一隻的毒性還不至於讓人類致命。

蛇不太會逃跑，似乎是對自己很有自信。另外，說到外來種，就不得不提到可怕的紅背蜘蛛。這種蜘蛛會通過毒牙注入毒液，一旦遭到咬傷，就會出現發燒、淋巴結腫大、頭痛等症狀。到目前為止，幾乎所有的都道府縣都有發現紅背蜘蛛的存在，多半躲藏在陽光充足且溫暖的陰暗處。」

再者，近年來相繼收到出沒情報的紅火蟻，也是一個令人畏懼的存在。紅火蟻棲息於東京、大阪、愛知等都市地區的公園和農田等處，據傳性格極其凶猛。它會攻擊、捕食爬蟲類和小型哺乳動物，堪稱凶猛的外來種。一旦遭螫咬，除了生物鹼毒素引發劇烈疼痛外，還可能因過敏反應（過敏性休克）而危及生命。據說殺蟲劑和熱水可有效防範紅火蟻，萬一不幸遭到螫咬時，最好盡快到醫院就診。

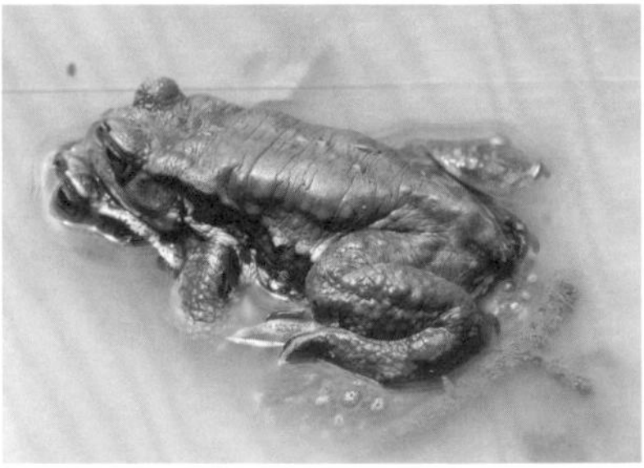

說到劇毒青蛙，在日本需要注意分泌乳白色毒液的蟾蜍。萬一不慎誤食，有可能對神經系統和循環系統造成嚴重的損害。

「浣熊也是都市的一大問題。浣熊不但脾氣暴躁，也會用銳利的牙齒和爪子攻擊，不能因為外表可愛就任意靠近。從傳染病的角度來看，即使生活在都市，埃及斑蚊、非洲大蝸牛和會螫咬人的紅背蜘蛛與擬鱷龜，這類生物帶來的危險也正持續增加。」

儘管很難完全排除風險，但我們首先可以做的就是無論生物大小，都要避免接觸，尤其最好對危險生物有一定程度的認識。萬一被螫傷或咬傷，千萬別低估嚴重性，應尋求醫院的協助，避免最糟糕的情況發生。

全世界已知的硬蜱超過800種，其中有47種在日本棲息。硬蜱多半在春天到秋天這段期間頻繁活動，必須特別注意。

3 如何躲避熊的攻擊

應付熊的方法 A 學者篇

Navigator
山崎晃司
東京農業大學教授，長年在奧多摩、日光足尾、俄羅斯等地研究黑熊的生態和熊出沒的機制，以及野生動物的保育與管理。「熊是如何將生活習慣傳給孩子」是他目前最關心的課題。

從本節開始，我們將針對與熊遭遇時的做法，徵求各界專家的意見；雖然平時遇到熊的機會不高，但光是想像就令人不寒而慄。首先請教長年研究黑熊的山崎晃司先生。

「熊本身也想盡量避開人類。根據某項調查，即使在十公尺以內的距離與熊遭遇，也有九成的熊會掉頭逃跑。尤其當人類結伴同行時，熊更不會主動靠近。人類絕大多數都是在單獨行動的情況下，才會遭到熊的襲擊。這裡希望大家記住一件事，即使熊朝人類接近，也不會持續發動攻擊，因為熊並不會吃人。面向熊緩緩地後退拉開距離，避免刺激到它。即便熊直衝過來作勢攻擊，也有可能在人類面前突然改變方向。要是熊真的開始做出攻擊行為，我們能做的只有趴在地上，保護好自己的臉和脖子，想辦法撐過這段時間。有些案例是靠奮勇作戰才將熊擊退，但如果選擇這種方式的話，就要做好下巴被擊碎這類顏面重傷的覺悟。」

若在山林等地見到熊喜歡吃的山毛櫸、橡木果實，或者樹莓、水芭蕉等植物，就要採取一定程度的警戒。確認附近是否有動物的痕跡也很重要。

如果有即將遭到襲擊的預感，或許最好的方法就是用這種姿勢，確實保護後腦勺和腹部，來撐過這段攻擊。

熊這個舉動稱為威嚇突進行動。在衝向目標物後，利用猛擊地面等方式來威脅對方。進行這樣的威嚇之後，熊多半會後退或改變方向，以此避免對決。

有時熊會在陡坡上建立窠穴，因此突然窺視洞內是非常危險的行為。

應付熊的方法 B 獵人篇

Navigator
坂村義照

獵人，出生在東京奧多摩的獵人世家，從事建築業多年，會定期到山上打獵。致力於撲滅野豬和野鹿等害獸，正在努力培養接班人。

接下來輪到獵人坂村義照先生來說明。他目前為止已在山中遇到熊大約有十次之多。他根據自己當時的經歷，以及夥伴提供給他的情報，向我們介紹與熊遭遇時的適當應對方式。

「熊可以在樹上、陡峭懸崖或瀑布的任何地方迅速移動。假如我們把一顆石頭扔到谷底，從懸崖朝下直衝的熊甚至可以追得上石頭，由此可見它的速度有多麼驚人了，所以就算跑給它追也沒用。也有人說用鈴鐺聲逼退熊毫無意義，這就是獵人和從事林業的人都不會在身上繫鈴鐺的原因。在熊的面前逃跑的人往往會被熊追趕，所以還是別立刻拔腿就跑。此外，把背包扔過去，有時能成功吸引熊的注意力。裝死這種做法在突發狀況下很難做到，就我來看幾乎沒有效果；假使用槍以外的物品攻擊，一定會遭到反擊。總之，只能透過慢慢轉移注意力的方式離開。只要心裡知道熊不會吃人，就無須過分害怕。」

坂村先生還指出，必須警惕幼熊。

「幼熊幾乎不會獨自四處遊蕩，熊的父母一會在附近陪伴。只要幼熊發出聲音，父母就會馬上趕來。想要保護孩子的父母可是會發了瘋似地攻擊，最好特別小心。」

過去坂村先生飼養的紀州犬，就算面對熊也絕不退縮，會勇敢地追捕獵物。

應付熊的方法

C

山岳救助隊篇

Navigator

細川直樹（左）　坂根孝之（右）

隸屬東京消防廳奧多摩消防署。坂根先生曾是山岳救助隊的一員，細川先生則隸屬於奧多摩二部山岳救助隊。身為小隊長的細川先生，負責在山中搜救遇難者、救助傷患等任務。

下面我們詢問山岳救助隊的專家遇到熊的時候應該如何因應。

「首先別做出劇烈的動作，也不要大聲喧嘩。目不轉睛地緊盯熊的眼睛不放。就這樣安靜地慢慢拉開距離。要是做出誇張的舉動，可能會讓熊誤以為即將遭到攻擊，反而對我們發動襲擊。」

坂根先生實際上就曾使用過這種方法避免和熊近距離接觸。當時他正在山中享受溪中垂釣的樂趣，卻看見不遠處的岩石後方，有一團黑影蠢蠢欲動。據說距離約有五十公尺。

「我直直盯著對方的眼睛，停在原地一動也不動，同時抽了兩根菸。我知道對方也一直站著不動看著我的眼睛，於是緩緩後退拉開距離，這才躲過一劫。」

坂根先生說，當遇到熊的時候，關鍵在於別待在同一個地方。他又以過去在北海道被棕熊襲擊的學生為例，向我們解釋道：

「那群學生被棕熊死纏不放，一個個輪流遭到襲擊。一開始是學生的背包被熊搶走，學生們想找機會把背包搶回來，但這麼做是錯誤的。熊一旦得到就會認為這是屬於自己的東西，我猜牠應該就是執著在這一點上。過去也有多起被熊緊追不放並受到襲擊的案例。」

目不轉睛地盯著熊的眼睛，保持鎮定，慢慢向後退。這是多位專家皆不約而同提到的策略之一。

應付熊的方法 D 越野跑者篇

Navigator
奧宮俊佑

越野的跑者。學生時代有過長跑經驗，接近30歲時開始從事越野跑活動。活動範圍相當廣泛，比如參加世界各地的比賽、製作比賽企畫、舉辦學校講座等。

越野跑者奧宮俊佑先生說，自己有時會選擇去人跡罕至的山中跑步。我們問他萬一遇到熊會採取什麼行動。

「首先要壓抑試圖不顧一切逃跑的衝動，最好盡量緩慢移動，同時盡快準備好防熊噴霧器，維持在隨時可以噴射的狀態。即使熊朝我們接近，也不要考慮戰鬥，完全相信噴霧器的威力。反之，若覺得熊把距離拉開，也不能因此鬆懈，總之先溜為妙。」

奧宮先生雖不忘對遇到野生動物抱持警戒，但同時又對大自然中意外的體驗感到興奮不已。

奧宮先生再三強調準備的重要性。上山時要設想各種情況，充分做好事前準備。

「我總是隨身攜帶防熊噴霧器和哨子，以備不時之需。在熊有可能隨時出現的區域，我會一邊吹哨子一邊跑步。另外就是多多注意植被吧。進入枹櫟或麻櫟較多的地方，或者進入落葉闊葉林的時候，心中一定要保持某種程度的警戒。再來是應付蜜蜂。我會準備毒液吸取器和抗組織胺藥物，同伴之間也會準備一組急救箱。在山上跑步時，不光是熊，還要對遇到各種動物和受傷做好準備。」

越野跑常出現只有自己一個人的情況，因此非常需要高度的求生意識。

「保持冷靜是很重要的一點，盡量冷靜行動比什麼都來得重要。」

無論何時都會隨身攜帶愛用的防熊噴霧器，然而本人卻說實際未曾使用過。

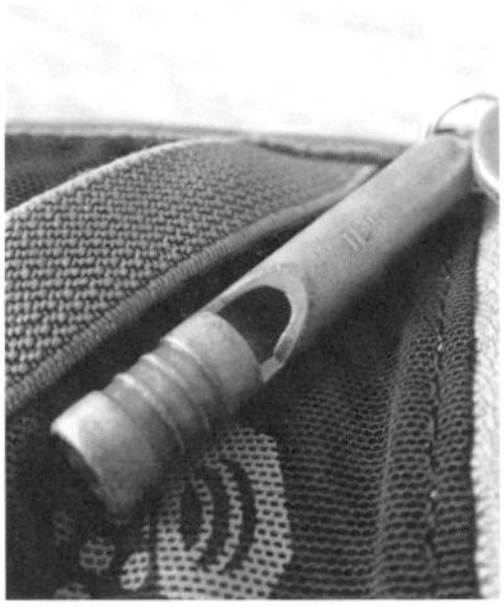

在植物茂密的大自然中，想要突顯自己的存在，哨子是極其有效的工具。

應付熊的方法

E

巴西柔術師篇

Navigator

入江秀忠

綜合格鬥家、巴西柔術家。經歷過相撲、修斗等比賽後，於綜合格鬥技團體UFC從三冠王丹·塞文（Dan Severn）手中奪下日本人唯一的一勝。目前從事綜合格鬥技、巴西柔術等指導工作。道館的詳細內容請參閱「Kingdom Ehrgeiz」網站。

下一位是巴西柔術師入江先生，我們詢問他有何對付熊的妙招。

「引誘對手刻意從下方攻擊，可說是這項競技的特色。雖然看上去像是受到壓制，但實際上在下方反而更有優勢。在控制對手的同時保持耐心，不放過任何瞬間的機會。雖說這招實際上不知是否行得通，但具備下方攻擊能力的巴西柔術，說不定是足以擊敗熊的競技之一。」

入江先生表示，如果與熊遭遇而無法逃脫的話，他會拿著大型物品讓自己看起來更加巨大，或者爬到高處進行威嚇。假設這麼做仍舊遭到襲擊，入江先生也擬定了因應對策。

「別移開視線，也不能背對著熊。如果距離不近不遠的話，慢慢地接近它方為上策。要是被壓制在地面，那就迅速地讓自己的頭穿出左右任一邊，以避開尖齒利爪的攻擊。隨後利用腳的力量，用腳抵住熊的腋下。如果有機會的話，我會瞄準熊的下巴猛力一踢。」

入江先生說，儘管有這幾招可以應付，但人類只有智慧可以勝過熊。他強調要保持冷靜，盡可能運用智慧，尋找為數不多的機會來取勝。

「如果對手是人類的話，像這樣壓下來的時候，從下方順勢一腳踢上去是非常有效的一招。如果面對的是熊，那就只能不顧一切地用這種方式連踢。要是還行不通的話，就瞄準眼睛攻擊。」

「在巴西柔術中，這招三角絞殺是一種威力強大的招式，但如果對手是熊的話，有可能會用利牙來反擊……。萬一變成這種姿勢，不妨試著用拳頭攻擊喉嚨，用腳勒緊脖子，以免胯下遭到咬傷。」

「與熊對峙時，如果被壓制在下方的話，就把腳伸進熊的腋下進行防禦。如果有機會的話，一邊注意爪子一邊抓住手臂，從反方向交換位置，繞到熊的背後。選擇往左或右換位或許就是勝負的關鍵，不過不容易做到就是了。」

松永先生雖然説要踢向熊的前腳，但這其實是非常危險的舉動，何況一般人幾乎不可能一擊粉碎強壯的熊的前腳。

應付熊的方法 F 職業摔角手篇

Navigator
松永光弘

前職業摔角手。於FMW、W★ING、大日本職業摔角等數個團體展現激烈的戰鬥，有「Mr. Danger」之稱，過去在凶器攻擊和流血戰中也展現其無可匹敵的實力。目前在東京墨田區經營「Mr. Danger」牛排館。

松永光弘先生過去是一名很喜歡嘗試各種危險的格鬥家。我們認真地詢問他是否有興趣與熊對戰，結果得到以下的答案。

「我曾被自己飼養的蠍子螫過。我從以前就對危險的生物深感興趣，可惜人類實在無法和棕熊相抗衡，所以我曾經認真地思考過或許可以打敗黑熊。老實說，每當聽到有關擊退熊的新聞報導時，都會讓我不禁躍躍欲試起來。」

松永先生說，想從熊的手中逃脫，可以說是在拿生命開玩笑。既然逃跑也有遭到攻擊的危險，那麼身為一名格鬥家，一定會選擇奮不顧身地面對戰鬥。

「被打中一拳就完了，所以只能在熊尚未進入攻擊狀態之前先發制人。熊站起來之前是四隻腳著地。如果能在那個狀態接近的話，我會選擇攻擊前腳。猛烈的下段踢或許是可以期待效果的手段，但必須具備一擊必殺的威力。不然就是找個棍棒類的武器。如果棍棒在戰鬥中斷掉的話，就拚命地攻擊對方的眼睛。當離得太近，手邊又沒有工具，只能硬著頭皮上的時候，就只剩下用手指插眼這一招，除此之外別無他法。」

迷你專欄

10

現代文明病之一的依存症

大腦反覆從特定的刺激中尋求快感，怎麼戒也戒不掉……。
依存症堪稱是一種現代病。及早接受專業醫生的治療非常重要。

酒精成癮

在社會上往往給人「每天喝一大堆」、「毫無節制」、「發酒瘋」的印象，但事實未必盡然如此。為了睡個好覺或紓解壓力而多喝酒，導致酒後經常丟三落四、酒後的隔天慾望下降、不喝酒時出現戒斷症狀（盜汗、失眠、手抖等），這些都是成癮的特徵。

藥物成癮

演藝圈的違法濫用藥物事件頻傳。想戒也戒不掉，濫用非處方藥或醫院開的處方藥，因而深受幻覺、失眠、情緒低落等戒斷症狀所苦。若濫用的是成分不明的合成大麻素，即使出現急性中毒症狀，也不容易解毒。從某種意義上來說，比起非法毒品的危險性更高。

賭博成癮

醫院的正式診斷名為「病態賭博」。陷入無法控制自我的狀態，通常伴隨著向高利貸或地下錢莊等處借款、失業、家庭不和、憂鬱等負面影響。為了買馬票而手機不離身、柏青哥店開店前就在店門口排隊，一旦發現家人有這類行為，就要盡快採取對策。

購物成癮

買東西就能讓精神振奮，暫時忘記不愉快的事情。無法克制衝動購物的慾望，有些人會反覆貸款，甚至不惜傾家蕩產。有些憂鬱症患者會為了讓心情變好而購物，也有像這樣的合併症狀。一般認為女性患者較多，但臨床上其實也好發在男性身上。

網路成癮

以高中到大學生為大宗，為逃學和家裡蹲的原因之一。有些人過於重視和朋友之間的關係，從而出現必須馬上回覆電子郵件的強迫症，有些人甚至手機一刻也不離身。也有不少家庭主婦由於結婚生子導致生活環境產生變化，為了找到聊天對象，沉迷於社交軟體。

竊盜癖

無法克制想偷東西的衝動和慾望，是一種無法控制自我的疾病。偷來的東西通常會拿去扔掉、藏起來或送給別人，而不是作為個人使用或賺錢。有不少報告指出這種疾病會合併暴食症或購物成癮。

性癖症（性成癮）

沉迷特定的性行為（通姦、手淫、偷窺等），透過性交易等方式與不特定的多數人發生關係，或是無法戒除上風俗店的習慣，這些人都有可能罹患性成癮這種疾病。男性患者會對女性的認知產生極大扭曲，有時會引發性騷擾、偷拍、強制猥褻罪等性犯罪。

跟蹤狂

意欲束縛和控制對方的跟蹤行為，是一種對扭曲的人際關係的依賴。常見於戀愛等感情關係糾葛，患者受到如海嘯般的巨大情感所支配，即使對方明確表示拒絕，仍會糾纏不休。控制感情雖非容易之事，但依存症乃是需要治療的疾病，最好尋求專業醫生的協助。

家暴

除了身體暴力之外，也包括單方面控制等心理暴力、經濟暴力，以及強迫發生性關係的性暴力。由於加害者往往缺乏生病的自覺，因此很難令其接受治療；若能在接受治療的過程中瞭解自己的情緒控制和衝動性，學習如何面對家人，就有機會獲得改善。

資訊提供：醫療法人社團　祐和會　大石診所

第11章

心理健康的維護

為了保持隨時都能不慌亂、不緊張，冷靜做出適當的情報判斷，
本章將針對紓緩壓力、保持心靈平靜的訣竅加以探討。

插畫：鈴木健太郎（P158-166）、岡本倫幸（P166-175）

1 自我心理控制的基礎

精神疾病患者總人數的變化(按疾病分類)

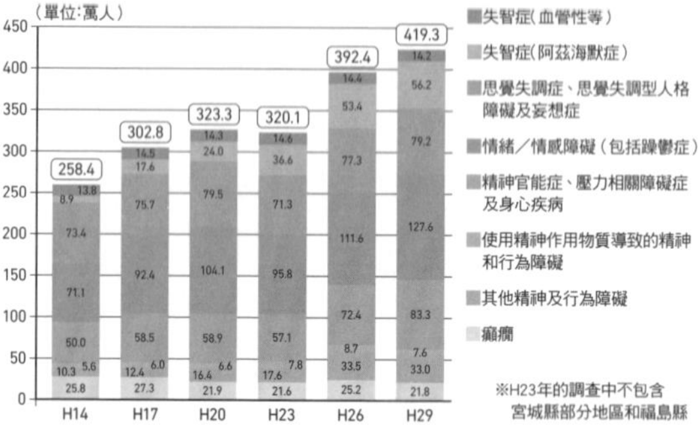

(單位:萬人)
450
400
350
300
250
200
150
100
50
0
258.4
302.8
323.3
320.1
392.4
419.3
13.8
8.9
73.4
71.1
50.0
10.3
5.6
25.8
14.5
17.6
75.7
92.4
58.5
12.4
6.0
27.3
14.3
24.0
79.5
104.1
58.9
16.4
6.6
21.9
14.6
36.6
71.3
95.8
57.1
17.6
7.8
21.6
14.4
53.4
77.3
111.6
72.4
8.7
33.5
25.2
14.2
56.2
79.2
127.6
83.3
7.6
33.0
21.8
H14
H17
H20
H23
H26
H29
失智症(血管性等)
失智症(阿茲海默症)
思覺失調症、思覺失調型人格障礙及妄想症
情緒/情感障礙(包括躁鬱症)
精神官能症、壓力相關障礙症及身心疾病
使用精神作用物質導致的精神和行為障礙
其他精神及行為障礙
癲癇

※H23年的調查中不包含宮城縣部分地區和福島縣

此為厚生勞動省公布的最新精神疾病患者人數變化，很明顯可以看出深受精神問題困擾的患者正在持續增加。包括躁鬱症在內的情緒障礙人數不斷增加，這個問題相當嚴重。

Navigator

松本真紀子女士

松本溝通研究所的創辦人。危機預知感開發、危機管理能力、對話能力訓練皆為其專業，綜合行為科學、交涉、管理與諮詢等影響人類思考和行為的觀點，獨自彙整出一套程序，並以此展開個人和企業的培訓活動，致力於溝通能力的開發。

調節自律神經 有助於維持心理穩定

在都市生活中，必須時刻對大災難或大事故的風險保持警惕。本章要探討的不是物理上的求生，而是心理上的風險。

生活在現代社會，心理危機對人類來說雖然近在咫尺，卻也是一個不易克服的難題。尤其居住在大都市，如何應付日積月累的壓力，如何保持心理健康，這些處世之道可以說已經成為人人都須具備的生活技能。為此，我們請教針對企業和個人介紹如何訓練心理和溝通能力的專家松本真紀子女士的意見。

找到最合適的第三者

最好找到在任何情況下都願意站在自己這邊、認真傾聽話語的第三者。如果有這樣的第三者，避免精神崩潰的可能性就會大大提高。耐心尋找這樣的第三者也是一件很重要的事。

首先必須瞭解一件事，那就是我們的身體是受到自律神經所控制。我們的心臟、肺、大腦之所以能在無意識間正常活動，是因為自律神經（交感神經、副交感神經）充分地保持平衡。自律神經一旦失去平衡，不僅會對心理方面帶來負面影響，也往往導致全身到處不舒服。換言之，調節自律神經的平衡，對維持心靈平靜有很大的幫助。松本女士說道：

「我們無法透過自己的力量完全控制自律神經，但我們可以藉由從各個層面自我調整，使自律神經處於平衡狀態。自我調整的具體方法之一，就是整理自己身處的內部和外部環境，這也代表著整理思考。整理思考的結果，將會走到『整理話語』這一步；換句話說，這意味著我們要有意識地重新選擇平常所使用的話語。這個步驟的重點在於，我們必須注意到，自然浮現在腦海中的話語，其實往往是會讓自己不由得感到沮喪的話語；經常用這樣的話語來看待、思考周遭事物，心情當然不會快樂起來。不妨換成其他的說法，試著使用自己聽了之後能發自內心快樂起來的話語。我相信透過這樣的訓練，有助於調節自律神經。」

舉例來說，想必應該有不少人會經常在心中暗罵「搞什麼鬼」這句話。重新檢視這類習慣用語時，如果感覺聽了這句話，會讓自己的心情變差的話，那就找其他的詞彙做替換訓練。即便在別人的耳裡聽來是髒話，只要覺得這句話不會讓自己心煩意亂，那就直接使用也無妨。總而言之，從理論來看，我們的思考模式會根據使用的話語不同，而產生極大的變化，同時也會大大影響我們的精神狀態，甚至可能破壞自律神經的平衡。如果想要取得心靈上長時間的平靜，首先要記住「語言的篩選」是非常重要的一個過程。

「調節自律神經」

調節自律神經

▼

調整自己

▼

調整環境
（人際關係、生活環境、生活方式等）

▼

調整思考

▼

調整話語

▼

傾聽自己日常生活中的話語

使心跳數增加、血壓上升的交感神經，與使心跳數減少、血壓下降的副交感神經，維持兩者之間的良好平衡，有助於調節自律神經。從這張圖可以看出，面對自己的話語比什麼都來得重要。只要能控制自己發自內心的話語，就有望獲得心靈上的安定。

2 如何主宰自己的情緒？

每一個人都有自己的情緒開關

「對人際關係煩惱不已，或者希望紓緩災難後的恐懼心理時，情緒管理就變得相形重要。當受到難以駕馭的情緒支配時，首先要從第三者的角度去分析和理解自己為何會出現這樣的情緒波動，我認為這一點非常重要。譬如，被上司用難聽的話訓斥時總是受一肚子氣，變得心情煩躁，這時不妨像看電視一樣，重新檢視自己的內心發生什麼樣的情感變化。我們往往認為，當別人提出不合理的要求時，自己會出現憤怒的情緒也是理所當然之事，但要是因為『理所當然』而停止思考的話，自己就只能繼續體驗負面的情緒而束手無策。如果反覆經歷不合理的事情產生負面想法的過程，那就乾脆將理所當然的事情擱在一旁，試著觀察自己情緒上的變化。這時，你可能會發現自己的情緒其實是被大聲的斥責聲所影響，或是被對方說出的話所傷害，又或者自然地回憶起過去完全不一樣的不愉快經歷，導致出現負面情緒。這樣就能知道自己的情緒開關會對什麼產生反應。」

即使沒有辦法解決，只要弄清楚「發生了什麼事」，壓力也會減輕，像這樣的例子不在少數。問問自己「內心到底發生了什麼事」，可說是一種非常有效的情緒控制術。

「可以的話，別光問自己，如果能問第三者的話就更有效果。只要是和自己沒有利害關係的第三者，即使不是精神科醫生或心理諮詢專家，也極有可能成為很好的傾聽者。通過與其他人交談，注意到『喔，原來是這樣的理由』，即使情況沒有任何變化，心情也會感到平靜。」

整理狀況

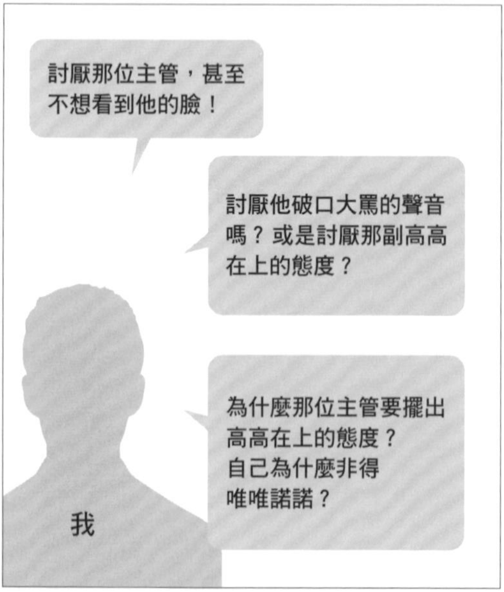
討厭那位主管，甚至不想看到他的臉！
討厭他破口大罵的聲音嗎？或是討厭那副高高在上的態度？
為什麼那位主管要擺出高高在上的態度？自己為什麼非得唯唯諾諾？
我

只要分析並整理狀況，有順序地理解情緒的變化，這樣往往能讓鬱悶的想法和心情逐漸撥雲見日。「悶悶不樂」的心情，大部分是因為自己的思考在中途停住了。仔細想想，或許可以發現焦慮和恐懼實際上根本就不存在。

自己就能做到的情緒控制法

這是可以解決的問題嗎？抑或是無法解決的問題？

受到外部因素干擾而變得心煩意亂時，內心會自動將開關打開。只要調查一下這個開關是在什麼樣的情緒波動下開啟，狀況就能獲得大幅改善。舉例來說，一想到每個人都會面臨的「死亡」，就無法停止心中的不安。這個時候，不妨試著重新理解自己的思考順序，按照左上的方式，一步步推展思考的訓練。如果得出的結論是不想再繼續思考「自己無法解決」的問題，那麼下一步就是找到切換思考的開關或屬於自己的慣例。比方說，享受自己愛吃的食物、看喜歡的搞笑藝人的影片、睡覺、活動身體、煮飯或整理等。若能找到一些不用特意花錢或浪費時間，隨時隨地都能做的事情就再好不過了。每個人的情緒變化及自己的開關在何時何地啟動皆各有不同。也就是說，為了重新面對「自己」，讓自己維持在健全的狀態，必須設法找出切換思考的開關。這種尋找切換開關的方法，若能請教第三者「你遇到這種情況是如何解決？」並一起分析的話，想必就會成為效果更好的心理訓練。

試著分析問題是否有辦法解決

一想到自己總有一天會死亡，
就無法停止心中的不安

▼

可以避免死亡嗎？
毫無疑問沒人躲得掉

▼

如果無法避免，至少希望能選擇死去的方式。
希望在家人的陪伴下離開，希望能做好準備。
那麼我們該如何生活呢？

▼

既然無法停止對「死亡」的想法，
起碼要切換一下思路

若按照圖中的思路來思考「死亡」，應該可以重新理解這是一個怎樣都無法解決的問題。怎麼想也無濟於事，只能讓自己放棄思考。既然如此，為了不陷入思考的迷宮，應該自己找出切換思路的開關。

輸出為語言，就能發現更多

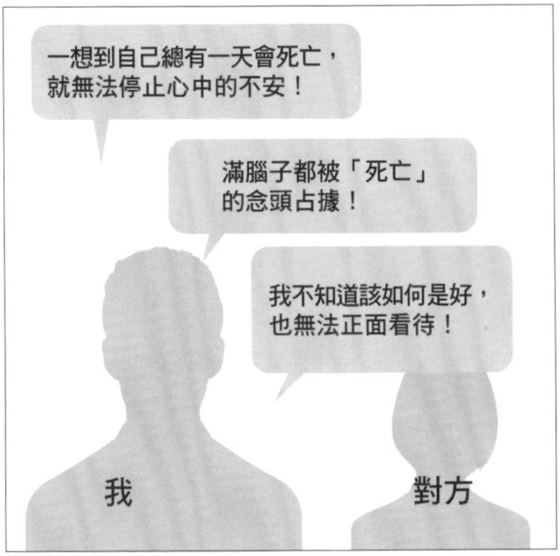
一想到自己總有一天會死亡，
就無法停止心中的不安！
滿腦子都被「死亡」
的念頭占據！
我不知道該如何是好，
也無法正面看待！
我
對方

大部分情況下，用語言表達出來就能冷靜地面對問題，而非只在腦中思考。最好是找個最合適的第三者，把自己心中的不安都一五一十地說出來。因為即使無法獲得好的建議，也能透過「說話」這個行為來冷靜的分析和理解。

3 如何擺脫心理創傷

腦海不斷浮現又消失的不安 將這些話語逐一替換

PTSD（Post Traumatic Stress Disorder，創傷後壓力症候群）這個名詞及其含義如今已廣為人知。在經歷過大災難或生死攸關的嚴峻狀況之後，這些經驗會變成心理創傷，成為長久揮之不去的障礙。目前尚未出現明確治癒PTSD的方法，但我們仍試著詢問松本女士哪些做法有助於減輕過去受到的創傷。

「例如，經歷過大災難之後不幸罹患PTSD，這時第一步就是接受無論自己多麼渴望回到過去的時光仍回不去的事實。心理受到創傷的時候，一定有不少人會自問為什麼會變成那樣，要是自己沒遇上那場災難就好了。但即使想得再多，自己也無能為力。繼續思考這些無法挽回的事情，會給自己帶來多大的負面影響？總之有這樣的認識之後，即可朝下一步邁進。」

在探究這種狀況的本質的過程中，可以明白不由得在腦海中反覆上演的災難經歷，具有緩和自身創傷的提示。松本女士繼續說道：

「這個時候希望大家能注意自己不自覺重複的語句。如果那句話和壓力幾乎等同畫上等號，那就試著改成其他語句。我建議大家不妨嘗試看看。在這個過程中，如果找到目前為止不斷拿來責備自己的語句，那麼下一步就試著去面對這句話。例如，對自己說的話為何會傷害到自己？然而，在心中進行這樣的訓練，並不能馬上減輕或消除PTSD或心理創傷。只要能讓心情慢慢地放鬆即可，請大家抱持這樣的心態。」

不管怎麼說，當心中的念頭朝著不好的方向前進時，別想著要立刻解決，這一點非常重要。這時只能試著慢慢地改變思考的順序和話語，讓心靈緩緩恢復，逐漸放鬆心情。這麼做一定能找到解決問題的線索。

有不少人在經歷過災難後都會罹患PTSD。雖然沒有特效藥，但只要想著心情會隨著時間慢慢恢復就好。已經在腦海中成為習慣的焦慮念頭，其實可以慢慢地加以改善。

替換語句的方法

只要將浮現在腦海中的語句逐一替換，就能慢慢地消除焦慮。
那麼該如何改變思考方式呢？下面介紹一個例子。

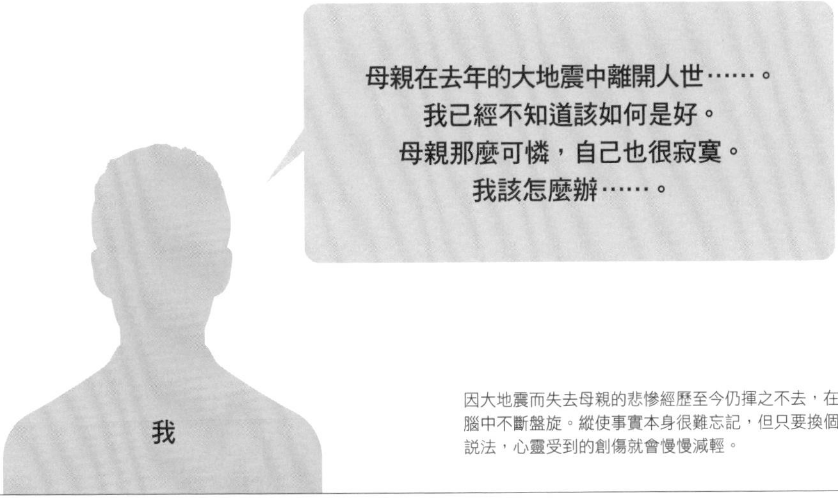
母親在去年的大地震中離開人世……。
我已經不知道該如何是好。
母親那麼可憐，自己也很寂寞。
我該怎麼辦……。
我

因大地震而失去母親的悲慘經歷至今仍揮之不去，在腦中不斷盤旋。縱使事實本身很難忘記，但只要換個說法，心靈受到的創傷就會慢慢減輕。

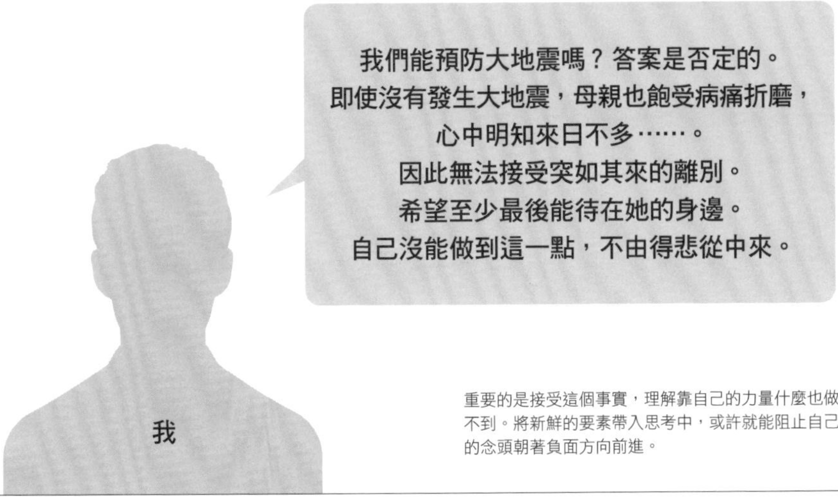
我們能預防大地震嗎？答案是否定的。
即使沒有發生大地震，母親也飽受病痛折磨，
心中明知來日不多……。
因此無法接受突如其來的離別。
希望至少最後能待在她的身邊。
自己沒能做到這一點，不由得悲從中來。
我

重要的是接受這個事實，理解靠自己的力量什麼也做不到。將新鮮的要素帶入思考中，或許就能阻止自己的念頭朝著負面方向前進。

4 不陷入過勞僵局的方法

自己所重視的事項一一列舉出來

本節將探討已然成為社會問題的過勞死案例中，因心靈受創而被迫自殺的案例。為了讓心情輕鬆下來，松本女士教我們一種可以明確優先順序的思考術。

「當陷入工作過度的狀況時，請試著捫心自問，自己真的希望發生這樣的狀況嗎？透過問題試著列舉幾個影響自己選擇的因素，例如因為家人有很高的期待而無法從目前的公司離職，或是因為自己努力至今才好不容易進入現在的公司等等。這個時候一定要考慮到自己生命中的優先順序。每個人應該多少有幾個想要保護的重要事物吧？這些事物和自己的生命相比，優先順序又是如何？要是覺得沒有比自己的生命更重要的事物，那就暫時把自殺這個選項消除掉吧。或者，如果無法確定自己的生命和其他重要事物的優先順序的話，能不能

列出優先順序

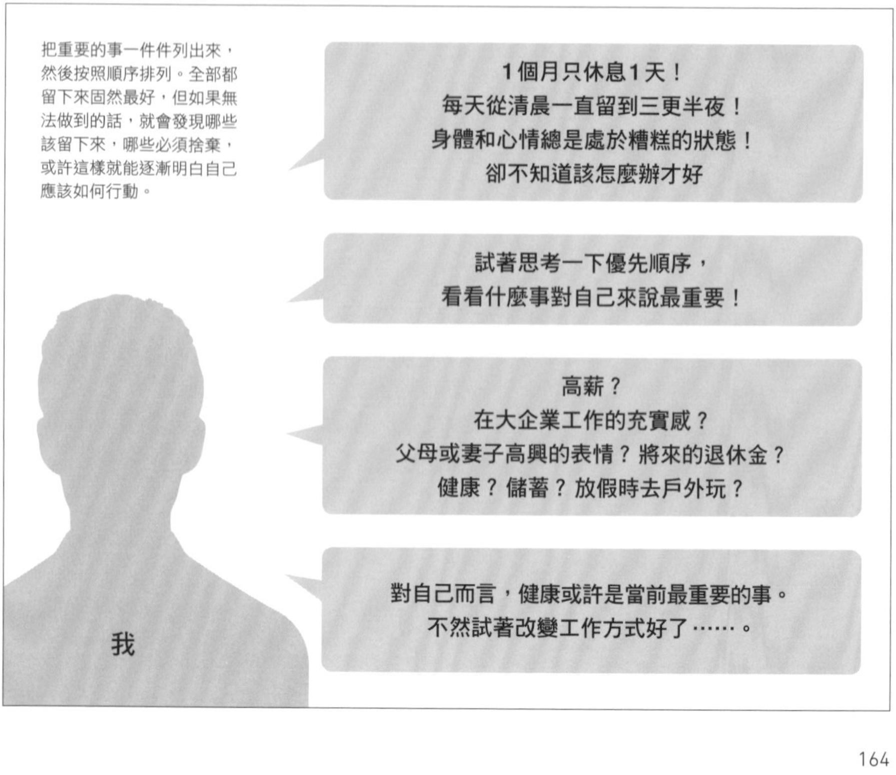
把重要的事一件件列出來，然後按照順序排列。全部都留下來固然最好，但如果無法做到的話，就會發現哪些該留下來，哪些必須捨棄，或許這樣就能逐漸明白自己應該如何行動。
1個月只休息1天！
每天從清晨一直留到三更半夜！
身體和心情總是處於糟糕的狀態！
卻不知道該怎麼辦才好
試著思考一下優先順序，
看看什麼事對自己來說最重要！
高薪？
在大企業工作的充實感？
父母或妻子高興的表情？將來的退休金？
健康？儲蓄？放假時去戶外玩？
對自己而言，健康或許是當前最重要的事。
不然試著改變工作方式好了⋯⋯。
我

向與自己沒有利害關係的第三者說出自己的想法就變得非常重要。先把自己心中想著這些話語的事實說出來，用自己的耳朵仔細聆聽，在這個情況下由第三者或自己重新驗證，這樣的行為多半都很有效。」

然而，松本女士指出，即使認清自己的優先順序，瞭解自己的生命比什麼都重要，但能不能立刻辭掉工作又另當別論。

「在這樣的情況下，大部分的人都會認為無法原諒辭掉工作的自己。這時候，第三者就能發揮很大的力量。自己也許能夠更加努力，或是可能會受到別人指責等等，最好把自己的想法傳達給第三者。如果覺得這樣還是無法改變自己的想法，那就耐心地尋找其他的第三者。人跟人之間都有合不合得來的問題，要找到善於傾聽並提供足以影響他人一生的意見，同時和自己合得來的對象，可能不是一件容易的事。儘管如此，我仍希望大家能繼續追尋不要放棄。找出這樣的人的關鍵在於，不會直接否定你的想法，不會把自己的價值觀強加給你。聲調、語速、附和的時機等，其實都很重要。希望大家都能找到接受現在的你，願意與你討論的人。」

無論是重新檢視自己的想法，還是傳達給第三者，重要的是必須盡量解開莫名的不安、恐懼和絕望的理由。對敵人的狀況無法掌握，就找不到擊退敵人的方法。不過，只要能多少看出敵人的真面目，或許就能找到應付敵人的線索也說不定。不是不斷地把自己逼到只能做出這個結論的境地，而是從其他角度檢視目前的現象，努力地探究其中原因。

傾聽方的重點

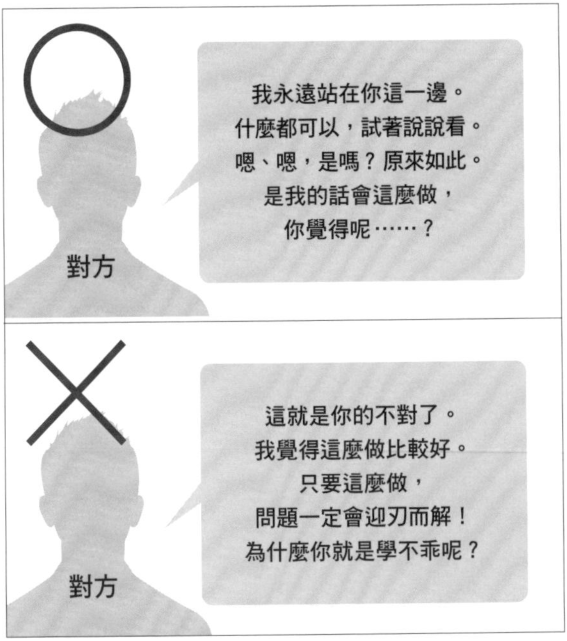
我永遠站在你這一邊。
什麼都可以，試著說說看。
嗯、嗯，是嗎？原來如此。
是我的話會這麼做，
你覺得呢……？
對方
這就是你的不對了。
我覺得這麼做比較好。
只要這麼做，
問題一定會迎刃而解！
為什麼你就是學不乖呢？
對方

如果成為傾聽者的話，首先要明確地讓對方知道自己是站在苦惱的人這一邊。做到這一點後，認真聆聽對方所說的話，理解對方的想法；如果自己有不同的想法，就仔細地向對方說明。這時，答案並非只有一個，每個人都可以有不同的想法，可是終究只是個人意見，大家最好要有這些共識。

5 克服突發災難的心理建設

設定目標 平時積極做意象訓練

無論何時都維持堅強的內心，即使陷入嚴峻的狀況也要冷靜應對，努力求生。應該有不少讀者都希望自己能夠做到這一點。倘若發生大地震，這時決定生死的最大因素或許就在於心理素質是否強健。我們要怎麼做才能掌握這種心理韌性呢？

「即使受到這類災難襲擊，自己依然能夠保持冷靜，首先要抱有這樣的理想和希望的意識，從這個地方開始做好心理準備。」

千萬別停留在「船到橋頭自然直」的程度，而是設定目標，讓自己在遇到災難時也能冷靜行動並倖存下來，接下來要做的就是日常的模擬訓練。我們隨時有可能突然在某一天遭遇地震、洪水、火災、雷擊等各種災害。在這樣的前提下，朝向目標進行意象訓練。

「比如在電視或網路上看到災難的案例，想像自己在那個場合會採取什麼行動，這是能夠簡單做到的方法。想像看到的狀況，同時試著思考採取什麼樣的行動才能保住一命的具體方法。一旦陷入類似的狀況，有沒有做過意象訓練，在心態上會出現很大的差別。因此，請大家不妨試著以實際發生的災難或事故為例，模擬一下到時候該如何保住一命。」

例如，看到發生火災的新聞，就會知道起火點在哪裡，火勢如何蔓延，如何對人類造成威脅。假設自己的家裡或工作場所發生火災時，針對應該先做哪些事，如何避難等進行具體的

在心中稍微想像一下

首先設定自己的家遇到多大規模的颱風時會陷入危險狀態。如果判斷會發生危險，就要盡可能仔細決定選擇從哪條路線逃到哪個地方。近年來，事先模擬颱風、大雨或地震時如何行動，這是所有人都必須面對的課題。

模擬，效果會更好。尤其當遇到地震、颱風或火災時，如何從自己常待的地方避難，大致決定好逃跑的路線是很重要的一件事。

「另一方面，減輕必須按照想像行動的壓力或許也很重要。即便進行過再多次的意象訓練，一旦實際面臨那個場面，思考和行動也有可能中斷，這也無可厚非，所以要做好這方面的心理準備。只要做好這樣的心理準備，就算實際陷入危險的狀況而驚慌失措，這件事本身也在預料之中。因為覺得事情出乎意料的瞬間，在大部分的情況下，身心都無法動彈。」

意象訓練本身固然重要，但增加心中的預期範圍具有很大的意義。縱然想要培養出強韌的心理素質，也應該避免給自己施加壓力的思考方式。

學會「排練」

排練就是事先練習、彩排的意思。舉例來說，假設明天有個相當重要的簡報，大部分的人都會在順利進行的前提下進行意象訓練；但反過來看，最好也要確認可能出現哪些意外情況，要是遇到那些情況應該採取什麼樣的行動。通過這樣的排練，「將發生問題的可能性作為預料中的自己」，說不定連突發事件也能做出成果。

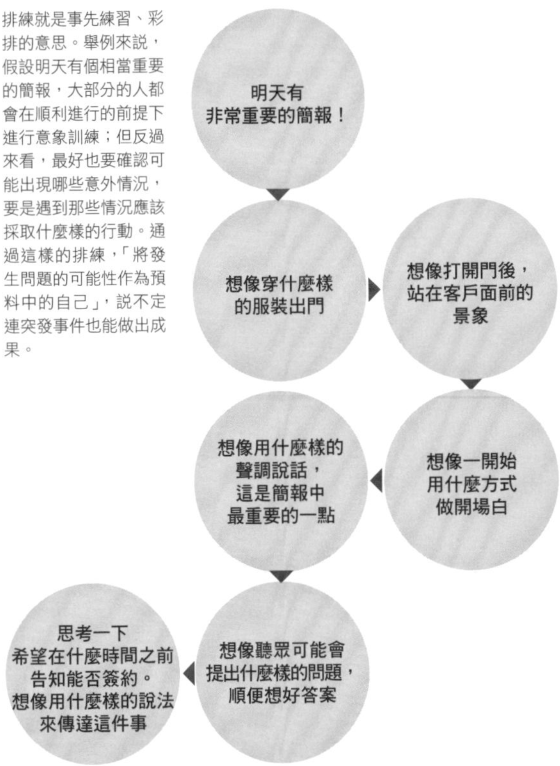
明天有
非常重要的簡報！
想像穿什麼樣
的服裝出門
想像打開門後，
站在客戶面前的
景象
想像一開始
用什麼方式
做開場白
想像用什麼樣的
聲調說話，
這是簡報中
最重要的一點
想像聽眾可能會
提出什麼樣的問題，
順便想好答案
思考一下
希望在什麼時間之前
告知能否簽約。
想像用什麼樣的說法
來傳達這件事

當威力強大的颱風襲擊自家附近時，可以事先調查河川沿岸哪些地方有危險。這每一項準備都關係到我們在緊急情況下的冷靜程度。

6 調節自律神經的每日訓練

調節好自律神經，不僅能在遇到災難等緊急情況下採取適當的行動，還能改善憂鬱狀態、減肥、消除浮腫等，實際在健康方面的好處多多。因此從本節開始，我們將針對調節自律神經的運動方式，請教長年持續進行創新研究的醫學博士末武信宏先生的意見。

「自律神經是末梢神經的一部分，與自己的意志無關，它會對刺激和情報做出反應，控制身體的機能。如果以電腦來比喻的話，自律神經就像是作業系統。我們可以透過所謂的『細胞運動』(cell exercise)來提升自律神經的機能。這種運動不僅能讓我們變得更健康，還能提高專注力和控制情緒的能力。簡單地說，細胞運動可以同時強化作為硬體的肉體和作為軟體的自律神經。」

只要完善自律神經的機能，就能確實提升緊急狀態下的判斷能力和行動力，保護身心免受威脅的可能性也會增加。根據末武先生的說法，提升身心健康的關鍵，就在於「控制自律神經，鍛鍊軀幹，建立身體核心」。最好抱持這樣的意念，每天一點一滴地反覆且持之以恆地訓練。

「我所介紹的細胞運動是基於醫學上的依據開發出來的，這是透過多次臨床實驗，嚴選出能夠提升副交感神經、促進血液循環的方法。無論大人或小孩都能輕鬆地堅持下去，可以從身心核心來進行提升，因此深受頂尖運動員的熱烈支持。」

Navigator

末武信宏

Sakae診所院長。美容外科專科醫師、順天堂大學醫學系兼職講師。專業包括美容外科、運動醫學、抗衰老醫學、創傷治療學、自律神經，也擅長幫頂尖運動員調整身心狀態，開發出調節自律神經以期改善健康和表現的訓練法。以嶄新的切入點研究醫療、體育及生活形態。

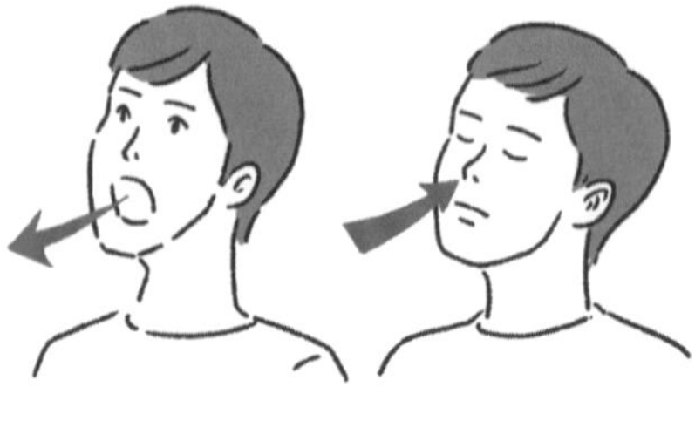

緊急情況下的判斷力和想像力會下降，而「1比2呼吸法」就能打破這種狀況。首先鼻子慢慢吸入空氣3～4秒，接著用嘴巴緩緩吐氣，持續6～8秒。據說只要持續做2～3分鐘，副交感神經就會提高，可以瞬間改善危機情況下的精神狀態。

資料來源

《調節自律神經的「每日30秒」訓練～讓人生變得輕鬆的細胞運動》(暫譯)

介紹每天只要花30秒就能實踐的運動法，可說是一本劃時代的著作。書中充滿大量以賦予細胞活力、調節自律神經、鍛鍊身體核心為目的的訓練法，這些根據醫學研究開發的運動，也獲得許多頂尖運動員的支持。本節將從這本書中嚴選幾個備受矚目的運動法加以介紹。

調節自律神經的訓練A

屈伸＋軀幹旋轉

讓忙碌的早晨瞬間有精神！

上班、上學的路上，或者到達公司或學校的早晨，末武先生建議可以透過這種屈伸和軀幹旋轉來進行訓練。旋轉作為人類動作起點的軀幹，同時觸碰肩膀、腰部和膝蓋，藉此放鬆身體，將負面情緒一掃而空。當無法消除睡意和倦怠感時，這個動作能夠幫助我們提高交感神經，並且喚醒身心。這是一種在鍛鍊軀幹的同時調節自律神經的運動。

雙腳打開與肩同寬，讓膝蓋微微彎曲。身體向左旋轉，右手觸碰左肩。

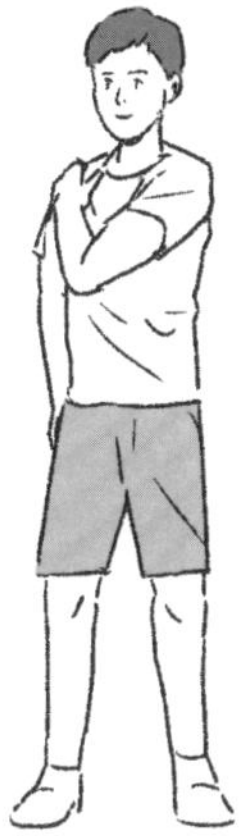

和上一個動作完全相反，身體向右旋轉，左手觸碰右肩。

接著膝蓋稍微深彎，身體向左旋轉，右手觸碰左側腹。

和上一個動作完全相反，身體向右旋轉，左手觸碰右側腹。

膝蓋繼續深彎，身體向左旋轉，右手觸碰左腰骨。

朝反方向右邊旋轉，左手觸碰右腰骨。到此為止是一組。重複做4組。

調節自律神經的訓練B

骨盆搖擺

利用睡前的片刻搖擺骨盆

洗好澡上床睡覺之前，建議大家做這項運動。床上也能做，可以在睡前讓身體放鬆。搖擺骨盆可以調整脊椎和髖關節，最適合用來調節自律神經。洗澡可以充分鬆緩身體上的緊張，也有助於實現理想的熟睡。

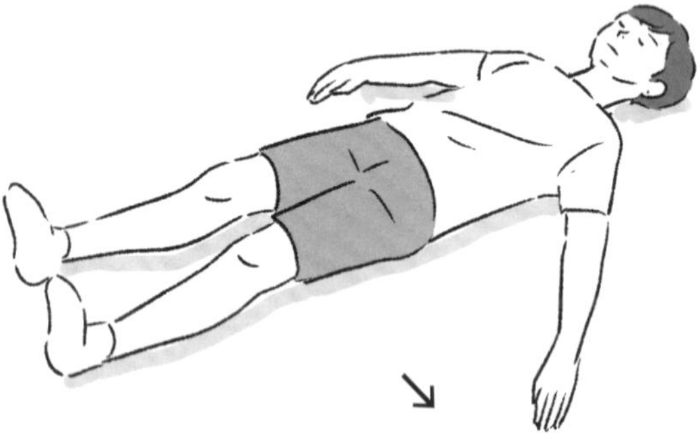

腰部貼著地板（床、被子等）仰臥，腹部放鬆。手臂微微張開，腹肌也要放鬆。

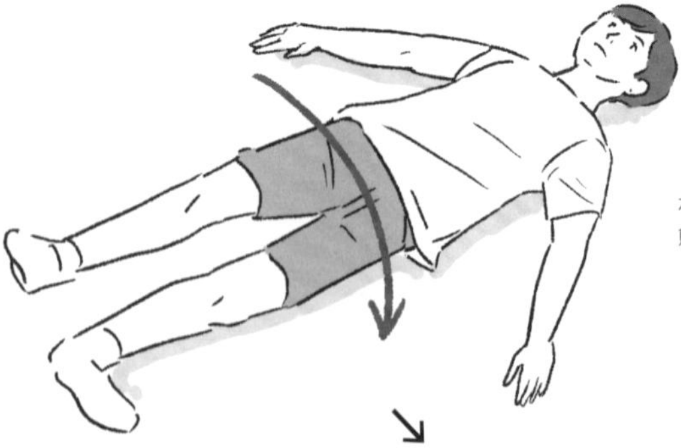

在全身完全放鬆的狀態下左右搖晃骨盆。

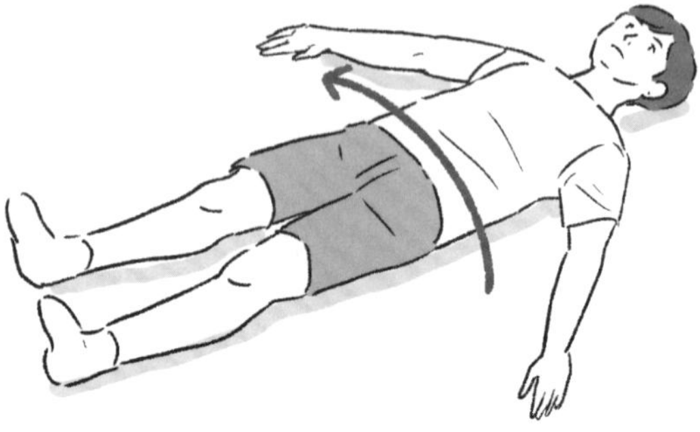

用力就無法產生舒適的感覺，所以要順著骨盆的運動。試著靠骨盆的反作用力來進行搖擺。

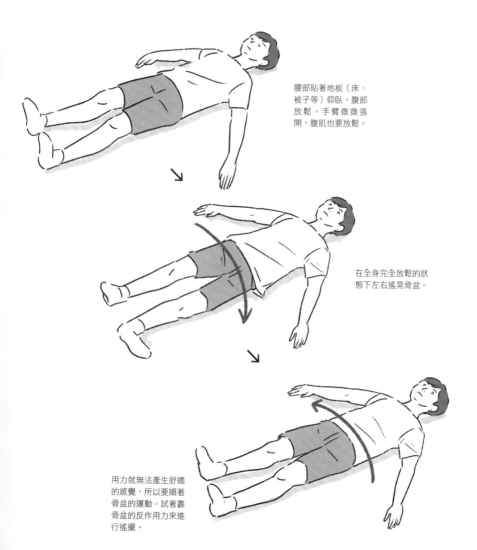

調節自律神經的訓練C

肩胛骨旋轉

改善肩頸痠痛，提升工作效率！

肩頸痠痛是降低運動能力和工作效率的原因。這項運動可以幫助我們緩解肩頸痠痛。透過雙手活動給予肌肉更多的刺激，從根本上放鬆僵硬的肌肉。交感神經上升，導致肩頸肌肉緊張和僵硬，從而引發肩頸痠痛；出現這種情況時，不妨試著利用這項運動來改善。

在吸氣的同時高舉雙手。雙手在頭上交叉。想像被拉往上方，讓身體向上伸展。

用手心畫半圓，同時向左右張開雙臂。然後慢慢吐氣，手肘向後拉伸，保持挺胸姿勢。

手腕於胸前交叉，同時注意活動肩胛骨。手腕交叉時，注意別讓身體駝背或向前傾。

保持手腕交叉的姿勢高舉手臂。盡量讓全身向上伸展。到此為止是一組。重複做4組。

調節自律神經的訓練D

全身迴旋

雙手握拳張開，同時大幅度旋轉身體

這個訓練不僅能調節自律神經，也對怕冷的人有一定的效果。飲食不正常、過度的壓力、經常待在冷暖氣過強的房間等，由於這些原因，導致體溫調節功能變得遲鈍。除了改善這些習慣和環境之外，也要透過這裡介紹的全身迴旋運動來放鬆身體。

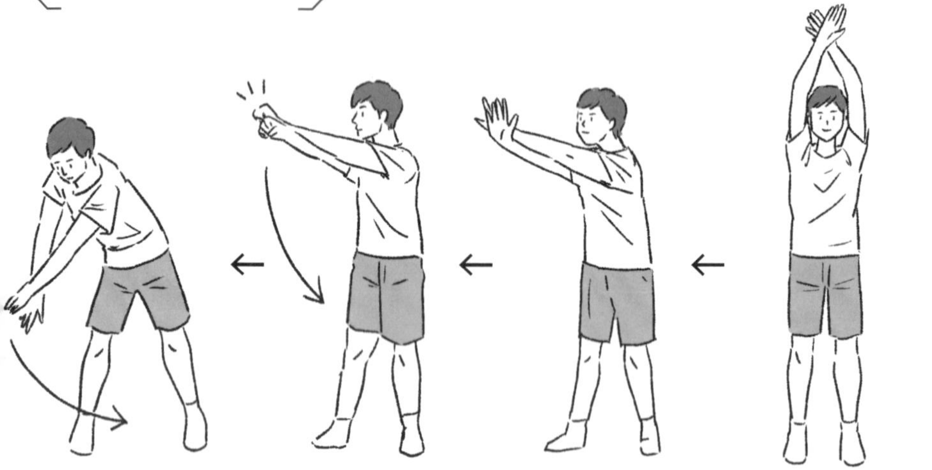

雙腳打開，與肩同寬，雙手向上伸展，手腕交叉。

如圖所示，雙手握拳張開，同時大幅度旋轉全身。

雙手繼續握拳張開，大幅度旋轉全身。

旋轉時記得讓雙手繼續握拳張開，像是試圖抓住遠處的東西一樣。

無論手朝哪個方向，旋轉時都要帶著抓住遠處東西的感覺。

繼續握拳張開旋轉。

像是抓住遠處的東西一樣，繼續大幅度旋轉。

旋轉一圈後，以同樣的要領朝反方向再度旋轉一圈。

調節自律神經的訓練E

屈伸&抬起雙臂

學習運動員調整狀態的方法

這是頂尖運動員用來提升表現的一種運動。這個方法是基於醫學開發，在反覆臨床實驗的結果下誕生。在放鬆的狀態下擺動手臂，就能有效地調整身體狀態。

膝蓋挺直，把注意力放在軀幹上，讓身體向右扭轉。順勢將左手向前、右手向後抬起。到此為止是一組。重複做16組。

放下抬起的雙手，將身體轉回正面，讓膝蓋彎曲，同時放鬆全身的力量。

雙腳打開與肩同寬，把注意力放在軀幹上，讓全身向左扭轉，並順勢將右手向前、左手向後抬起。

調節自律神經的訓練F

放鬆肩關節和背部

固定一手，讓肌肉均勻伸展

這個運動也是頂尖運動員實踐的調整方法之一。這是一種提高肩關節活動範圍的運動，在肩膀無法大幅度旋轉或肩頸嚴重痠痛時也很有效。豎起大拇指、食指和小指，用另一隻手固定，如此就能均勻地伸展肌肉。

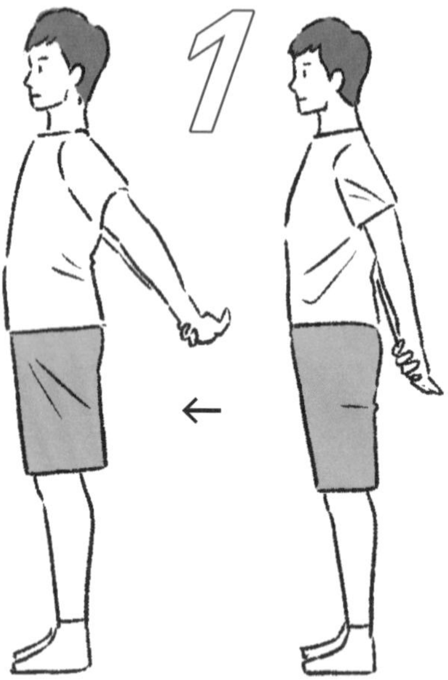

雙腳打開與肩同寬，挺直身體。雙手繞到身體後面，用右手抓住左手手腕。重點在於左手要豎起拇指、食指和小指。維持這樣的姿勢讓手臂上下移動。

固定左手手腕的右手一定要牢牢握緊。豎起手指，向後抬起雙臂。這樣的上下動作共進行10次。

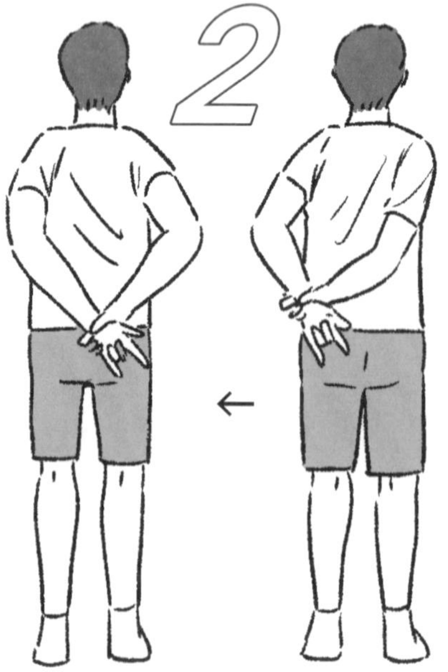

手臂的上下動作結束後，保持同樣的姿勢，讓手臂左右擺動。在活動手臂的同時，也要注意肩胛骨的連動。

重複10次的左右擺臂運動後，兩手交換，再做10次圖1的上下運動及10次的左右擺臂運動。

調節自律神經的訓練G

扭轉上半身的深蹲

軀幹平衡和緊縮腰部

在調節自律神經的同時，也能調整軀幹的平衡感，是一項有助於緊縮下半身和腰部的運動。深蹲很吃力的話就不要勉強，從壓低腰部開始即可。勉強深蹲會導致上半身向前傾，最好注意一下。

一開始把雙腳打開略寬於肩膀，腳尖朝外。手臂放鬆，雙手於胸前交叉。

雙手保持交叉，微微抬起左腳腳跟，身體向右旋轉，壓低腰部。腰部壓低到左膝觸地為止。

恢復直立狀態，接著微微抬起右腳腳跟，身體向左旋轉，壓低腰部。左右深蹲為一組。重複做6組。

迷你專欄

11

隨身攜帶刀子的風險

即便攜帶小型工具刀，有時也會觸犯法律。日本的法律規定，沒有正當理由不得任意攜帶武器。

外出時想要攜帶武器以防萬一——我猜或許有不少讀者都思考過這件事，可是這麼做反而會引人注目。根據日本國內的《槍砲刀劍類持有取締法》規定，原本殺傷力極強、可製成武器的刀劍類，除了經過教育委員會等單位登記的刀劍之外，其餘皆禁止持有。菜刀、小刀、剪刀等刀具儘管是日常生活或工作使用的工具，但無端攜帶刀具的行為很有可能危及其他人的性命，因此也在法律的禁止範疇內。此外，輕犯罪法中禁止偷偷攜帶「根據使用方法有可能砍傷人的器具」，所以嚴格來說身上帶著美工刀也是犯法的。攜帶小型工具刀或棍棒類物品而被究責，從法律的角度來看確實也無可辯駁，除非是明顯可以正當攜帶武器的情況，否則千萬要注意身上是否有可能成為武器的物品。

[KNOWLEDGE]

攜帶催淚噴霧器是否違法？

在2008年的判例中，有個騎自行車的人攜帶催淚噴霧器，就被追究是否違反了輕犯罪法。最終，法院判決在深夜騎自行車時可以攜帶催淚噴霧器來防身，然而這不代表任何時候都允許攜帶催淚噴霧器。

第12章

克服緊急時刻的生存技能總集

如何確保飲用水？如何順利生火？
本章集合所有克服緊急情況的技能。

1 生火

是否具備生火技能，對於緊急情況下的生存能力會帶來很大的變化。
下面按照不同材料來介紹幾個常用的生火技術。

金屬火柴

保存性卓越的標準生火工具。這種棒狀火柴是以鎂作為主要成分。只要用刀背快速刮削金屬火柴，鎂就會因摩擦生熱而燃燒，從而噴出劇烈的火花。

火柴

有不怕風雨的類型，也有不需要側藥，在鞋底或牆壁等任何地方摩擦即可點燃的類型，種類應有盡有。某些情況下也可以跳過火源直接點燃引火物。攜帶時最好存放在防水容器中。

電池

點火方式視電池種類而異，如果是12V的高壓電池，可以將電線連接到兩極，使其於火源附近短路來點火。如果是9V的乾電池，可以在鋼絲絨上點火。使用1.5V乾電池的點火方法將在左頁說明。

凸透鏡

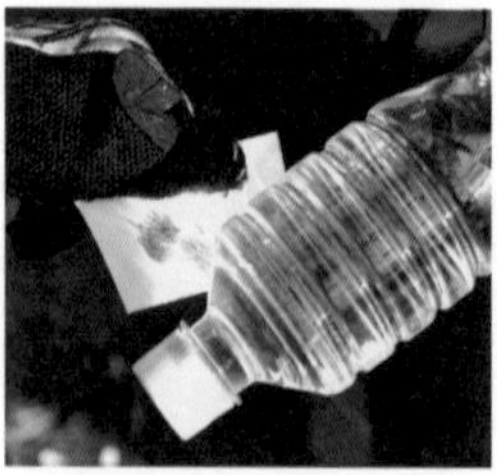

光線通過像放大鏡一樣的凸透鏡，就能聚焦到一點並點火。雙筒望遠鏡、相機鏡頭、指南針的放大鏡、裝滿水的寶特瓶或保險套，這些都能當成凸透鏡使用。使用凸面把陽光聚集在火源上。

手鑽

在木板（起火板）上挖出圓形的凹洞，把木棒（鑽頭）壓在木板上，利用旋轉產生的摩擦熱來生火。鑽頭建議使用充分乾燥且筆直的杉樹樹枝。

碳鋼

利用作為小刀或鋼鋸的材料碳鋼，敲擊散落於河灘上的燧石等堅硬且邊緣鋒利的石片時，因摩擦生熱導致碳燃燒，產生巨大的火花。訣竅是手腕要柔軟，敲打動作要快。需要徹底練習一番。

©PIXTA

小筆記

在都市災難中，只有大範圍發生喪失都市功能的大災難時才需要生火。這時我們應該從哪裡取得燃料？從附近的河灘或空地等處撿來樹枝也是個好點子，但問題在於木頭一旦潮溼就不容易著火。這時候不妨使用報紙。直接點燃報紙，馬上就會燃燒殆盡，但如果將報紙沾溼擰乾的話，完全晾乾之後就可以當成「紙柴」使用。

學會就能派上用場！1.5V乾電池的點火法

利用家家都有的乾電池點火，不用特別準備也無所謂。
只要知道點火方法，那麼在緊急情況下一定能夠派上用場。

1 使用口香糖包裝紙的標準技能

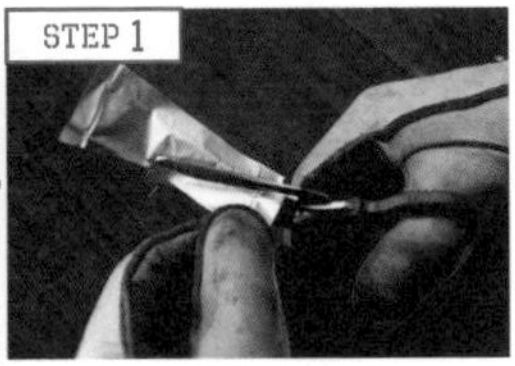

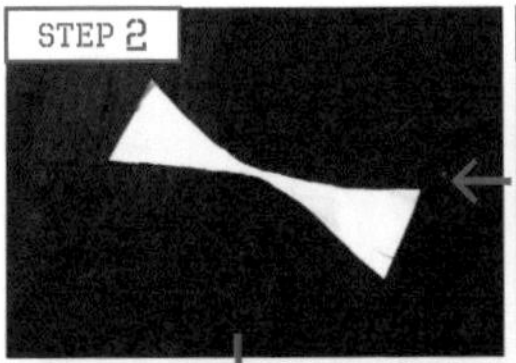

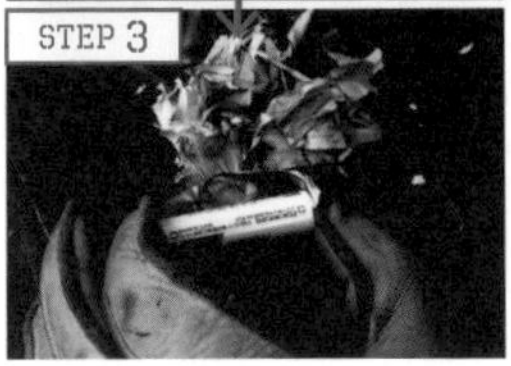

點火方法

打開口香糖的包裝紙，剪成沙漏形狀。將包裝紙折彎，兩端分別接觸乾電池的正負極，變細的中心部分就會在通電後起火。中心部分如果過粗就無法發熱，過細就會燒斷，所以必須注意一下。

這裡只需要用到乾電池和口香糖的包裝紙。當電流通過鋁箔製的口香糖包裝紙時，故意製造的電阻部分就會發熱，從而點燃貼在鋁箔內側的紙質部分，成為很好的火種。

2 使用原子筆彈簧的特別技巧

點火方法

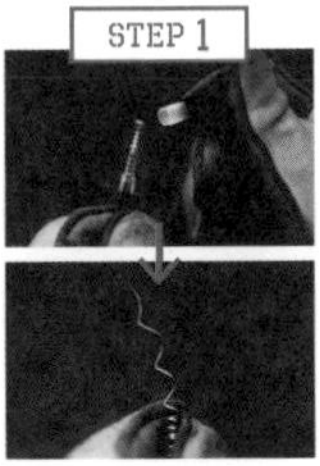

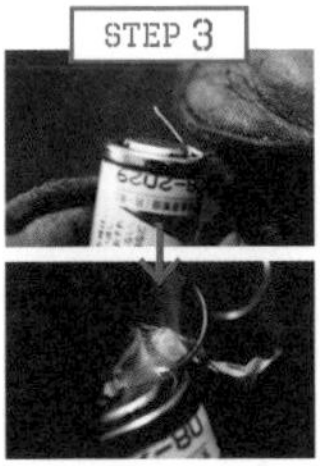

拆下伸縮式原子筆的筆蓋，取出內部的彈簧。線圈狀態下不易通電，適當地拉伸一下比較好。使用這個方法時，只要通過電一次，該部分就會脆裂，因此最好從彈簧末端開始小心翼翼地使用。

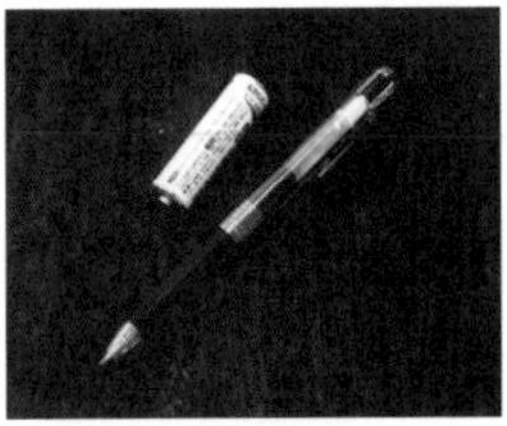

這是一種利用伸縮式原子筆的彈簧代替口香糖包裝紙來點火的方法，這個方法的關鍵在於導線的粗細。使用迴紋針的鐵絲容易導電，所以不容易發熱，而原子筆的彈簧恰到好處。

準備100%純棉的T恤、茶罐、火床（UNIFLAME迷你柴爐）、萬用刀（Victorinox Farmer AL）、剪刀（ENGINEER鐵腕剪刀GT）

CHECK

小火花也不放過的魔法點火劑「碳布」

想把小火花培養成篝火，需要優良的火源。魔法點火劑「碳布」就是碳化的棉布。只要備齊工具，瞭解製作步驟的話，每個人都能夠自行製作。需要準備的東西如左圖所示。製作步驟如下：①將剪下來的棉布折疊放入茶罐（蓋子上挖出直徑約2～3公釐的開孔）。②將茶罐丟入火中，直至不再冒煙為止。③用小樹枝塞住茶罐蓋上的開孔。④待茶罐完全冷卻後，取出碳化的棉布（碳布）。⑤切成小塊即完成。

2 確保飲用水

想必有很多人都會把水儲存在寶特瓶內以備不時之需吧。
但要是用光時該怎麼辦呢？其實只要具備淨水的知識就沒問題了。

人類沒有水就活不下去。比如遇難的時候，據說不喝水大約能撐兩個星期。在這段期間，如果不能確保可供飲用的水，人類必然會死亡。反之，只要確保飲用水，不僅可以解渴，還能擴大我們能吃的糧食範圍，想必存活率也會大幅提高。

轉開水龍頭就隨時有水可用。在這樣的日常生活中很難體會到這件事是多麼可貴，但在受災或停水的時候，才會瞭解到確保水源是多麼困難的一件事。生活用水的用途廣泛，除了飲用之外，廁所、洗衣、打掃等方面也有用水的需求。因此，盡量確保大量的水，起碼就能鬆一口氣。在浴缸蓄水是比較常用的手段。除此之外，準備收集雨水的容器，事前確認附近水源的位置，這樣應該就能放心不少。只要確保水源，進行淨化和煮沸，就可以飲用。按部就班地過濾，即使是泥水也能喝。希望大家能夠在平時練習，為了緊急情況做好準備。

STEP 1 收集

在浴缸裡蓄水，如今已成為預防災害的標準做法。蓄水容量因浴缸類型而異，但差不多在200公升上下，從常備100個2公升的寶特瓶的角度來看，這麼做顯然簡單便利得多。不過，若考慮到日常生活，一天上廁所會用掉8公升的水，刷牙用掉6公升的水，洗衣服用掉100公升的水，煮飯用掉60公升的水；即便再怎麼小心翼翼地使用，200公升的水也很快就會見底。為了應付這種情況，事先準備好儲存雨水的容器，或是掌握附近的河川和水源更令人放心。

STEP 2 淨化和過濾

在只能取得泥濁水的情況下，若想作為飲用水使用，就必須進行過濾。左頁介紹了兩種過濾方法，如果附近容易取得沙子和石頭的話，也可以利用寶特瓶或袋子自行製作淨水器。從靠近寶特瓶口的那層開始，將碎石、礫石、沙子、碳屑、細沙、布等纖維堆疊起來，注入的泥水就會變成透明的水慢慢滴落。不放心的話，可以反覆過濾，使水變得更加清澈。

STEP 3 煮沸消毒

經過過濾的水無法去除病原菌，所以一定要進行煮沸殺菌。只要煮沸約10分鐘就能安心飲用。儲存在浴缸內的水（注意不是洗剩的水，而是新儲存的水），當然是經過淨化的自來水。省略過濾的過程，只要煮沸消毒就能拿來飲用（需要煮沸消毒才能殺死附著在浴缸上的雜菌）。

淨水的方法

在都市生活中，我們很難使用礫石或碎石等天然材料當場製作出淨化過濾裝置。
下面介紹利用身邊唾手可得的東西輕鬆淨水的方法。

1 使用明礬

水的淨化原則是煮沸和過濾並用，倘若遇到實在無法過濾的情況時，也可以使用明礬或碘酒等藥品進行淨化。明礬又稱為凝聚劑，具有中和懸浮在水中的顆粒表面電荷，使顆粒凝聚的作用。在一杯水中加入一撮明礬或一滴碘酒，靜置約30分鐘，雜質就會沉澱，隨後煮沸殺菌即可飲用。對泥水特別有效。

有微粒懸浮的泥水。

使用粗糙結晶狀的明礬。粉末狀的明礬容易溶於水中，使用起來比較方便。

30分鐘後

由於明礬的漂白效果而呈現白色混濁，不過水中所含的泥土等雜質已經沉澱。

—— Check! ——

也有方便的攜帶式淨水器

去除水中的雜質，使其達到可飲用狀態的攜帶式淨水器。在戶外場景中受到重用的攜帶式淨水器，也能當成卓越的防災用品。放在緊急攜帶的袋子內，就會放心不少。

2 使用紗布或布進行過濾

用細纖維製成絲線，以此織成的布是非常優秀的過濾材料。只要將布浸入杯內的髒水中，另一邊掛在杯子外側，用杯子等容器接住通過布的水。藉由布的毛細現象，淨化後的水會慢慢累積到杯子裡。此外，棉、麻、絲等天然纖維，毛細現象應該比合成纖維更加明顯。當然也別忘記過濾後的煮沸殺菌。

插畫：岡本倫幸

3 防水帆布的活用術

在施工現場經常可見藍色防水帆布。雖然在日常生活中不太會用到，但從生存的觀點來看，只要有一塊即可帶給我們許多方便。

※本節介紹的避難樣品，假設使用的是2.7×3.6公尺的＃3000號藍色防水帆布。在展開圖中，朝我們這一方的「H」是通過細麻繩吊起，或用棍棒支撐的支撐點，「PD」則是營釘固定點。所有虛線均代表山折線。

藍色防水帆布有哪些規格？

藍色防水帆布的尺寸是以一間（約1.8公尺）為基準，以每半間（0.9公尺）設定，因此也有正方形的類型。厚度以約3.6×5.4公尺的重量來表示，＃3000為標準，＃2000～2500為輕量型。低於這個標準便作為拋棄式使用。

野營使用的藍色防水帆布主要尺寸

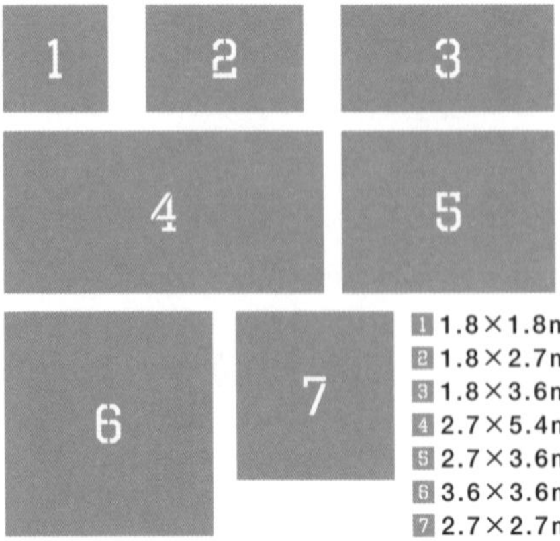

1 1.8×1.8m
2 1.8×2.7m
3 1.8×3.6m
4 2.7×5.4m
5 2.7×3.6m
6 3.6×3.6m
7 2.7×2.7m

2.7m×3.6m尺寸的金屬扣眼位置

受災後陷入無法躲在家裡或避難所的狀況時，野營這個選項就變得比較實際了。對於平時很少從事戶外活動的人來說，即便是為了防災，但要備齊帳篷和苫布，在預算上也有相當程度的難度，這時建議不妨準備經濟實惠且非常實用的藍色防水帆布。

從工地到農田，各種領域都可以看到藍色防水帆布的應用。基本上，藍色防水帆布的定位是「保護器材免受野外環境影響，具有優秀耐候性的覆蓋物」，可說是緊急情況下非常出色的野營工具，甚至在露營迷中也有人對藍色防水帆布情有獨鍾。根據鋪設方式的不同，一塊藍色防水帆布也可以變成遮風避雨的避難所。只要可以躲避風雨，就能保持體溫、遮擋陽光直射、防止中暑。和露營工具相比，稍重一些算是它的缺點，不過由於價格低廉和質地耐用等特徵，就算稍微粗暴使用也沒問題。在緊急情況下可說是相當重要的工具。

TYPE 1 SURVIVAL BIVVY

**活用防水帆布的強韌特性
打造多功能避難所**

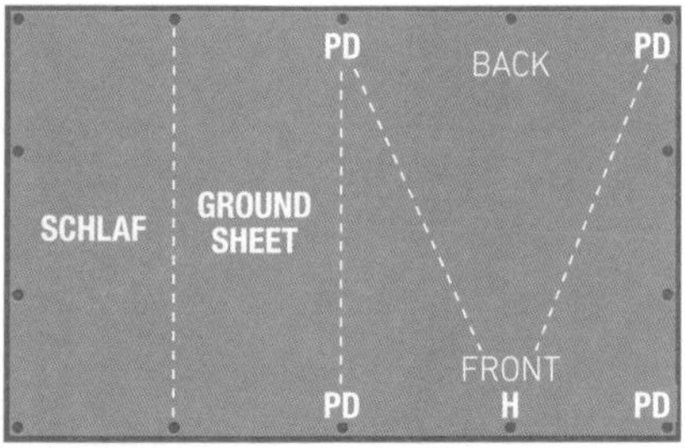

簡單方便的萬能避難所。只要用藍色防水帆布的右半部製作出楔形避難所，再將左半部折疊到避難所內就完成了。左半部直接展開的話就會變成地墊，捲起來的話可以當成睡袋套來使用，增添功能性。這是充分活用藍色防水帆布的耐用及高度防水性的休息空間，建議在遇到緊急情況時使用。由於入口狹窄，最好用細麻繩把「H」部分吊起來。

TYPE 2 MINI TEEPEE

災害時也能派上用場

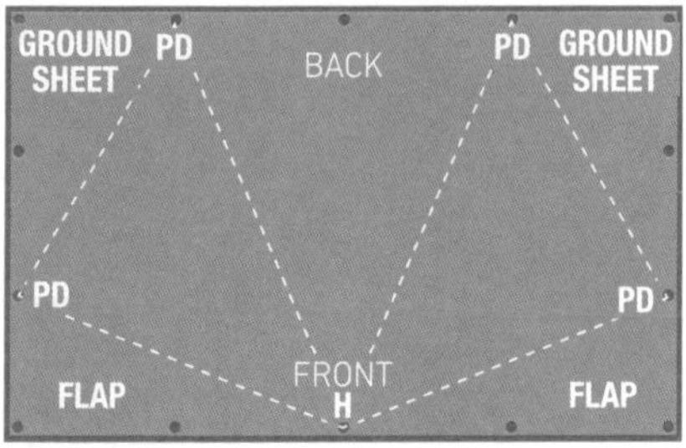

天花板較高的梯皮帳篷，也經常作為災害時活用藍色防水帆布的搭建類型。以「H」為頂點，固定左右1/3位置、後方1/4和3/4位置的金屬扣眼。前方的多餘部分作為入口的門戶，左右後方的多餘部分反折到避難所內作為地墊。由於天花板很高，休息空間十分寬敞。反折部分的地墊面積雖然不大，但已經足以供人坐下。

TYPE 3 GROUP SHELTER

**適合多人睡覺的
寬型帳篷**

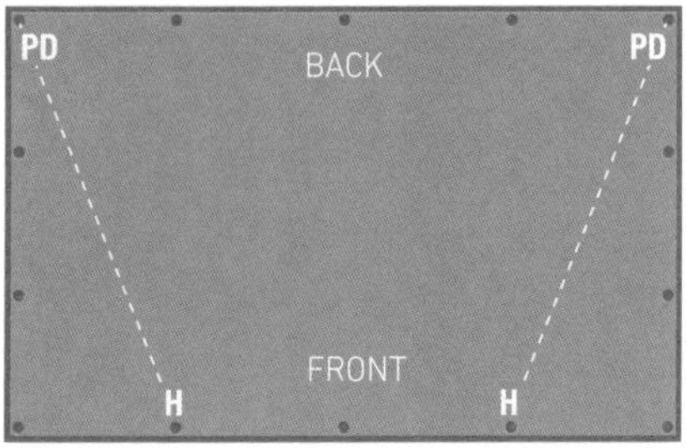

在多人需要遮風避雨、確保體溫的環境下，這種類型的避難所就顯得非常重要。前方只有兩個較低的懸吊點，這樣就能最大限度地活用藍色防水帆布的左右寬度，製作出寬大的避難所。雖然和標準的楔形休息空間相比，深度稍淺，但由於能夠有效利用到各個角落，因此給人寬敞感。當多人使用的時候，這種形狀應該比較舒適。

4 河岸的求生術

河邊是都市中最適合的求生地點（當然洪水之類的災害除外）。
既能確保床鋪，也可以輕易籌措糧食，堪稱是都市中的綠洲。

確保休憩空間

1 尋找地點

求生的時候別急著從頭開始打造休息的地方，首先仔細觀察周圍的環境，尋找天然的避難所方為上策。例如，有時可以在傾倒的柳樹下，將覆蓋的樹葉當成屋頂，如此就能輕鬆地製作避難所。

2 製作遮陽棚

決定好地點，搭建完屋頂的骨架後，割除周圍的雜草，建造稻草屋頂。如果沒下雨的話，只要填補縫隙就能充分遮擋陽光；如果下雨，只要再疊上兩三層就能防止雨水侵入。

3 確保舒適性

考慮到實際生活上的居住空間，對環境稍作微調。實際躺下體驗，確認從樹葉隙縫間漏入居住空間的陽光。在屋頂上添加稻草，以隔絕陽光。也可以進行割除雜草、切斷倒樹等微調。

4 確保熱源

即使是夏天，在野外也會有些許涼意，最好在睡覺的地方旁準備熱源。不過，由於在河灘煮飯的效率比較高，睡床的旁邊終究只能用於取暖。為了防止火勢蔓延到周圍，用河灘的石頭圍起來，放入煮飯時產生的餘燼。

5 活用撿拾物

河岸也有不少遺落的人造物（廢棄物）。野營時有用的藍色防水帆布、加工後可以變成網子的沙包等，一定要充分利用。此外，紙箱可以作為睡墊使用。它能幫忙阻隔來自地面的寒氣。

6 完成

把撿來的藍色防水帆布固定在樹枝上作為輔助帳篷，就能暫時完成睡覺的地方，之後再根據環境的變化進行調整。大約需要兩個小時才能完成。不過，雨天作業需要兩倍以上的時間。

如果現代的日本發生完全暴露在求生環境下的緊急情況，就現實狀況來看，最長也要撐一個星期左右。在警察消防組織完備的日本，救援應該多半會在這段時間之前抵達，並提供最起碼的衣物、糧食和住所。照這樣看來，在沒有基礎設施的情況下，實際上只要堅持三天兩夜就能夠生存下來，而河岸就是最適合這種短期求生的環境，堪稱是都市的綠洲。大量天然的樹枝和樹葉生長茂盛，可以輕鬆地取得用來遮避風雨及陽光的天然避難所的材料。只要能活用樹蔭或倒樹等自然環境和造型來製作床鋪的話，作業時間就能大幅縮短。另外，各種動植物都會聚集在這裡，所以也適合採集糧食。我們也能期待從這裡的垃圾和遺失物品中，找到對求生有用的物品。因為前所未有的事態而被迫獨自處於求生的環境，這時如果選擇在河邊生活的話，就有很大的機率可以生存下來。

確保糧食

被人類社會驅趕的形式，受到自然環境包圍的河岸。
這片動植物聚集棲息的環境，堪稱是野生食材的寶庫。

甲魚

常帶給人壯陽藥或滋補印象的高級食材，分布於包括日本在內的亞洲一帶。原本不在琉球列島和大隅諸島棲息，但1950年代從日本列島和臺灣作為食用肉而引進。棲息於河川的中下游流域或池塘、湖沼等處，幾乎完全水生，除了產卵期不會離開水邊。捕獲方式包括手抓、網撈、垂釣。味道在爬蟲類中可以說是屈指可數，口感近似高級土雞。肉質根據加熱的時間，口感從有嚼勁到軟綿綿兼具。龜殼沒有連接背部和腹部，因此很容易解體。

紅耳彩龜

俗稱巴西龜（*Trachemys scripta elegans*）。不怕水質污染，由於曾作為寵物而在都市的河川沼澤中繁殖，陽光明媚的日子會出來曬太陽。在池塘等處只要扔小石頭就會靠過來，可以輕鬆地捕獲。味道像高級土雞一樣相當美味。捕獲後先去泥再烹煮。因為咬合力強，解體時第一步必須先將頭剁下；將龜殼和肉分離之後，用熱水稍微煮過以去除雜味。待水滾沸後，撈掉浮沫，加入日本酒和鹽巴調味，就是一道高級火鍋料理。

泥鰍

日本全國幾乎都有分布。主要棲息於水田、水路、溼地、池沼、河川下游流域。近年來由於水域環境變化，棲息地逐漸減少。在河川中多半待在水邊、河岸的積水處、有淤泥的地方。冬天有潛入泥底冬眠的習性，只要挖掘稻田水路附近的水堤，有時也能從潮溼處挖出泥鰍。泥鰍可以透過皮膚呼吸，只要保持溼潤就能在土中生存。食用時必須去泥。泥鰍鍋固然有名，但裸炸和串燒也很美味。

美國螯蝦

作為牛蛙的飼料而引進日本，如今已成為遍布各地的外來種。在污水中也能生存，只要洗掉泥巴就能變得十分美味。捕獲後放進裝有水的大容器中，最好放2～3天。徒手、網子、垂釣都能捕獲，如果想有效率地抓到大隻的螯蝦，建議利用垂釣的方式。無論煎、煮、炒都可以，在沒有鍋子的野外也能用簡單的網烤輕鬆享用。最好吃的做法是煮熟，據說在美國幾乎都是採用鹽煮的方式。味道非常接近龍蝦。

蚱蜢類

廣泛分布於熱帶到溫帶草原以及沙漠的昆蟲，在日本也很常見。一旦接近就會飛走，不過會主動現身，很容易發現。蝗蟲佃煮原本就是日本的傳統料理，味道也頗受好評。和蝦、蟹一樣，由甲殼素組成的外皮香氣十足（對甲殼素過敏的人要特別注意），加上它喜歡吃草，味道平易近人。想要輕鬆食用的話，建議裸炸或做成天婦羅，這樣就能享受其酥脆的口感和美味。

蛙類

牛蛙是主要食用的品種，黑斑蛙、東京達摩蛙這類中型青蛙也可以食用。通常以垂釣的方式來捕獲，技巧熟練的話也可以撈網或徒手捕捉。每種青蛙的味道都很不錯，烹調前的處理也很簡單。在腦後劃開一條縫，抓著頭往身後一拉，就可以像脫襪子一樣把皮整塊扒下。鹽烤或煮湯皆適宜，牛蛙建議整塊油炸。口感像白身魚或雞肉，沒有腥味，鮮嫩多汁。

以備不時之需的再生蔬菜

大橋明子 女士

插畫家，家庭菜園&料理研究家。國際中醫藥膳師。於YouTube經營「食&植』頻道・大橋明子」頻道，分享再生蔬菜的知識。

新冠疫情期間，家庭菜園掀起一股小熱潮，種植「再生蔬菜」的人也逐漸增加。顧名思義，再生蔬菜就是利用平時丟棄的蔬菜碎屑與根莖，重新培育及收穫的蔬菜。若能有效利用冰箱裡的剩菜，一定能在緊急時派上用場。

「從園藝店購買的種子或幼苗開始種植，培育的成功率會比較高，但也有許多能透過再生栽培收穫的蔬菜。觀察蔬菜從本應扔掉的部分茁壯成長的過程不僅有趣，也能帶給我活力。」

對家庭菜園和料理樂此不疲的大橋明子女士如此說道。大橋女士擁有二十年以上的家庭菜園經驗，透過再生栽培種植超過三十種的蔬菜，並樂在其中。

再生蔬菜大致可分為兩種栽培技術。一種是種在土壤中，以真正的收成為目標，但栽培期也較長。另一種是水耕栽培，可以讓我們輕鬆地少量收穫，優點在於栽培週期短，容易收穫。

基本的再生蔬菜種類大致可分為以下五大類。

1. 豆類

豆類即種子。大豆、鷹嘴豆容易種植，只要將發芽的豆類種入土中就能收穫。黑豆和紅豆較不易收穫，豆芽則相對簡單。小扁豆建議先發芽後再種植。

2. 莖

能夠生根的莖可以種植在土壤裡再次收穫。推薦小松菜、空心菜，或是羅勒等香草類。

3. 根莖類蔬菜

根莖類蔬菜即種薯。薯類的馬鈴薯、番薯、山藥，和生薑、大蒜等均可從種薯開始種植。發芽的小碎塊、山藥皮也可以栽培。

4. 乾貨

可利用辣椒或番茄乾的種子栽培。不過，炒過的芝麻這類加熱處理過的種子並不會發芽。

5. 蔬菜或水果的種子

推薦容易種植的甜椒、紅椒。通常種子會在果實成熟後才進行採種，因此尚未成熟的青椒發芽率較低。

另外，店面陳列的蔬菜幾乎都是F1種子（雜交第一代）。這使得再生蔬菜互相交配後，父母本的特性會隨機出現，可多方嘗試也是其魅力所在。學會種植再生蔬菜，即便住在都市公寓，也能實現半自給自足的生活。

《好好吃、好好種的幸福蔬菜食譜》（暫譯） 大橋明子著

從皮、莖、根開始，回收再利用的再生栽培。透過漫畫、插畫、照片，淺顯易懂地介紹栽培方法和食譜推薦。從山藥的皮到零餘子、從爆米花的種子到玉米芽，居然能長出這些令人吃驚的再生蔬菜。請大家務必參考看看。

馬鈴薯

需要的東西

2～3大塊挖下來的馬鈴薯芽、4吋盆、盆底網、液肥

收穫天數：4個月左右

適宜環境：戶外陽光充足的地方

適宜季節：2～3月

於貧瘠的土壤中也能生長，在歷史上拯救全球各地飢荒的馬鈴薯，可以說具有強大的生命力。不僅能做成種薯，去皮時挖出的芽也可以拿來栽種。使用芽栽種的時候，就把大塊的馬鈴薯芽種在花盆裡使其發芽。表面乾掉的話再給予充足的水分，每月大約施用一次液肥，地上部分枯萎即可收穫。把小顆的馬鈴薯當成種薯，隔年再次栽種。每年生生不息，長到直徑約5㎝即可食用，帶著實驗精神栽培也別有一番樂趣。※萬一有病害就整顆丟掉。

番茄

需要的東西

番茄乾2～3顆、育苗盆（3～4吋）、花盆（直徑30㎝，深約30㎝）、盆底石、培養土（約15L）、支架、肥料

收穫天數：5個月左右

適宜環境：戶外陽光充足的地方

適宜季節：播種／3～6月上旬

濃縮美味的進口番茄乾，從生命體的角度看似已經死亡，但種子的生命力依然健在。把番茄乾浸泡在水裡一晚，種入育苗盆裡（一盆種一顆番茄乾）。因為發芽率不高，最好多試2～3個。密集發芽後會長出1～2株強壯的幼苗，將其移栽。幼苗長到約20㎝，並出現第一花瓣時，就從育苗盆移栽到外面。少量澆水，促使扎根，等待結果。

零餘子（山藥）

需要的東西

3×6㎝的方形厚切山藥皮3片、培養土、花盆（深25～30㎝）、支架、肥料

收穫天數：7個月～

適宜環境：窗邊等通風明亮的地方

適宜季節：3～5月

山藥生長在地下深處，因此不容易種植在花盆裡。但如果是山藥的種子「零餘子」的話，就能利用厚切下來的山藥皮進行再生栽培。盡量選擇表面凹凸不平的山藥，削皮約5㎜厚，曬乾一天左右。將培養土放入深約20～30㎝的花盆中，讓切口朝下種植表皮，覆蓋約4㎝厚的土壤。發芽長出莖後便立起支架，讓藤蔓生長。初夏種植山藥皮，10～11月才收穫，中間需要一段時間，卻令人格外欣喜。

小松菜

需要的東西

小松菜根、培養土、花盆（深15㎝以上）、盆底石、肥料

收穫天數：1週～

適宜環境：戶外。室內明亮通風的地方

適宜季節：幾乎一整年

營養豐富，容易培育，建議新手種植。切除生根的小松菜莖，留下約3㎝。這時要留一些小葉子。將其種植到花盆裡（株距5～6㎝），充分澆水，放在陰涼處，直到根部存活為止。葉子在2～3天挺直就是根部存活的跡象。表面乾掉的話再給予充足的水分。每月追肥一次。當葉子長到約15㎝時，就收穫外側的葉子。根部生長迅速，成功率幾乎100%。雖為冬季蔬菜，卻不怕高溫，一年四季均可收穫。春天可以栽種沒有根的油菜，只不過比較花時間。

鷹嘴豆

需要的東西

鷹嘴豆、培養土、育苗盆（3～4吋）、花盆（直徑30㎝，深約30㎝）、盆底網、液肥

收穫天數：4個月左右

適宜環境：戶外陽光充足的地方

適宜季節：播種／秋天（10月）、春天（3月）

整袋買來的鷹嘴豆往往吃不完，所以很適合作為再生蔬菜。首先在水中浸泡發根（順帶一提，罐裝的鷹嘴豆由於經過加熱處理，因此不會發根）。每盆種植2～3顆，放在陰涼處，直到發芽為止。挑選好的幼苗，移栽到大的花盆裡。為了讓它長到約50～60㎝高，需要給予支架。種植一個月後，每月追肥一次。儘管也能在春天栽種，但如果在秋天種植，讓幼苗度過寒冬後收穫量就會增加。植株怕雨，最好在梅雨季之前收穫。

高麗菜

需要的東西

高麗菜芯、小烤杯等容器、水（種在土裡還需要培養土、花盆、液肥）

收穫天數：2、3週～

適宜環境：窗邊等通風明亮的地方

適宜季節：3～11月

高麗菜的芯多半會扔掉，但其實這個部分也可以輕鬆地再生栽培，也可以使用切成1/2或1/4的高麗菜。將高麗菜芯放入容器中，浸泡在水裡（水面離底部約5㎜，稍微浸泡即可）。幾天後會從白色變成褐色，這是正常現象。每天要勤於換水。發根後就會看見小小的葉子從芯裡面冒出。待葉子長出來後，從外側用剪刀收割。水耕栽培也能享受種植的樂趣，不過種在土裡就能長時間收穫。

生活周遭的優良食材圖鑑｜野菜・植物

番杏

生長在本州南部以南海岸的多肉植物，為冰葉日中花的近緣種，具有極高的營養價值，可說是災難時期以外也想食用的健康食材。含有草酸，生吃會有苦澀味，建議燙過後做成醃漬菜或沙拉。

羊蹄

羊蹄可以在任一處河堤旁找到。植株和葉子都很大，所以十分醒目。大片葉子非常苦澀，不適合食用，但新芽柔軟容易入口。根部能當成藥材。如果是溫暖的地方，一年四季都能食用。

藪萱草

於原野或河灘自然生長的野菜。早春可以吃到剛發的新芽，初夏的花蕾和花朵也格外美味。蒸熟曬乾的花蕾稱為金針菜，可作為高級中式食材販售。

西洋菜

原產於歐洲的植物，由於繁殖力強，植株結實，可普遍見於各種河灘或岸邊。常在與水芹相似的環境中群生，一年四季皆可採收。帶有刺激的辣味和清爽的香氣，非常美味。

烏野豌豆

春天結小豆子的蠶豆屬植物。柔軟的嫩芽很適合做成炒物或炸物。豆子同樣也趁柔軟的時候收穫，建議做成天婦羅食用。在古代的東方地區是作為食物來栽培。

鴨跖草

大多生長在潮溼或半陰涼的地方。即使長大，地上部分的葉子和莖仍舊柔軟鮮嫩，初夏到夏天之間也能利用。曬乾的鴨跖草也有止瀉和退燒的效果。

西洋蒲公英

與日本本土的關東蒲公英很難區分，但只要開花就能輕易分辨出來，花萼外彎的是西洋蒲公英。可以生吃或加熱後吃，也建議做成橄欖油拌菜或沙拉。

酢漿草

特徵是類似三葉草的三葉和黃花。葉子含有大量草酸，味道酸澀。建議和花一起切碎做成沙拉，用熱水燙過浸在水裡，做成天婦羅或炸什錦也很美味。

不管是街上或住宅區，只要仔細觀察，其實到處都找得到食材。
為了以防萬一，最好學習一下美味野生食材的知識。

[彎曲碎米薺]

一整年都能採集，十分常見的野菜。無論旱地或高地，任何環境都能生長，甚至在海拔1000公尺也能看到它的身影。生吃會有刺激的辣味，沒什麼苦味，味道近似芝麻菜和西洋菜。

[白三葉草]

生長在陽光充足的草地上的多年生植物。起初是作為家畜的飼料使用，有時也拿來取代鴨兒芹食用。嫩葉、莖、花均可食用。沒有苦澀味，容易入口。

[小根蒜]

在河堤、農田的田間小道上隨處可見的野菜，為蔥屬的多年生植物，一般食用球根部。葉子部分可以代替蔥作為佐料使用，也可以用開水燙過切絲，淋上高湯醬油也很美味。

[虎耳草]

生長在陰暗潮溼的地方，一年四季都可以採集。食用的新芽略微偏硬，做成天婦羅比較方便享用。葉子烤軟後可以貼在燙傷或擦傷的患部，作為藥草也很有用。

[春飛蓬]

開著白色或淡粉色的花。雖有貧乏草之稱，卻是很美味的野菜。花香撲鼻，口感爽脆。做成天婦羅的花蕾十分美味。把花灑在沙拉上，看起來也很華麗。外觀相似的一年蓬也可食用。

[車前草]

四處生長的雜草，建議食用早春時的嫩葉。味道清爽，沒有苦澀味，做成天婦羅、炒菜、涼拌、沙拉等都很適合，簡單的天婦羅或醃漬小菜也不錯。

[紫藤果實]

像蠶豆一樣大大地垂掛在上面。剖開豆莢，裡面有種子，用平底鍋炒過就很好吃。紫藤屬含有紫藤苷，吃太多有時會引起腹瀉，最好注意一下。

[錐栗、石櫟、山毛櫸屬]

橡實在古代日本人的飲食中是不可或缺的食材。與帶有澀味的麻櫟、枹櫟、青剛櫟屬的橡實相比，錐栗、石櫟、山毛櫸屬的橡實較不苦澀，輕炒一下便相當美味。

黃臉油葫蘆

近年來，蟋蟀已然成為全球矚目的食用昆蟲中最熱門的食材之一，就連日本的無印良品也開始販售蟋蟀仙貝，使得這種食物的知名度逐漸水漲船高。其口感有如蝦子般濃郁，由於外皮柔軟，無論油炸或水煮都能整隻享用。

日本油蟬

日本最美味的蟬。幼蟲和成蟲都可以食用。天黑後幼蟲會從土裡冒出，這是抓住幼蟲最好的機會。用炸或煮的方式都很好吃。油炸後的幼蟲會散發出濃郁的堅果香氣，令人食指大動。油炸的成蟲口感就彷彿酥脆的蝦子一般。

日銅羅花金龜

白天聚集在麻櫟、枹櫟等闊葉樹的樹液上。對日本人而言是很常見的昆蟲之一。推薦裸炸直接享用酥脆口感。應該有些人不喜歡外皮，這時也可以油炸後剝開外皮，只吃裡面的部位。

枯葉大刀螳

為螳螂中的大型螳螂類，顏色有綠色和褐色等。適合在蛻皮前的一齡幼蟲（嬰兒）狀態下食用，而非成蟲狀態。秋天採集卵囊，春天收集孵化出來的一齡幼蟲，炸至酥脆，美味無比。卵可以用水煮或清蒸的方式來享用。

螽斯

分布於日本本州至九州地區，會發出「嘰咯嘰咯」的鳴叫聲，是常見的夏蟲（只有雄性才會鳴叫）。潛伏在高大的草叢中，警戒心十分強烈，因此不容易捕捉。雖為雜食性昆蟲，但沒有難聞的臭味，容易入口。一般的裸炸也不錯，鹽煮的方式也很好吃。

黃鳳蝶

日本各地都能見到的鳳蝶近親。其特徵是比鳳蝶更深的黃色，適合食用的是幼蟲。由於是以胡蘿蔔或香芹等芹科植物的葉子為食，與柑橘味的鳳蝶相比，黃鳳蝶有時會帶有香芹的味道。基本上是以水煮的方式享用。

白尾灰蜻

日本具有代表性的一種蜻蜓，分布於日本全境。除了平地的溼地和蓄水池之外，在住宅區等處也很常見。雄性長大後，胸部和背部會被白色粉末覆蓋，而雌性的身體則呈黃色。成蟲整隻油炸至酥脆，或者水煮享用胸肉。一年四季都抓得到的水蠆，清蒸也很好吃。

小翅稻蝗

佃煮或裸炸都很可口，代表性的昆蟲食材。喜歡吃水稻，為著名的稻田害蟲。雖曾一度受到有機氯劑的影響，導致數量大幅減少，但由於農藥的管制，又有死灰復燃的跡象。傳統飲食以佃煮而聞名，裸炸也相當美味。像小蝦一樣的口感讓人一吃就上癮。

照片／PIXTA

白條天牛

特徵是鬍鬚很長，有黃色的斑紋及條紋，一被抓住就會發出嘰嘰嘰的聲音。幼蟲被視為破壞庭園樹木枝幹的害蟲，不過味道非常可口。尤其冬天的幼蟲身上會囤積大量脂肪，味道甚至可以　美鮪魚的腹肉。成蟲身上也有大量肌肉，能夠充分品嘗胸肉的美味。

馬拉白星天牛

常見於雜木林、街道、公園的行道樹等處。是幼蟲到成蟲都能食用的優秀食材。天牛的幼蟲在日本稱為鐵砲蟲，是一種傳統食材。幼蟲和蛹的特色是香甜濃郁，具有豐富的油脂和奶油味。成蟲用鋁箔包起來烤，享用胸肉。

小鍬形蟲

容易採集的鍬形蟲。幼蟲和蛹皆適合食用。幼蟲多半棲息在闊葉樹的朽木上。用油炒熟，沾胡椒鹽簡單品嘗是最好的吃法。外觀相似的獨角仙幼蟲有強烈氣味，不適合當作食材。

照片／PIXTA

蝸牛

法國鄉土料理之一的法式焗蝸牛，可說是知名的蝸牛料理（正確來說，法式焗蝸牛在法語中意指蝸牛，而非料理名）。收集來的蝸牛要放置1天1夜以上，徹底去除糞便。水煮固然不錯，但建議用奶油翻炒。因為有寄生蟲，最好充分加熱。

編著　編集プロダクション ミゲル／
宇都宮ミゲル ＋ 曽田夕紀子

藝術指導　adapt design／宮田 崇之

插圖　岡本倫幸
鈴木健太郎
スズキサトル
はらだかおり

都市生存手冊

從地震、火災到暴力犯罪，我們第一時間該如何自保求生

出　　版／楓樹林出版事業有限公司
地　　址／新北市板橋區信義路163巷3號10樓
郵政劃撥／19907596　楓書坊文化出版社
網　　址／www.maplebook.com.tw
電　　話／02-2957-6096
傳　　真／02-2957-6435
作　　者／Fielder編集部
翻　　譯／趙鴻龍
責任編輯／江婉瑄
內文排版／謝政龍
港澳經銷／泛華發行代理有限公司
定　　價／420元
初版日期／2023年1月

國家圖書館出版品預行編目資料

都市生存手冊：從地震、火災到暴力犯罪，我們第一時間該如何自保求生? / Fielder編集部作；趙鴻龍譯. -- 初版. -- 新北市：楓樹林出版事業有限公司, 2023.01　面；　公分

ISBN 978-626-7218-17-4（平裝）

1. 犯罪防制　2. 防災教育

548.56　　111018585